知识生产的原创基地
BASE FOR ORIGINAL CREATIVE CONTENT

颉腾商业
JIE TENG BUSINESS

THE
LEAN PRODUCT
PLAYBOOK

HOW TO INNOVATE WITH
MINIMUM VIABLE PRODUCTS AND
RAPID CUSTOMER FEEDBACK

精益产品
开发手册
产品创新六步法

[美] 丹·奥尔森（Dan Olsen）—— 著
七印部落 —— 译

中国广播影视出版社

图书在版编目（CIP）数据

精益产品开发手册：产品创新六步法 /(美) 丹·奥尔森著；七印部落译. -- 北京：中国广播影视出版社，2023.6
ISBN 978-7-5043-9012-7

Ⅰ.①精… Ⅱ.①丹…②七… Ⅲ.①产品开发—手册 Ⅳ.①F273.2-62

中国国家版本馆CIP数据核字(2023)第075717号

Title: The Lean Product Playbook: How to Innovate with Minimum Viable Products and Rapid Customer Feedback
By: Dan Olsen
Copyright © 2015 by Dan Olsen.
All Rights Reserved. This translation published under license with the original publisher John Wiley & Sons, Inc.
Simplified Chinese edition copyright © 2023 by Beijing Jie Teng Culture Media Co., Ltd.
All rights reserved. Unauthorized duplication or distribution of this work constitutes copyright infringement.

北京市版权局著作权合同登记号 图字：01-2023-1333 号

精益产品开发手册：产品创新六步法
[美]丹·奥尔森　著
七印部落　译

策　　划	颉腾文化
责任编辑	**王　萱　彭　蕙**
责任校对	**龚　晨**
出版发行	中国广播影视出版社
电　　话	010-86093580　010-86093583
社　　址	北京市西城区真武庙二条9号
邮　　编	100045
网　　址	www.crtp.com.cn
电子信箱	crtp8@sina.com
经　　销	全国各地新华书店
印　　刷	三河市中晟雅豪印务有限公司
开　　本	710毫米×1000毫米　1/16
字　　数	236（千）字
印　　张	20.5
版　　次	2023年6月第1版　2023年6月第1次印刷
书　　号	ISBN 978-7-5043-9012-7
定　　价	99.00元

（版权所有 翻印必究·印装有误 负责调换）

行业赞誉

梁宁　著名产品专家

这是一本能帮助企业减少犯错的书。做一件普普通通的产品，却期望能够赢得市场竞争的想法非常荒谬，而大量企业就是如此。推荐《精益产品开发手册》，它是一本扎实的工具书，讲如何做到产品市场匹配的观察与求证。经济环境再糟糕，符合市场需求的产品都是可以活下来的。

唐文　氢原子 CEO

打磨好产品就像和市场谈恋爱，尽管我们相信一见钟情，但有生命力的产品是在不断和市场交互，在各种摩擦又各种适配中打磨出来的。这是服务经济时代的精益产品研发精髓。

储文昌　阿里巴巴高级产品专家

《精益产品开发手册》这本书，从方法论的高度阐述了成功产品的法则。从问题定义、目标客户识别、客户需求分析，到产品价值主张、最小可行产品特征集、产品验证，以及持续地产品迭代和优化。这一套方法论和流程不仅适应于互联网产品，也适应于各类工业品、消费品的设计和迭代。从认识论的角度看，这是一种不断在实践中调整和深化对客观世界认知的过程，并且将认知成功转化为实践行动进而改造客观世界。

本书不仅提供了严谨和闭环的方法论指导，同时还提供了具体、生动的案例，这对读者快速理解和运用方法论有着重要作用。具象和抽象是人类认知的两个方面，缺一不可。这本书对产品设计、产品开发、产品管理和产品经营的各个不同岗位的同仁都有着很大的借鉴意义，可以让我们重新审视手头的日常工作，查缺补漏，有意识地使用精益产品开发的方法和流程，推出一款又一款的精益产品，让世界更加美好。

孙启宽　Aries App 公司产品总监

产品—市场匹配（PMF）是产品成功的关键，没有它，产品的失败是必然的。如今，越来越多的企业和产品意识到了这一点，并开始探索如何实现 PMF。而本书则是一本帮助企业、产品实现 PMF 的实用指南。书中详细讲解了 PMF 的概念、意义以及如何找到和衡量产品与市场之间的匹配度。作者根据他的整个职业生涯经验，总结出了一个五层次的产品—市场匹配金字塔框架，提供了简单易用的精益产品开发流程，系统性地引导读者打通金字塔的每一层，并且在每一个环节都给予了深入的案例研究和可用的工作方法。如果你正在探寻产品的成功，无论你是创业初期的团队成员，还是已经在市场上运营多年的企业家，这本书都将为你的产品成功之路提供宝贵的经验和建议。

兰军（Blues）　深圳梅沙科技合伙人、原腾讯公司高级产品经理、YY 语音高级经理、迅雷产品总监

做产品不是完全靠运气和冲动，《精益产品开发手册》一书聚焦于精益产品的落地，从六个方面给出了环环相扣、切实中肯的建议和方法论，是初级产品经理的精益航向灯，也是中高级产品经理进阶路上"堆积产品跑量"的多维度精益校准手段，不忘做产品的初心，坚持以用户为中心的设计来完成精益产品的打造。

邓宇桐　Sievo 公司产品经理

作为从业五年的 B 端产品经理，精益方法论（The Lean Methodology）让我顿悟了之前工作中的痛点要如何解决。之前读过一些断断续续的英文文献，现在终于有专业的国内的产品团队翻译《精益产品开发手册》这本书了。产品团队翻译的好处是他们能从日常产品工作的场景出发，设身处地地考虑如何让中文翻译更加符合真实的语境，从而为目标读者提供最相关的经验分享。

朱晓明　"硬件十万个为什么"微信公众号创始人

产品是企业经营的核心，也是企业存在的价值。这里的产品是广义的产品，企业所提供给消费者的一切有价值的存在物——可触摸的实物类产品、不可触摸的虚拟技术服务类产品，也包括人工服务类产品。

提供什么样的产品给目标客户，是企业必须要回答和解决的首要问题。市场是否认可、接受企业提供的产品并愿意为此买单，是企业生存的条件。

企业推出一款成功的产品可能有其偶然性，但是能够连续推出多款成功的产品，一定有其必然性，其背后一定有可以遵循的法则。看完《精益产品开发手册》这本书，你会得到一个可遵循的规律，一个高效的方法论。

亚伦·列维（Aaron Levie） Box 首席执行官

丹·奥尔森的产品专业知识在 Box 的早期建设和发展中起到了不可思议的作用。我发现他的建议非常有价值。如果你想打造一款成功的产品，你也会这么做。

劳拉·克莱因（Laura Klein）《精益创业的用户体验》作者

这是一本关于如何找到适合市场的产品并制作人们喜爱的产品的伟大而详细的指南。每一个做产品的人都应该阅读这本书。

戴夫·麦克卢尔（Dave McClure） 创业加速器 500 Startups 的创始合伙人

丹·奥尔森让产品开发变得简单而合乎逻辑。如果你想创造出色的产品，就需要读这本书。

肖恩·埃利斯（Sean Ellis） 增长黑客之父，Qualaroo 和 GrowthHackers.com 的首席执行官

这本书是关于如何应用精益创业原则的实战手册。这本全面、直白的作品将引导你了解打造成功产品所需的一切。

卡伦·汉森（Kaaren Hanson） Medallia 设计副总裁、Intuit 设计创新前副总裁

丹·奥尔森将精益创业带到了一个新的高度，本书一步一步地带你创造伟大的产品！这本书确实适合所有人——从设计师到商务人士再到工程师。

肯·法恩（Ken Fine） Medallia 首席客户官

丹·奥尔森是硅谷公认的精益产品黑带。他的书为产品团队提供了一种简单直接的方法来确定产品市场契合度，推出 MVP，然后随着时间的推移系统地改进它。

董霖 每日互动首席数据官

在公司十几年来见证了拳头产品的指数级爆发，也见证了更多产品的无疾而终。《精益产品开发手册》就是破解成功密码的水晶球，沿着 PMF（产品—市场匹配）金字塔，通过问题空间/方案空间识别等实用工具，为打造爆款产品提供了独到且有价值的视角。

汪源 网易副总裁、杭州研究院执行院长

精益是互联网主要的创新创业方法，也会是所有数字时代主流的创新方法。本书介绍精益产品创新方法，特别聚焦于识别用户需求、打造和测试 MVP，内容翔实，结构清晰，译者更是成功的实践者，值得推荐。

李国彪 优普丰敏捷咨询创始人及 CEO

本书立足于精益创业的精神和框架来讲解打造创新产品的流程和具体方法及相关工具，同时强调运用敏捷方法来持续增量式交付已经通过精益手法验证过的 MVP（最小可行产品）。精益创业和敏捷都特别适用于关注和应对创新领域的不确定性。书里特别提到了两种不确定性：已知的未知；未知的未知。精益创业从不确定性的源头，用户/客户业务场景，入手来快速且低成本的验证各种预设；而敏捷开发及增量式交付方法主要关注所用技术的可行性和验证相关假设及内建品质，并有节奏地应对市场及业务场景需求的千变万化。有机地结合精益和敏捷，甚至设计思维/设计冲刺方法，能为任何创新场景带来产品商业闭环的加速、少走弯路、降低错误成本、提升透明和品质、最终实现在相对短的时间内交付最优价值。

理想照进现实

——如何通过精益产品开发，让您的产品和市场匹配

史科骏　高级精益管理专家

如果您是产品经理，新产品功能要求越来越多，却迟迟不能交付；或是新品投向市场反响平平，无法达到预期；又或是道理我都懂，但不知道怎么一步步地做？

以上这些问题，都可以在这本行文简练、框架完整、步骤清晰的实用手册中找到答案。它综合讨论了精益产品流程、用户体验设计、敏捷开发和数据分析，真正涵盖了构建客户喜爱的优秀产品所需了解的一切；囊括了产品经理需要知道的绝大部分概念知识和实用工具；加上贯穿全书的精益思想和精益产品开发理念，助力您的产品更快更好交付。

接下来我试着从一名精益管理咨询从业者的角度，来解读这本手册，让大家更容易看懂和上手，毕竟这是一本"Playbook"！

借鉴精益鼻祖丰田公司的 4P 模型：理念（Philosophy）、流程（Process）、人员（People）和解决问题 (Problem Solving)，我把这本书简单概括为一个理念、三个框架、两类人群和多种方法 / 工具。

一个理念

强调产品为用户服务，顾客价值至上，这既是精益思维 (Lean Thinking) 的核心原则，同时也是以用户为中心 (User-Centred Design) 的设计思维的体现。

对应在第二章中，奥尔森介绍了两类产品团队：由内向外型和由外向内型。由外向内型的产品团队在真正开始产品设计之前，就通过阐明假设、用户调研，了解他们对早期设计理念的反馈等，对真正的问题和需求了解得非常清楚。

三个框架

作为资深的产品开发咨询顾问，奥尔森特别擅长用思维框架和流程帮助做结构化思考，其中有三个重要框架。

第一个也是本书最核心的框架：产品市场匹配金字塔模型，由奥尔森创建并完善。

对任何初创企业或处于早期增长的企业，产品市场匹配都是最关键的问题。正如提出这个名词的马克·安德森（Marc Andreessen，网景通讯公司创始人）所言：产品市场匹配是创业早期唯一重要的事情（The only thing that matters is getting to product/market fit）。

仔细观察这个金字塔，下层为市场层，上层为产品层，其实中间层是空缺的，只有找到产品和市场的最佳匹配，才是一个完整的金字塔。

接着配合框架的实施，奥尔森又清晰列出了精益产品开发六步骤，分别是：

1. 确定你的目标用户
2. 找到未被满足的需求
3. 明确你的价值主张
4. 明确 MVP 核心功能

5. 建立你的 MVP 原型

6. MVP 原型客户测试

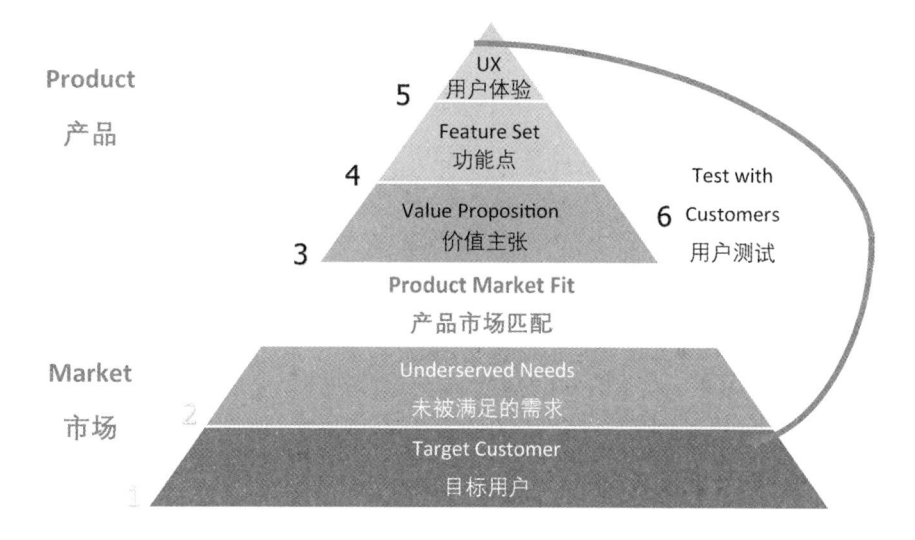

Product 产品

Market 市场

- UX 用户体验
- Feature Set 功能点
- Value Proposition 价值主张
- Product Market Fit 产品市场匹配
- Underserved Needs 未被满足的需求
- Target Customer 目标用户

Test with Customers 用户测试

其他两个重要框架是第八章的 UX 设计冰山模型和第十章对埃里克·里斯（Eric Reis）精益创业中"开发—测量—认知"循环稍作修订："假设—设计—测量—认知"循环。

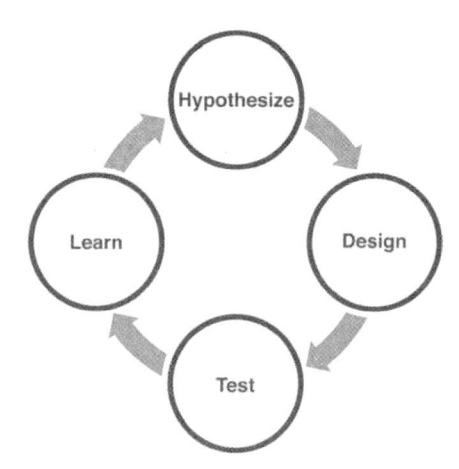

- Hypothesize
- Design
- Test
- Learn

推荐序 ◀ 7

两类人群

两类人群主要体现在团队和用户两类，前者对应产品端，后者对应市场端。

在产品端，第八章中提到了最佳团队，即具备四方面核心能力：产品管理、交互设计、视觉设计和前端开发的团队；同时在第十二章中提到员工协作和敏捷开发培训，虽然没有在技能培训或人员管理方面深入，限于篇幅，也能理解。

而在用户端，强调UX中"U"（User用户）的重要性：归根结底，你的客户是你的用户体验好坏的最终评判者。作为对用户的尊重以及反馈，第九章还特别介绍了用户调研后的几种礼赠方式，包括信用卡、礼品卡、信用积分或现金等。

多种方法/工具

在解决问题部分，"实用"是这本书的一大特点，具体表现在奥尔森把丰富实战经验转化为多个实战问题，同时书中也遍布实用小贴士，试举书中数例以飨读者。

1）在没达到产品和市场匹配之前，坚持（Persevere）还是调整（Pivoting）？这是精益产品流程中最困难的部分之一，奥尔森开玩笑说，如果开发团队连续调整三次，那就等于转向180°；而从实用角度出发，建议采用"假设—设计—测量—认知"循环，从当下产品每波的用户测试反馈中不断感知；用爬山做比喻，既了解现在这座山的攀爬进度，同时也看到旁边那座山的调整机会。

2）在解释"假设—设计—测试—认知"的循环时，用到了大富翁游戏做类比，每回到一次起点，就增加200元，不断重复；对应是每次产品迭代后的认知收获，形象说明了不断迭代的过程，同时也是精益产品流程的精髓所在。

3）在用户调研中，如何"打破砂锅问到底"，又不会得罪用户？

解决问题需要方法，有个经典精益工具叫 5 个为什么（5 Why），很有用但如果问得不好，反而会被用户抵触。在定性测试一章中，奥尔森向我们展示了如何有技巧的通过逐级问为什么，向潜在用户了解简单动作背后的真因；同时他进行了适当转换，给出了很多灵活的提问技巧贴士，例如：

- 请问您可以帮我理解……？
- 您可以告诉我更多吗？
- 您当时在想什么？
- 为什么您在找……（某某功能或服务）？
- 我看到您点了这个按钮，能告诉我为什么吗？

其他方面，在阅读这本书时，我也想到了一些建议，如书名如果变成《精益创品手册》，即"用精益思维来创造新的产品"，会不会更贴切？同时书中提到的一些工具，如调研用 Survey monkey 等，也需在国内寻找替代应用，读者灵活借鉴。

总之，这是一本不可多得的全面介绍精益产品开发的实战手册，希望它可以帮助您照见现实、实现理想。

引言

产品为何失败，精益如何改变

打造一款成功的产品真的很不容易。你一定早就听说过新产品的失败率到底有多高，真是让人倒吸一口冷气。在每一个苹果（Apple）、谷歌（Google）、脸书（Facebook，现名Meta）和其他你能叫得出名字的产品站起来的时候，就有数以万计的产品倒下，随之而来的便是研发公司关门大吉。

回想一下你去年用过的产品，你喜欢哪些？又讨厌哪些？还记得几个产品的名字？如果你不是某领域或某公司的死忠粉，而是和大多数普通用户一样，那我猜对你而言，只有极少数产品能被你称之为"绝不卸载的真爱"。

如果你的团队曾经做出过深受客户喜爱、好评满满的产品，你就会知道那种感觉到底有多棒！狂热的粉丝对你的产品赞不绝口，业务指标也在爆炸式增长，你拼尽全力去满足所有需求，客户也对你的产品充满期待，迫不及待想用上最新的功能。

然而，能做到这样的产品只是凤毛麟角。为什么打造出客户喜爱的产品这么难？为什么这么多产品会失败？

I.1 产品为何失败

在我的职业生涯中，我曾参与过很多产品的研发工作，并且都对它们进行了深入的研究。在产品失败原因一次又一次地分析后，某种规律慢慢浮现出来——比起其他现有产品来说，失败的产品不能够更好地满足客户需求。这就是"产品–市场匹配"（Product-Market Fit, PMF）的本质。2007年，网景公司的马克·安德里森（Marc Andreessen）在一篇博文中发明了这个词。在这篇文章中他还指出，初创公司的失败是"因为它们从来没有实现过PMF"，我也十分认同这个观点。

后来，埃里克·莱斯（Eric Ries）提出了精益创业的概念，这在很大程度上推动了PMF这一理念的传播，也让人们认识到了它的重要性。精益创业之所以这么受欢迎，其中一个原因就是大家都知道打造一款成功的产品有多不容易，我本人也是这一概念的忠实粉丝。

很多人在第一次听到精益创业这个概念时会很兴奋，马上就想行动起来。但是，他们苦于不知道具体到底应该怎么做，他们心里只有大致的概念，却不知道该怎么落地。

这让我想起了很多决心要健身塑形的人。他们一开始动力十足：火速办好健身房的会员卡、买上全新的健身装备、兴冲冲地来到健身房跃跃欲试。这时，他们才发现自己不知道该做什么。比如：我应该做哪些练习？我应该用什么器械？什么样的锻炼方式才是正确的？他们动力十足，却缺乏实操的具体知识，不知道从何下手。

I.2　为什么要看这本书

为了帮助那些想通过精益创业原则成功打造产品的新手团队，我写了这本《精益产品手册》(*Lean Product Playbook*)。在跟很多产品团队合作的过程中，我见过他们经历的种种挑战，也看到了许多成功与失败的例子。基于这段经历带来的经验与教训，我创立了一个框架和流程来实现PMF，它能提供清晰的指导，助力打造成功的产品。

I.2.1　产品-市场匹配金字塔

我称该框架为产品-市场匹配金字塔（product-market fit pyramid，PMF金字塔），它把PMF分解为五个关键环节：目标客户、未被满足的客户需求（underserved needs）、价值主张（value proposition）、特性集（feature set）和用户体验（user experience，UX）。每个环节实际上都是一个可验证的假设。这五个假设有着相互关联的逻辑顺序，这在金字塔的层次结构上得以体现，如图I.1所示。

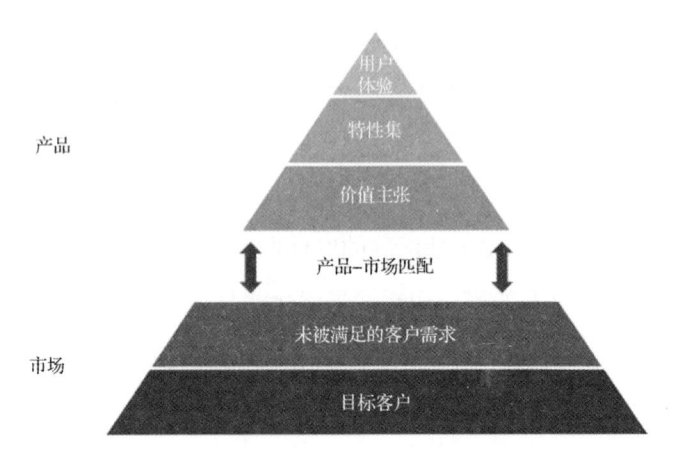

图I.1　产品-市场匹配（PMF）金字塔

I.2.2　精益产品开发流程

在定义好产品-市场匹配（PMF）金字塔之后，我设计了一个简单的迭代流程——精益产品开发流程（lean product process）来发挥它的优势。这个流程会引导你自下而上地打通金字塔的每一层。它可以帮助你阐明五个环节中的每一个关键假设并对其进行相应测试。精益产品开发流程包括六个步骤：

- 确定你的目标客户。
- 识别未被满足的客户需求。
- 定义产品价值主张。
- 明确最小可行产品（MVP）特性集。
- 创建 MVP 原型。
- 与用户一起测试 MVP。

本书将通过真实案例详细描述该流程的每个环节。而关于流程的应用，我将专门用一章来分享一个完整深入的案例分析。

I.2.3　一本全面的指南

我把这本书写成了一本涵盖精益产品开发各个方面的指南大全，这么做是因为要想最终打造出一款成功的产品，一路上需要做对很多事情，不可行差踏错。除了精益产品开发流程之外，本书还涉及一系列相关的重要主题，如用户体验设计（UX design）和敏捷开发（agile development）。后面还深入介绍了数据分析（analytics）以及如何使用指标来优化产品。

在打造高科技产品的职业生涯中，无论成功还是失败，我都收获了很多宝贵的经验与教训。而精益产品开发流程和本书的其他建议就是这段宝贵经历的浓缩精华。

I.2.4 关于我

我个人具备技术和商业的双重背景。在我十岁的时候,父母给我买了我人生中第一台计算机,自此我开始沉迷于钻研各种技术。几年后,我第一次开始做生意。从西北大学电气工程专业毕业之后,我开始从事核动力潜艇设计,自此正式步入了高科技领域的职业生涯。工作之余,我挤出时间上夜校,最终攻下了弗吉尼亚理工大学工业工程硕士学位,在那里,我第一次接触到精益制造的理念,也正是这种理念,推动了后来的精益创业运动。

后来,我搬到硅谷,进入斯坦福商学院学习,紧接着加入了 Intuit[①]。作为 MBA 毕业之后接触的第一家公司,Intuit 在产品管理、产品开发、用户研究、用户体验设计和营销方面为我提供了相当优质的实训场景。再后来,我带领 Quicken 产品团队,创造了公司销售额和利润的新纪录。随着学到的东西越来越多,我慢慢想要把这些知识应用到初创公司中。于是离开 Intuit 后,我有很长一段时间都在和初创公司合作。

这些年来,我为众多公司提供了咨询服务,帮助它们运用精益原则打造成功的产品。我喜欢用手把手教导的方式来推进咨询工作:我会与 CEO 和管理团队密切合作,并与产品经理、设计师和开发人员并肩作战。我时常担任产品的临时副总裁,并且还很可能是客户团队里的第一个产品人员。

我的客户名单包括脸书、Box、YouSendIt(现为 Hightail)、微软、Epocrates、Medallia、Chartboost、XING、Financial Engines 和 One Medical Group。在与众多公司合作的过程中,我不断验证本书中的内容并将其逐步完善。我发现这些内容适用于我经手过的所有客户,它们的规模从早期初创公司到大型上市公司不等,覆盖各种垂直行业、目标客户、产品类型和商业模式。

[①] 位于硅谷的 Intuit 公司是一家以财务软件为主要产品的高科技公司。——译者注

我希望能与尽可能多的人分享、讨论我的精益产品想法。我还经常举办讲座和研讨会，并将我的幻灯片发布在 SlideShare 上，网址为 http：//slideshare.net/dan_o/presentations。每个月，我都会在硅谷举办精益产品交流会，你可以访问 http：//meetup.com/lean-product 了解相关内容。这些社群里客户的提问、建议和反馈也帮助我打磨了本书的内容。

I.3 这本书适合哪些人

这本书适合对精益创业、客户开发、精益用户体验、设计思维、产品管理、用户体验设计、敏捷开发或数据分析感兴趣的读者。它是一本"怎么做"的实操手册，其中还提供了保姆级操作流程，确保你可以据此打造出对客户具有价值的产品。

本书适用于：

- 任何想要开发一款新产品或服务的人。
- 任何想要改进其现有产品或服务的人。
- 企业家。
- 产品经理、设计师和开发人员。
- 营销人员、分析师和项目经理。
- CEO 和其他高管。
- 在任何规模的公司工作的人。
- 所有立志于打造伟大产品的人。

本书最适用于软件产品，但也可以给其他产品带来很多启发，如硬件和可穿戴设备，甚至非技术产品。本书还适用于各种业务模式，包括企业对消费者模式（B2C）和企业对企业模式（B2B）。

I.4　本书的章节结构

本书分为以下三个部分：

第一部分：核心概念。本部分解释了 PMF 及问题空间（problem space）与方案空间（solution space）等基本概念。

第二部分：精益产品开发流程。本部分详细描述了流程的六个步骤，每个步骤各用一章介绍，同时还包括以下章节：

- 应用优秀用户体验设计的原则。
- 通过迭代和转型来优化 PMF。
- 一个完整的精益产品案例分析。

第三部分：打造并改进你的产品。本部分讲述的是"用 MVP 原型验证了 PMF"之后，还要关注哪些事情。它包括一个关于敏捷开发的章节，其中涉及了测试、持续集成（continuous integration）和持续部署（continuous deployment）等主题。此外，还有两个关于数据分析的章节，描述了使用指标优化产品的方法论，还包括另一个深入的真实案例分析。

写这本书让我有机会和更多同行接触，和更多人分享我在职业生涯中积累的想法、经验教训和建议。我的导师、同事和许多其他乐于分享的人对我都有很大帮助，和他们探讨如何打造成功的产品让我受益匪浅。这是一个不断发展、新想法不断涌现、始终充满活力的领域，所以我将使用本书配套网站 http://leanproductplaybook.com 作为分享和讨论这些新想法的地方。快来这个网站阅读最新信息并分享更多好的想法吧！

目录

第一部分 核心概念   001

第 1 章 通过精益产品开发流程实现产品—市场匹配   003
    1.1 PMF 是什么   004
    1.2 PMF 金字塔   004
    1.3 精益产品开发流程   009

第 2 章 问题空间与方案空间   013
    2.1 太空笔   014
    2.2 问题决定市场   016
    2.3 是什么？如何做？   017
    2.4 由外而内的产品开发   017
    2.5 你应该听客户的意见吗？   018
    2.6 两个苹果产品特性的故事   019
    2.7 通过方案空间发现问题空间   021

第二部分　精益产品开发流程　　025

第 3 章　确定你的目标客户（第 1 步）　　027

　　3.1　愿者上钩　　027
　　3.2　如何细分你的目标市场　　029
　　3.3　使用者 vs 购买者　　031
　　3.4　技术采用生命周期　　032
　　3.5　用户画像　　033

第 4 章　识别未被满足的客户需求（第 2 步）　　039

　　4.1　客户需求的其他叫法　　039
　　4.2　客户需求的案例：TurboTax　　041
　　4.3　探索式用户访谈　　043
　　4.4　客户利益阶梯　　044
　　4.5　需求的层次性　　045
　　4.6　重要度与满意度框架　　048
　　4.7　其他相关框架　　059
　　4.8　客户价值可视化　　061
　　4.9　KANO 模型　　066
　　4.10　开始使用框架　　068

第 5 章　定义产品价值主张（第 3 步）　　070

　　5.1　说"不"的策略　　071
　　5.2　搜索引擎的价值主张　　072
　　5.3　不那么"Cuil"（酷）　　075
　　5.4　构建你的产品价值主张　　076
　　5.5　瞄准趋势　　079

5.6　Flip 摄像机　　　　　　　　　　　　　　　079
　　　5.7　用价值主张预测未来　　　　　　　　　　080

第 6 章　明确最小可行产品（MVP）特性集（第 4 步）　082
　　　6.1　用户故事：功能特性与客户利益　　　　　083
　　　6.2　分解特性　　　　　　　　　　　　　　　084
　　　6.3　批量规模越小越好　　　　　　　　　　　085
　　　6.4　用故事点确定范围大小　　　　　　　　　086
　　　6.5　用投入产出比确定优先级　　　　　　　　086
　　　6.6　决定你的候选 MVP　　　　　　　　　　　091

第 7 章　创建 MVP 原型（第 5 步）　　　　　　　　　095
　　　7.1　到底怎样才算 MVP　　　　　　　　　　　096
　　　7.2　MVP 测试　　　　　　　　　　　　　　　097
　　　7.3　MVP 测试矩阵　　　　　　　　　　　　　099
　　　7.4　定性的营销 MVP 测试　　　　　　　　　 100
　　　7.5　定量的营销 MVP 测试　　　　　　　　　 101
　　　7.6　定性的产品 MVP 测试　　　　　　　　　 107
　　　7.7　定量的产品 MVP 测试　　　　　　　　　 116

第 8 章　应用优秀用户体验设计的原则　　　　　　　119
　　　8.1　好的 UX 有哪些要素　　　　　　　　　　120
　　　8.2　UX 设计中的冰山模型　　　　　　　　　 125
　　　8.3　概念设计　　　　　　　　　　　　　　　126
　　　8.4　信息架构　　　　　　　　　　　　　　　129
　　　8.5　交互设计　　　　　　　　　　　　　　　131
　　　8.6　视觉设计　　　　　　　　　　　　　　　137

8.7　设计原则　144

8.8　文案也是 UX 设计的一部分　149

8.9　产品界的"天龙特工队"　150

8.10　用户眼里出体验　150

第 9 章　与用户一起测试 MVP（第 6 步）　152

9.1　我应该测试多少个用户　153

9.2　面对面、远程的，以及无引导式的用户测试　155

9.3　如何在目标市场招募用户　157

9.4　Intuit 的用户测试　163

9.5　"拉面"用户测试　164

9.6　如何组织用户测试　165

9.7　如何提出好问题　167

9.8　提出开放式问题还是封闭式问题　169

9.9　感受用户痛点　170

9.10　用户测试的收尾工作　171

9.11　如何收集与整合用户反馈　172

9.12　可用性与产品—市场匹配　174

第 10 章　通过迭代和转型来优化产品—市场匹配　177

10.1　"构建—衡量—学习"循环　178

10.2　"假设—设计—测试—学习"循环　179

10.3　迭代用户测试（Iterative User Testing）　181

10.4　坚持还是转型　186

第 11 章　一个完整的精益产品案例分析　190

11.1　MarketingReport.com　190

11.2	步骤 1：确定你的目标用户	191
11.3	步骤 2：识别未被满足的客户需求	192
11.4	步骤 3：定义产品价值主张	193
11.5	步骤 4：明确 MVP 特性集	195
11.6	步骤 5：创建 MVP 原型	197
11.7	步骤 6：与用户一起测试 MVP	198
11.8	通过迭代和转型来优化 PMF	202
11.9	回顾	207

第三部分　创建并优化你的产品　　209

第 12 章　使用敏捷开发打造你的产品　　211

12.1	敏捷开发	212
12.2	Scrum	216
12.3	看板方法	223
12.4	挑选正确的敏捷方法	229
12.5	使用敏捷方法获取成功	231
12.6	质量保证	235
12.7	测试驱动开发	238
12.8	持续集成	239
12.9	持续部署	240

第 13 章　衡量你的关键指标　　242

13.1	数据分析 vs 其他方法	243
13.2	感性的 Oprah vs 理性的 Spock	244
13.3	用户访谈	245
13.4	可用性测试	245

13.5	问卷调查	246
13.6	数据分析和 A/B 测试	249
13.7	分析框架	250
13.8	明确北极星指标	254
13.9	留存率	257
13.10	业务公式	263
13.11	实现盈利	269

第 14 章	利用数据分析优化产品与业务	273
14.1	精益产品分析流程	274
14.2	一个精益产品分析案例：Friendster	278
14.3	通过 A/B 测试进行优化	286

第 15 章	总结	290

译者后记	295

第一部分

核心概念

CORE CONCEPTS

第 1 章

通过精益产品开发流程实现产品—市场匹配

  产品—市场匹配是一个十分巧妙、精准的术语,因为它抓住了打造成功产品的精髓,很好地囊括了产品取得成功的所有关键要素。同时,PMF 也是精益创业最重要的概念之一,本书将逐步展示应该如何实现 PMF。

  鉴于过去有很多文章介绍 PMF,因此,关于它的解读五花八门,让人难以理解。而真实案例能够帮助你更好地理解这个概念,本书会陆续介绍很多实现 PMF 的成功案例和未实现 PMF 的失败案例。接下来,让我们先来看看到底什么是 PMF!

1.1　PMF 是什么

我在引言里提到过,马克·安德里森在其著名的博客文章《唯一重要的事情》(*The only thing that matters*)中首次提出了 PMF 这个概念。他在文中写道:"PMF 意味着市场行情极好,即产品与该市场的需求高度契合。"我对 PMF 的理解与他不谋而合,也就是说你开发出了一个能为客户创造巨大价值的产品,这意味着你的产品满足了客户真正的需求,并且在某些方面比同类型的替代产品更胜一筹。

有些人对 PMF 的理解则更为宽泛,他们认为除了核心定义之外,PMF 还应该包括对收入模式的验证——你的产品可以成功变现。另一些人则认为,PMF 还包括性价比高的获客模式。这些定义基本上是把 PMF 与实现盈利等同起来了。我认为,PMF 本身就可以是一个独立的概念,把 PMF 和盈利画等号反而模糊了它的本质。

在本书中,我沿用了上述核心定义。在商业环境中,创造(creating)价值并不等于获取(capturing)价值。要想获取价值,必须先创造价值。需要明确的是,商业模式、获客、营销和定价等方面都对商业成功有着至关重要的影响,每一个都值得单独出书来展开讨论。本书对上述方面都有提及,而且你还可以使用本书中的定性和定量技术对相关方面进行改善。事实上,第 13 章和第 14 章正好展开讨论了应该如何优化你的业务指标,但本书的大部分内容还是围绕 PMF 的核心定义展开,以及实现 PMF 的具体指导。

1.2　PMF 金字塔

如果你想找到产品和市场的最佳契合点,单凭一个定义是不够的。因此,

我研究出一个可落地执行的框架，称作"PMF 金字塔"。（见图 1-1）

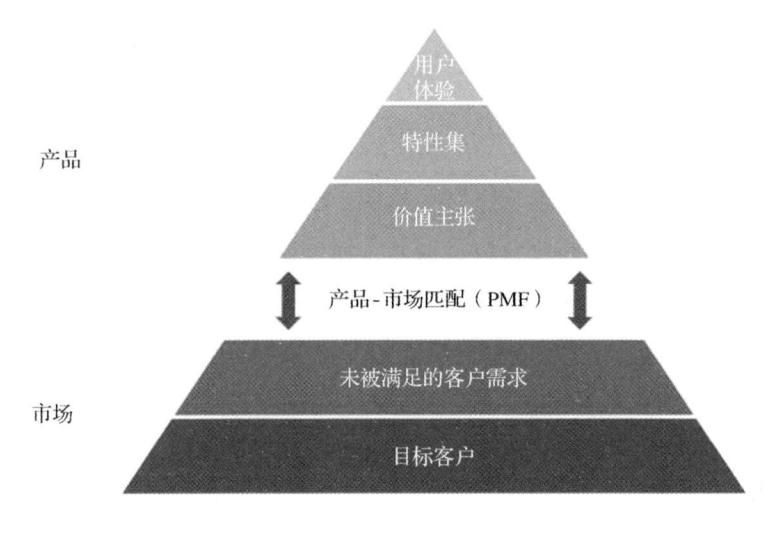

```
                        用户
                        体验
                       特性集
                      价值主张
         产品
                  ↕ 产品-市场匹配（PMF）↕
                    未被满足的客户需求
         市场
                       目标客户
```

图 1-1　PMF 金字塔

这个分层模型将 PMF 拆分为五个关键部分，每个部分对应金字塔的一层。金字塔的上半部分对应的是产品，一共有三层；下半部分对应的是市场，一共有两层。在产品和市场内部，每一层都基于下面一层而存在。PMF 则位于金字塔的上下两个部分之间。

1.2.1　市场

鉴于金字塔的层次结构，让我们先从金字塔的下半部分"市场"开始说起。市场由共同拥有某个需求或一组相关需求的所有现存客户和潜在客户组成。例如，美国所有需要申报所得税的人都属于美国的报税市场。你可以通过市场中客户的总数，或者由这些客户产生的总收入来描述市场的规模。基于这两个指标中的任意一个指标，你都能推测出市场的现有规模或未来规模。

在同一市场中，每个用户都会选择不同的解决方案来满足自己的需求。例如，在报税市场中，一些用户可能会选择专业服务，如使用布洛克公司（H&R Block）[1]提供的服务，其他人则可能选择自行处理报税，如手写报税或使用诸如TurboTax[2]这类的软件。

所有用户对不同解决方案的选择情况构成了每个解决方案（产品）的市场份额，即每个产品在市场上所占的百分比。在一个既定市场中，你可以尝试着对每个产品的市场份额进行分析。例如，你可以比较苹果和三星的智能手机市场份额，或者根据操作系统（iOS、安卓等）细分智能手机市场份额。每个产品的市场份额都被密切关注着，类似的例子还有浏览器市场等。

当你在超市过道穿行时，你会看到很多不同市场类别的产品：牙膏、洗发水、洗衣液、谷物类食品、酸奶和啤酒等。每一类产品的市场生命周期都不一样。你看到的诸如牛奶、鸡蛋和面包这类产品，其市场相对成熟，几乎没有什么创新或变化。但是，也会有新的市场出现。例如，风倍清（Febreze）[3]就是通过主打无须洗涤就能消除织物气味的新产品开创出自己的市场。在它被推出之前，这个细分市场并不存在。在激烈的市场竞争中，每个公司都试图通过产品创新来获取更大的市场份额。

"PMF金字塔"将市场清晰地划分为两个不同的部分：目标客户及其需求。需求层在模型中位于目标客户层之上，因为目标客户的需求才是与实现PMF更加紧密相关的。

当你想要为客户创造价值时，你需要识别出那些具有良好市场潜力的需求。打个比方，你肯定不想进入一个现有解决方案已经充分满足客户需求的市场。当你开发一款新产品或改进现有产品时，你想锚定的是那些没有被充分满足的

---

[1] 美国最大的税务服务商。——译者注
[2] 美国提供报税服务的税务软件。——译者注
[3] 美国宝洁旗下的家用除臭剂品牌。——译者注

客户需求。这也是我用"未被满足的客户需求"作为这一层标签的原因。客户会把你的产品和替代品进行比较。因此,你的产品在多大程度上满足了客户需求,取决于当下的竞争局势。接下来,让我们看看金字塔的产品部分。

1.2.2 你的产品

产品是一种特定的、旨在满足一类客户需求的产物。从该定义可以看出,PMF这一概念明显既适用于产品,也适用于服务。产品和服务之间的主要区别是:产品是实物,而服务是无形的。不过,正如现在流行的模式"软件即服务"(software as a service,SaaS)所预示的那样,随着产品慢慢通过网络和移动设备交付,产品和服务之间的区别已经变得越来越模糊。

对软件来说,代码通常运行在客户看不见摸不着的服务器上,产品本身是无形的。客户看到和使用的软件产品在真实世界的体现是用户体验,这便是PMF金字塔的最顶层。除了软件,这也适用于任何需要客户与之互动的产品。用户体验是无形世界向有形世界的用户呈现产品功能的一种介质、载体。

一款产品所提供的功能由多个特性组成,每个特性都是为了满足客户的需求。这些产品特性组合在一起构成了产品特性集,位于用户体验之下的一层。

在决定要开发哪些特性前,要先识别出你的产品需要满足哪些特定的客户需求。操作时需要敲定产品打算在哪一点上进行差异化打法:用户可能会因为这一点最终选择你的产品而不是市面上的其他产品。这就是产品策略的本质。你希望通过你的产品来满足某些客户需求,这些需求构成了你的价值主张,因而价值主张在PMF金字塔中位于"特性集"的下面一层。价值主张同时也是客户需求之上的一层,它从根本上决定了你的产品能在多大程度上契合客户的需求。

总的来说,价值主张、特性集和用户体验这三层定义了你的产品。如图1.1

所示，在 PMF 金字塔中，你的产品和市场是两个独立的部分。然而，就创造客户价值而言，你的目标是让这两个部分更好地契合在一起。

1.2.3　产品—市场匹配

从这个模型来看，PMF 能够衡量产品（金字塔的上三层）在多大程度上满足了市场（金字塔的下两层）。目标客户不仅会对你的产品在多大程度上满足了他们的需求作出判断，也会根据市场上的其他产品来评判你的产品是否和市场充分契合。为了实现 PMF，你的产品应该要比竞争对手更好地满足那些未被满足的客户需求。接下来让我们来看一个成功案例。

1.2.4　QUICKEN：从市场第 47 名到第 1 名

Quicken 是 Intuit 推出的一款个人理财软件，它很好地诠释了一个新产品应该怎么样在一个竞争激烈的市场中实现 PMF。尽管 Intuit 在精益创业这一理念提出的几年前就创立了，两位创始人——斯考特·库克（Scott Cook）和汤姆·普鲁克斯（Tom Proulx）却极好地践行了精益创业理念。刚刚推出 Quicken 时，市面上已经有 46 种个人理财软件了。然而，在进行了充分的用户调研后，两位联合创始人得出结论：现有的产品，没有一款实现了 PMF。

这些产品既没能满足客户的需求，又难用得很。于是，两位联合创始人提出一个新设想：基于支票薄的样子进行设计应该会取得不错的效果，因为当时每个人都有写支票的习惯。市场证明了他们的设想是正确的：基于支票簿概念设计出来的产品，其用户体验一下子击中了客户，Quicken 一跃成为个人理财软件的头部产品。

Quicken 的成功很大程度上是因为 Intuit 采用了今天被称为"精益"的原则。该公司率先使用用户调研和用户测试（user testing）来为软件开发提供信息。在每个版本推出之前，他们会定期对其进行可用性测试（Usability Testing），并组织公开测试（Public Betas），在这些方法成为主流的好几年前，他们就已经这样实践了。他们发起了"跟我回家"活动：Intuit 的员工会去零售店，在客户购买 Quicken 的安装包之后，询问自己是否可以跟着他们回家，看看他们是如何使用这一软件的。这极大地帮助了 Intuit 深入了解产品给客户留下了怎样的第一印象。

让我们试着用"PMF 金字塔"来评估一下 Quicken。市场上有众多的客户，而这款产品正好解决了他们的真实需求：人们需要外部支持来帮助他们平衡支票簿，跟踪余额，并能看到自己的钱都去哪了。而计算机软件最适合提供这类帮助，尽管当时市场上已有 46 种产品，但是客户需求仍然没有得到满足。而通过与客户不断沟通，两位联合创始人确保了 Quicken 的特性集提供的功能正是客户需要的。他们独特的设计洞察让客户有一种焕然一新的使用体验。显著提高的易用性正是 Quicken 与其他产品在价值主张上的主要差异点。PMF 的实现让 Quicken 在激烈的市场竞争中取得了巨大的成功，两位联合创始人笑称自己获得了"第 47 个行动者的优势"，成功逆袭。

1.3 精益产品开发流程

现在我们已经对 PMF 模型有了更深入的了解，那该如何着手实现呢？根据我与很多团队在众多产品上应用 PMF 金字塔的经验，我设计了一个实现 PMF 的简单迭代过程。如图 1-2 所示，精益产品开发流程将从底部开始，引导你自下而上地完成金字塔的每一层。

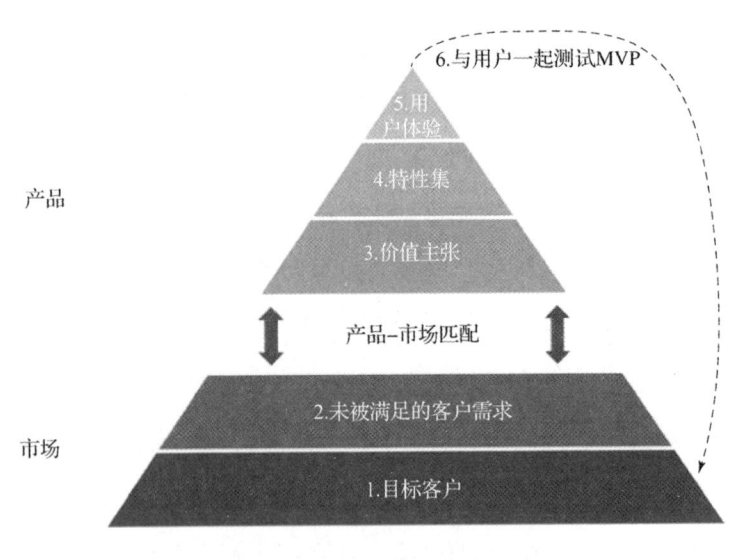

图1-2 精益产品开发流程

精益产品开发流程可以帮助你更好地描述 PMF 的五个部分，并逐一进行测试。

我在本书的第二部分详细描述了精益产品开发流程的六个步骤，每个步骤对应一章：

- 确定你的目标客户。
- 识别未被满足的客户需求。
- 定义产品价值主张。
- 明确最小可行产品（MVP）特性集。
- 创建 MVP 原型。
- 与用户一起测试 MVP。

最后三个步骤提及了"最小可行产品"（MVP）这个十分重要的精益概念。我会在第六章和第七章展开讨论 MVP，它大概就是指目标客户认为可行的最小特性集，可行也就意味着它提供了足够的价值。在你开发一个新产品时，要避免过度开发，只要刚好够跟用户一起验证假设即可。当你构建一个全新产品的第 1 个版本（简称 V1.0）时，MVP 这个概念显然适用。此外，假如你是在重构现有产品或打造产品的第 2 个版本（V2.0）时，MVP 的概念也同样适用。

即便不是开发一整个产品，精益产品开发流程也是适用的，比如为现有产品新增功能或进行改进。在这种情况下，为了便于理解，你可以直接把精益产品开发流程的步骤应用到"最小可行特性"上去。

步骤 5 也可以指你的 MVP 原型（prototype）。我特意用这个宽泛的术语来指代各种各样用于用户测试的产品相关交付物。尽管你可以用已经上线的产品作为首次测试的"原型"，但是你可以尝试在正式开发产品之前就先用极少的资源来快速验证你的产品假设，这样一来你就可以更早获得反馈，从而对产品进行更好的调整，更快更好地实现 PMF。

并非每个产品或特性都需要用到完整的六个步骤。某些步骤只有在开发一个全新的产品时才适用，比如确定目标客户、识别未被满足的客户需求、定义价值主张。一旦顺利完成了这些步骤，在相当一段时间内，你都不需要常常回过头来审视这些方面了。但在推出 V1.0 产品后，你需要继续循环执行剩下的三个步骤以改进、增加功能：继续挖掘细分——哪些细分特性需要继续实现，开发这些特性并与用户一起测试它们。

为了增加实现 PMF 的把握，精益产品开发流程诞生了，因为它能为产品思维增加一定的严谨性。从某种意义上说，这个流程是一个清单，它能确保你在构建产品时已经考虑到了必须做的重要假设及决策。如果你不是头脑清晰地做出这些假设或决定，那么你就是在碰运气。精益产品开发流程能帮助你在头脑中清晰地勾勒出这些假设和猜想（你可以在后续迭代中修改这些假设和猜想）。然而，假如跳过了这些带有批判性思维的步骤，就相当于把目标客户、产品要素等重要的事情留给了运气，能否实现全凭天意。

精益制造中有一个重要的概念："返工"（rework），它启发了后来大火的精益创业概念。返工，即必须花时间去修复第一次没有正确构建的东西。最大限度地减少返工是消除浪费的核心策略。精益产品开发流程除了能帮助你实现PMF，还能通过减少返工让你更快实现PMF。

需要说清楚的是，精益产品开发流程必然会造成返工。精益产品开发流程是一个迭代流程，迭代流程不是一成不变的，它需要你在取得进展时及时调整你的假设、设计及产品，这些调整都可以被视为返工。该流程的目标是尽快实现PMF。迅速而不失严谨的思考可以尽量减少甚至避免返工，有助于早日实现PMF。

就像空手道学生向更高段位发起挑战时需要不断地学习和训练，你也可以把精益产品开发流程想象成类似的过程。当他们从训练中掌握了核心技巧并成为黑带后，他们可以把所学内容进行融合、匹配及调整，进而创造出自己的风格。武术大师李小龙（Bruce Lee）曾说："师其意而不泥其迹。"他还认为："吸纳有用的，摒弃无用的，加入你自己特有的。"在学习和实践本书的想法及指导时，他的建议也十分重要。

顺着这些思路，我也很想听听你们有哪些疑问或反馈，以及你在实际应用本书概念后得出的经验。

在开始精益产品开发流程的第一步之前，我将在下一章讨论问题空间与方案空间这个重要的概念。理解这一基本概念能够帮助我们在通往PMF金字塔顶端之前厘清思路。

第 2 章

问题空间与方案空间

精益产品开发流程将带领你按照严密的逻辑顺序，一步步实现 PMF。我会在下个章节对这一流程详细展开，但在此之前，我想先把问题空间（Problem Space）和方案空间（Solution Space）区分开来。多年来我一直在演讲中跟大家介绍这一概念，看到越来越多人开始使用这些术语，我相当欣慰。

不论是你开发完毕的产品实物，还是视觉稿（Mockups）、线框图（Wireframes）或原型这样的产品设计，都存在于方案空间内。方案空间包括所有客户使用的产品以及要交付给客户的产品设计。它与初始的空白状态完全相反。当你开发一个产品时，你就已经选择了某种特定的实现方式。无论你最终是否能够准确无误地将其呈现出来，该产品的外观、功能和工作原理都已经确定下来了。

相较之下，问题空间里不存在任何产品或产品设计。存在于问题空间中的是你希望产品能够实现的所有客户需求。要注意的是，不要把"需求"这个词定义得太狭隘：不论是客户痛点、欲望、用户待办任务，还是用户故事（user story），它们都存在于问题空间中。

2.1 太空笔

每次带着大家深入理解问题空间和方案空间这两个概念时，我的老朋友"太空笔"就又要闪亮登场了。美国国家航空航天局（NASA）在为载人航天项目部署相关工作时，他们发现圆珠笔无法在太空中使用，因为在失重环境下墨水无法流动。于是，NASA的其中一个供应商——飞梭太空笔公司（Fisher Pen Company）决定启动一个研发项目，即发明一款能在零重力环境下使用的笔。在自掏腰包投入100万美元之后，该公司的总裁保罗·费舍尔（Paul Fisher）于1965年发明出了一款能在零重力环境下完美工作的太空笔。

面对同样的挑战，俄罗斯航天局为宇航员提供的解决方案是铅笔。如果你想的话，你也能买到这样一支"俄罗斯太空笔"（然而这只是一支精心包装的红色铅笔而已）。

这个故事揭示了过早进入方案空间的风险，也显现出从问题空间开始的好处。如果我们把思维局限在"一支可以在零重力环境中使用的笔"，我们可能根本不会想到像铅笔这样既有创意，成本又低的方案。只有对问题空间有了清晰深刻的理解（并屏蔽任何方案空间的想法），才有可能找到更多潜在的投入产出比更高、更有创意的解决方案。假如铅笔和太空笔的解决方案都足以解决问题，那么能省下百万美元研发费用的铅笔显然是更好的选择。

为了避免被"圆珠笔"的思维定式困住，我们可以跳出这个框架，把问题空间重新描述成"一种能在零重力环境下使用的书写工具"。这样的话，铅笔也能够成为其中一种方案。但这个解决方案仍然局限于"书写工具"。基于此，我们还可以接着往框架外跳，进一步拓展思路，把问题空间描述成"一种在零重力环境下做记录以便日后参考且简单易用的方法"。这种问题空间的表述能让我们想到更多具有创造性的解决方案，如：带回放功能的录音设备。事实上，跳出思维定式想出来的办法，有利于优化我们对问题空间的定义，即便这些方案并不一定行得通。在这个例子中，录音机可能并不如太空笔好用。因为它需要电源供电，而且要通过回放才能看到之前的记录，相比之下，方便读写和扫描的文字记录要方便很多。但是经过这种思维训练之后，我们可以将问题空间的定义进一步优化为："一种简单易用，价格低廉，且不需要外接电源，能够在零重力环境下记笔记，以便日后参考的方式"。

要说清楚的是，我举这个例子绝不是在取笑 NASA。我只是想借这个故事来强调我想表达的观点。事实证明，NASA 所选择的是最好的解决方案。因为铅笔并不适合在太空中使用：笔尖一旦折断，漂浮的铅笔芯很可能会刺伤宇航员的眼睛或导致电线短路。在 1967 年阿波罗 1 号的火灾悲剧发生之后，NASA 就要求太空舱内包括书写工具在内的所有物品，都不能是易燃品。因此，太空笔实际上是一项具有实际作用的创新，俄罗斯航天局后来也采用了同款太空笔。

我在演讲中提到太空笔的时候，常常有人说这是坊间传闻，但其实并不是，NASA 和飞梭太空笔公司都亲口承认并详细解释过，详情可查询 http://history.nasa.gov/spacepen.html 和 http://fisherspacepen.com/pages/company-overview。大家争论的焦点往往是，到底是谁花钱进行研发的？是 NASA 还是飞梭太空笔公司？正如前面提到的那样，是飞梭太空笔公司掏钱研发的。

2.2　问题决定市场

在我刚入行做产品时，一次 Intuit 创始人斯考特·库克对 TurboTax 案例的讨论，让我对问题空间和方案空间这两个概念有了极其深刻的认识。当斯考特跟我所在的产品经理团队展开讨论时，他问我们："TurboTax 最大的竞争对手是谁？"大家纷纷举手发言。当时市场上另一款主流报税软件是布洛克税务公司的 TaxCut。因此有人信心满满地回答说："是'TaxCut'。"但之后斯考特说出的答案让我们大为吃惊，他认为 TurboTax 最大的竞争对手是纸和笔。他解释道，当时，大部分美国人仍然在使用美国税务局（Internal Revenue Service，IRS）的手工表单来报税，其市场份额大于所有报税软件的总和。

这个例子体现出对问题空间有着深刻理解的另一个好处：你能更准确地判断出你的产品，到底应该在哪一个战场中展开厮杀。当时我们很多人都被困在两大软件产品主导的"报税软件"市场这个方案空间中直打转。而斯考特则是在更广阔的"报税"市场的问题空间中思考，其中也包括税务会计，因为客户会委托其报税。正如前一章节所讨论的，市场是由一系列相关的客户需求组成的，而这些需求全都落在了问题空间中。市场并没有跟满足客户需求的任一特定解决方案绑定在一起。这就是为什么你能看到"市场颠覆"（market disruptions）这种现象，即当一种全新的产品（方案空间）能够更好地满足市场需求（问题空间）时，整个市场就会大洗牌。新技术常常能以更低的价格为客户提供相似的产品或服务，这完全颠覆了现有的市场秩序，市场格局因此而发生了巨大变动。网络电话（voice-over-internet-protocol，VOIP）就是一个颠覆式创新技术的经典案例，它成功突围，取代了传统的电话服务。尽管刚开始的时候，网络电话的通话音质跟传统电话相比要差得多，但其成本十分低，这对大部分电话市场的用户来说显然是一个更好的解决方案。

2.3 是什么？如何做？

我在 Intuit 当产品经理的时候，学会了在撰写需求文档时只在问题空间的范围内思考，而不进入方案空间。我们接受的训练是，要先想清楚产品要为客户做"什么"，然后再考虑该产品应该"如何"做。你可能老早就听说过，那些优秀的产品团队能把"是什么"和"如何做"分得很清楚。"是什么"指产品应该为客户带来的价值，即产品可以为用户做什么或帮助用户做什么；而"如何做"则指提供以上价值的方式，它包含了产品设计和实现产品功能的具体技术。"是什么"属于问题空间，"如何做"属于方案空间。

2.4 由外而内的产品开发

在实行"由内而外"（inside-out）的产品研发的公司和团队中（这里"内"代表企业，"外"代表客户与市场）普遍存在这样一种问题——人们往往还没把问题空间理清楚，就急着进入方案空间。在这样的团队中，产品创意的好与坏都由团队成员说了算，他们觉得什么好就做什么，而不是让客户来验证这个想法到底有没有满足他们的真实需求。要避免这种"由内而外"的思维方式带来的风险，最好的办法就是让团队保持与客户的沟通交流。这便是精益创业之父史蒂夫·布兰克（Steve Blank）要让产品经理"走出办公室"（get out of the building, GOOB）的原因。

相反，"由外而内"（outside-in）的产品研发从理解客户的问题空间开始。通过与客户的交流对话，产品团队能够进一步了解他们的需求以及现有解决方案在多大程度上满足了这些需求，基于此，产品团队就能够在产品设计开始之前确立一个切实可信的问题空间定义。精益产品团队会向客户阐述他们前期做的假设，并通过客户反馈来验证这些假设。这就是精益的精髓——实际上，在很多年之前，"以用户为中心的设计"（user-centered design）概念的践行者就已经开始提倡这种工作方式了。

2.5 你应该听客户的意见吗？

有些人不认可"以用户为中心的设计"，他们认为与用户交流没办法帮你想出具有突破性的全新方案。这些批评者喜欢引用亨利·福特（Henry Ford）的名言："如果我问人们想要什么，他们会说想要一匹更快的马。"他们还喜欢拿史蒂夫·乔布斯（Steve Jobs）来举例子，以及苹果是如何通过所谓的"由内而外"的产品开发过程推出了许多成功的产品。事实上，史蒂夫·乔布斯在2008年接受《福布斯》采访时也引用了亨利·福特的这句话。

诚然，客户很可能不知道在你的产品领域中下一个具有突破性的解决方案会是什么。既然如此，又为什么寄希望于客户呢？他们又不是产品设计师、产品经理或技术专家。有人借此为自己找理由：不是因为我懒，才没跟客户沟通，挖掘他们的需求和偏好，而是客户根本就给不出什么建设性的建议，还不如让我直接"由内而外"地把控全局，轻松省事，毕竟还有谁比我更懂产品设计？然而他们只觉得客户无知，却没意识到自己根本就没搞明白问题空间与方案空间之间的关系。

客户确实不可能直接帮你创造出惊世之作，但这并不意味着花在他们身上的时间和精力就都浪费了。恰恰相反，只有把握住客户真实的需求和偏好，你才能明确产品到底要往哪儿去，确立了目的地，你就可以向着目的地探索各种新路线（潜在解决方案），也可以更准确地评估每个新解决方案对客户的价值有多少。

那些反对"以用户为中心的设计"的批评者喜欢用"苹果根本不跟用户对话"来证明他们的观点。然而，在苹果 1997 年的全球开发者大会上，乔布斯分享了一个与精益产品开发流程一致的、更有启发性的观点，他说：

你应该先想好用户体验，再倒推所需的技术。而非从技术出发，再去思考如何将它推销出去。当我们在制定苹果的战略和愿景时，首先要思考的是："我们能给客户带来哪些振奋人心的价值"，而不是直接坐下来和工程师们讨论我们都有哪些酷炫的技术，要怎么把它推向市场。我认为这才是我们应该选择的，那条正确的路。

2.6　两个苹果产品特性的故事

尽管苹果确实像大家所熟知的那样在产品推出前从不收集用户的试用反馈，但他们的产品之所以能如此成功，很大程度上是因为他们对客户需求有着深刻的理解。以苹果在 iPhone 5S 中引入的 Touch ID 触摸式指纹识别传感器为例，Touch ID 采用了当时先进的技术：高分辨率传感器仅 170 微米厚，却可以在每英寸内捕获 500 点数。按键也是由当时最清晰、最坚硬的材料之一——蓝宝石晶体制成，从而更好地保护传感器。同时，该按键也可作为一个镜头使用，可以精确地把传感器聚焦在用户的手指上。Touch ID 可以记录下小到人眼看不见的指纹脊线细节，并且可以从任意方位识别多个指纹。

期望 iPhone 用户提出这样的想法是不现实的。我猜苹果在推出该技术之前也没有让足够多的用户进行测试。尽管如此，我仍要强调，iPhone 手机开发团队对问题空间有着深刻的认识，并坚信用户会认可 Touch ID 的价值。Touch ID 为用户解锁 iPhone 和登录苹果应用商店购买应用程序或服务提供了一种全新的

第 2 章　问题空间与方案空间　◀　019

选择。而且 Touch ID 体验更好，因为对客户而言，他们最在意的是如何既方便又安全地进行认证。而一般情况下，安全和方便是相矛盾的，更方便的认证机制往往导致安全性的降低（反之亦然）。

绝大多数 iPhone 用户每天都需要解锁手机很多次。他们不想浪费一丁点时间，这也就意味着减少解锁用时对用户而言有着显而易见的价值。另一方面，iPhone 用户也很重视安全性，他们不希望别人未经授权就能打开自己的手机，尤其是在手机遗失、被盗的情况下。如果使用四位数字密码，别人猜到你的密码的几率是万分之一。根据苹果的说法，两个指纹相似到足以让 Touch ID 认为它们是同一个指纹的几率是五万分之一（而且尝试不同的手指要比输入不同的数字难得多）。

与解锁密码、应用商店的登录密码相比，用 Touch ID 进行身份认证更快速、更便捷，因为用户再也不用担心忘记密码了。

正是由于 Touch ID 更省时、更便捷、更安全，iPhone 的开发团队才有这么大的信心，觉得即便用户没有验证过，产品上市后他们也会认可该特性的价值。然而，如果苹果不做 Touch ID 的用户测试，产品仍然可能面临一些不可预知的风险。值得指出的是，苹果确实组织过公司员工（员工通常也是典型的用户代表）进行内部产品测试，这种内部试用产品的测试方法被称为"吃狗粮"测试。

话虽如此，苹果也并不是事事都做得这么完美。例如，用户对苹果在 2013 年 MacBook Pro 的电源按钮上做出的产品"改进"就很不认可。在苹果笔记本电脑过去的版本中，电源按钮都离键盘按键很远，而且形状较小，有明显的颜色区分，还使用了嵌入式设计，所有这些特性都能确保电源按钮很难被误按到。并且，当用户按下电源按钮时，会弹出一个对话框，上面显示了重启、睡眠、关闭笔记本电脑及取消操作的选项。但是在 2013 年的版本中，苹果决定改变电源按钮设计：电源按钮变得跟其他按钮一摸一样。除此之外，它还被放到键盘中的右上角（那里原本是"退格"键）。新的电源按钮紧邻"删除"键和"音量"键，这两个键位都是经常使用的。结果，用户常常误触电源按钮（然后不得不单击"取消"按钮）。

雪上加霜的是，随后，苹果的操作系统 OS X Mavericks 进行了一次升级，这改变了电源按钮的操作方式。在 Mavericks 中，当电源按钮被按下时，你不会看到带有各种选项的对话框，而是你的电脑会直接进入休眠模式。这两种改变（改变电源按钮的位置和操作方式）简直让用户抓狂，他们的笔记本电脑在使用过程中经常因误触而意外进入休眠状态。像这类可用性问题很容易就能通过用户测试发现，哪怕只是小规模的测试也能及早发现这类问题并对其进行优化。

让我们对比一下苹果的这两个产品案例。在 Touch ID 的例子中，用户体验得到了显著的改善，而且没有出现不可预见的风险。而在电源按钮的案例中，我们又希望能带来什么客户反馈呢？很显然，我们不知道。新的电源按钮设计可能是基于公司内部对美观度和成本控制的要求。但不管怎么样，这种新的按钮设计和操作方式降低了客户的满意度。确实，客户无法将你引向颠覆式创新产品的应许之地[1]，但他们的反馈犹如黑夜中的满天繁星：能照亮你前行的道路，让你免于坠入失败的深渊。

2.7 通过方案空间发现问题空间

然而，别指望客户能把他们的问题空间直截了当地展示在你面前。因为他们很难直接告诉你抽象利益是什么，并且分辨出每种利益的相对重要性，即便

---

[1] 应许之地是《圣经》当中的词语，指犹太人通过上帝考验之后获得的奖励——牛奶与蜜之地，迦南。——译者注

他们能说得出来，也无法保证其准确性。因此，挖掘这些需求并定义问题空间便成了产品团队的工作。其中有一种方法是在采访顾客时观察他们如何使用现有产品，这一方法被称为"情景访谈"（contextual inquiry）或"探索式用户访谈"（customer discovery）。哪怕他们无法直接告诉你，你也可以观察到他们在使用现有产品时的痛点是什么，还可以询问他们对当前解决方案的哪些地方满意、哪些地方不满意。当你已经形成关于客户需求及需求之间的相对重要性的假设后，你也可以用这一方法去验证和改进你的假设。

事实上，客户更擅于在方案空间提供反馈。如果你向他们展示一款新产品或产品设计，他们很快就能告诉你自己喜欢哪里、不喜欢哪里，他们还会把你的方案和其他类似方案进行对比，并找到各自的优缺点。跟客户讨论方案空间，比直接讨论问题空间收效更大，你在方案空间收到的反馈，实际上有助于验证并改进问题空间的假设。认识问题空间的最佳途径，往往来自客户对你在方案空间中的产品所做出的反馈。

如图 2-1 所示，问题空间和方案空间是 PMF 金字塔必要的组成部分。产

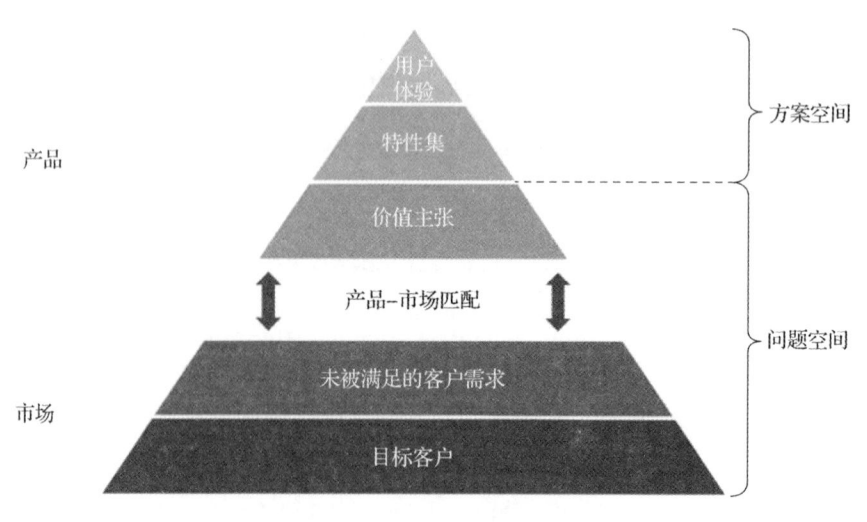

图 2-1　问题空间与方案空间

品特性集和用户体验属于方案空间，这是客户可以看到并作出反应的部分，而金字塔的另外三层则属于问题空间。问题空间和方案空间之间的重要连接点位于价值主张和产品特性集之间。很显然，在方案空间内，你可以随意改变产品特性集和用户体验。但在问题空间内，对目标客户和他们的需求，你只能去定位，无法改变；而价值主张，虽然也属于问题空间，你却有充分的主导权。

正如硅谷风险投资机构 500 Startups 创始人戴夫·麦克卢尔（Dave McClure）所说："客户并不关心你的解决方案，他们只在乎他们的问题。"实现 PMF 的最佳方式是：确保完全区分开问题空间与方案空间，并在两个空间里交替迭代验证、改进你的假设。具体要怎么做到这一点，我们将通过精益产品开发流程为你提供详尽细致的指导。下面让我们来看看流程的第一步——确定你的目标客户。

第二部分

精益产品开发流程

The Lean Product Process

第 3 章

确定你的目标客户
（第 1 步）

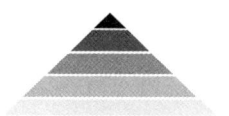

在精益产品开发流程中，第一步就是确定你的目标客户，它位于 PMF 金字塔的最底层。你后面要想精准识别出问题空间利益点，就需要先确定好特定的细分客户群体，因为不同客户的需求是不同的，即使有些客户的需求恰好相同，这个需求对他们的重要程度也肯定不一样。

3.1　愿者上钩

很多公司在还没弄清楚目标客户时就匆忙推出了产品。有时，公司会针对某类预期目标客户推出产品,但最终意外吸引到另一类细分客户群。把产品和目标客户匹配的过程就和钓鱼一样:产品是你放出去的诱饵,而钓到的鱼就是你的目标客户。有时你会钓到一开始想要的那种鱼,有时则会钓到别的鱼。你可以对目标市场做各种各样的假设,但是在你把鱼钩扔进水里,看到是什么样的鱼咬钩之前,你永远都不可能知道你的客户到底是什么样的。而只要能向客户展示产品或原型,你就能够清楚地了解到你能吸引什么样的目标市场。

当然,你的诱饵很可能可以吸引不止一种类型的客户。比如,Quicken原本是为了让个人用户能够轻松管理他们的家庭财务状况而设计的,不过由于它的操作十分简单,一些做小本生意的人也开始用它来管理公司财务。让Quicken团队惊喜的是,他们用同样的诱饵还钓到了另一种鱼。Intuit在用户调研中发现,几乎三分之一的Quicken用户用它来追踪自己企业的财务状况。因此,Intuit赶忙开发新版本——Quicken家庭版和企业版,以便更好地满足小企业的特定需求。基于这个目标市场的新发现,Intuit趁热打铁,又抓紧推出了一款专门管理企业财务的会计软件QuickBooks。

一般来说,每家公司在站稳脚跟之后都想扩大或改变目标市场,因为这样可以获得更多的销售额。有些公司想进军"高端市场"。例如,它们目前的主要客户都是小型企业,也许未来他们就希望能把产品销售给大型企业,从而扩大市场,提高业绩。而有些公司一开始就面向大型企业,之后就会想往"低端市场"发展,当然,也是为了获得更多销售额。同样地,已经在某一垂直行业取得成功的公司,很可能想拓展到邻近的垂直市场。举个例子,假如你已经开发了一些课程管理软件,并在大学教授群体中实现了PMF,那么你很可能会尝试扩展到职业培训市场。假如邻近市场的需求相似,可能只需稍作修改,你的产品就能和这个市场很好地匹配。

3.2 如何细分你的目标市场

你可以通过某些相关的客户属性来定义你的目标客户,即同时具有你设定好的这几种属性的客户才是你的目标市场。这些属性可以是基于人口统计、心理统计、行为或是需求的。根据不同的属性把一个宽泛的市场划分成各种垂直细分的子领域,这一过程称作市场细分(market segmentation)。

3.2.1 基于人口统计的市场细分

人口统计指的是对一组人口统计数据进行量化,如年龄、性别、婚姻状况、收入和教育水平。假设你正在开发一个应用程序,主要客户利益点是让宝妈们能够简单轻松地和朋友、家人分享自己宝宝的照片。基于此,你就可以从人口统计的角度来描述你的目标客户:介于20到40岁之间的,有一个或多个3岁以下孩子的女性。

假如你针对的是企业市场,那么就可以使用企业统计。这就像是针对企业的人口统计,包括公司规模和行业性质等特征。你还可以用两种十分知名的体系来划分行业:标准产业分类(SIC)代码和北美产业分类系统(NAICS)。

3.2.2 基于心理统计的市场细分

心理统计指的是根据人的心理变量(如态度、意见、价值观和兴趣等)对一群人进行分类统计。同样是这个应用程序,你可能会把目标客户描述成喜欢使用社交媒体,并愿意和朋友、家人分享宝宝照片的妈妈们。而在上述人口统计的描述中,并没有提到20到40岁的女性是否有分享照片的意愿。

对许多产品来说,心理统计属性比人口统计属性更有用。因为人口统计数据往往不是客户进入目标市场的主要原因,只是附带的一种标签而已。在上述案例中，你的应用程序面向的是愿意分享照片的宝妈们。事实上，"妈妈"对应的是人口统计数据上的"女性"部分，而生育过宝宝的女性年龄范围也基本等同于人口统计数据中的"20岁至40岁"的范围。

3.2.3 基于行为的市场细分

你也可以通过相关的行为属性（behavioral attributes）来描述目标客户：某人是否有某种特定的行为，或者这种行为的频率如何。你的目标市场可能是这样的一群妈妈：她们每周会在社交媒体（如脸书、Instagram 等）上分享平均3张以上宝宝的照片。换个例子，假设你打算为交易频繁的投资者开发一个股票交易应用程序，那么你的目标市场则可能是每周进行十次或更多次股票交易的投资者。

3.2.4 基于需求的市场细分

还有一个十分奏效的市场细分方法，那就是基于需求的细分。通过这种方法，你可以把市场划分成具有不同需求的细分客户群体。以 Dropcam 为例，它提供的是经济实惠、易于使用的无线摄像头。作为家长，我想通过 Dropcam 来监控孩子的睡眠情况：这样的话，我就可以不用进房间，直接在手机 APP 上实时看到孩子的情况，听见房间内的声音。有些人则想把 Dropcam 当作家里的安防摄像头。而家中养有宠物的人则会在外出时通过它来观察宠物状况是否良好。企业在休息和营业时都会把其当作安防摄像头使用，以及时发现不良行为（如入店行窃等）。

你很难用一个简洁的人口统计或心理统计描述来囊括这四类不同的细分客户群体（就像一个能够解释所有物理现象的物理学大一统公式）。但是，通过需求的细分视角来看，他们就像一个统一的客户群体，都有着远程查看和轻松录制视频的需求。

尽管从宏观角度上看他们有着相似的需求，但细分下来，每一个客户群体的需求都存在巨大的差异性。Dropcam 认识到了这一点，并专门为每个细分市场定制了不同的产品营销方式。在他们网站的"用途"标签下，有"家庭安全""婴儿监控""宠物监控"和"商业监控"等页面。而且 Dropcam 还为不同的细分市场提供不同的产品特性。例如，支持稍后回放的云存储视频流对我来说就没有价值，因为我只在孩子睡觉时才会使用 Dropcam 进行实时监控。但对于有安防意识的客户来说，这个特性至关重要，他们愿意在购买了摄像头的前提下，每个月再额外向 Dropcam 支付一笔服务费。这个例子也粗略地提到了我在下一章会详细讨论的内容——如何把目标客户和你认为的客户需求联系起来。

3.3 使用者 vs 购买者

在某些情况下，特别是 B2B（企业对企业）的产品，使用者（使用你产品的人）与购买者（做出购买决策的人）往往不是同一个人。例如，Salesforce.com 是销售人员专用的应用程序，通常是由销售副总裁签字通过购买决策。但在某些特定的公司中，首席技术官可能才是那个能拍板决定购买的人。在一个公司中，可能需要多个利益相关者（首席财务官、业务部门总经理、总法律顾问、首席安全官等）都点头，才能通过某个购买决定。在这种情况下，将购买者（控制预算和开具支票的决策者）和参与决策过程的其他利益相关者区分开来是很关键的。如果你的产品没能满足其他利益相关者的需求，那些有权否决你产品的利益相关者往往会成为潜在的"阻挠者"。购买者的需求往往跟终端用户大不一样，你需要充分满足这些需求以更好地实现 PMF。因此，必要时，除了定义目标客户，你还应该定义好目标购买者。

3.4 技术采用生命周期

你可能听过《跨越鸿沟》(*Crossing the Chasm*)这本书，这是杰弗里·摩尔(Geoffrey Moore)关于如何营销高科技产品的经典著作。在书中，摩尔普及了另一个在定义目标市场时需要考虑的重要因素——技术采用生命周期(technology adoption life cycle)，它会根据客户对采用新技术的风险厌恶程度，把市场分为五个不同的细分客户群体。

以下是对这五个细分客户群体的详细描述：

（1）创新者(Innovators)是技术发烧友，他们热衷于追逐最新的技术潮流，一旦新产品发布就会火速入手，兴奋地探索着各种对普通人来说可能略显复杂的功能。而且他们尤其喜欢捣鼓"璞玉"型产品，即产品本身还没有打磨好，还有不少做得不够好的地方，甚至最终它们中的大多数都很可能会失败，创新者也都能接受，因为让他们欲罢不能的是美妙的技术本身，而不是别的。

（2）早期采用者(Early Adopters)是布局长远的生意人，他们想通过技术创新获得优势，一改现状。与创新者不同的是，他们不是出于对技术最纯粹的热爱才急于了解新产品，而是为了获得在市场中领先的机会。

（3）早期大众(Early Majority)是实用主义者，他们对技术本身并没有兴趣，只有在看到新产品被证明有实际价值之后才会入手。比起前两类细分客户群体来说，他们更厌恶风险，因此只愿意相信专业人士的推荐，而且基本只会购买该类产品的头部品牌。

（4）晚期大众(Late Majority)是厌恶风险的保守派，他们对创新能否带来价值持怀疑态度，并且只有到了迫不得已的时候才会尝试新产品。例如，因财务原因、激烈竞争带来的威胁，或者担心自己正在使用的是马上要过时的、后续不再提供支持的老技术。

（5）落后者（Laggards）是怀疑论者，他们对创新非常警惕。他们讨厌变化，甚至在新技术成为主流技术之后，仍对其抱有偏见。

摩尔指出，对那些深受创新者和早期采用者欢迎的颠覆性产品来说，要再接再厉，赢得早期大众的喜爱就没那么容易了。因此，他在早期采用者和早期大众之间加上一个鸿沟（Chasm）的概念，这也是他的著作《跨越鸿沟》书名的由来。这本书为如何成功跨越鸿沟给出了建议。

当你在定义目标客户时，弄清楚你的目标市场位于技术采用生命周期中的哪个阶段非常重要。你一开始锁定的目标也许是新市场里的创新者，因为他们对新产品的态度足够开放，愿意花钱尝试，还能够包容产品核心创新领域之外的缺陷。而随着时间推移，你会想让产品获得更多细分客户群体，此时，你会发现，不同客户群体的需求、偏好都不一样，比如新的细分客户群体需要产品更容易使用、更稳定、价格也更低。这就意味着你需要根据不同客户群体的口味调整好产品，这样新群体才会愿意尝试。

3.5 用户画像

用户画像（Persona）是描述目标客户的一个有力工具。阿兰·库珀（Alan Cooper）建议人们在践行他的"目标导向设计"流程时用上用户画像这一工具。在他的著作《交互设计之路》（*The Inmates are Running the Asylum*）中，他把用户画像描述为"对我们的用户及他们希望完成的事情的一个精准定义"。库珀解释道，"用户画像不是真实的人"，而是"实际用户的假设原型"。如今，用户画像的使用已经相当普遍，许多推崇"以用户为中心"概念的 UX 设计师和产品团队都在使用用户画像。虽然用户画像主要在设计阶段使用，但我建议在产品流程中尽早使用用户画像，因为它们有助于更好、更快地建立目标客户假设。在精益产品开发流程的这几个步骤过后，就是你进行产品初步设计的时候，你会再次用到用户画像的相关信息，所以从现在就开始创建你的用户画像，到时你的准备就很充足了。

用户画像也能让公司里每一个和产品相关的人保持对客户认知的一致性。就像其他涉及大多数人的工作一样，如果不把用户画像写下来，跟大家一起分享、讨论，那很可能每个人对客户的认知就完全不一样了。说穿了，用户画像能帮助产品团队筛选出真正重要的特性并弄明白应该如何设计用户体验。

一个好的用户画像能让团队中的每一个人在客户认知上获得高度一致的理解。当整个团队在做产品决策时，它有助于提高团队意见的一致性。此外，由于每个人都有自己负责的工作内容，会彼此独立地做很多小的产品决策，用户画像将使得这些决策结果更加相辅相成，而非彼此冲突。

3.5.1 用户画像应该提供什么信息

一个好的用户画像能够向你传达目标客户的人口统计、心理统计、行为及需求等相关属性。正常来讲，用户画像应该不会超过一页，而且能够提供易于理解的用户原型快照。用户画像通常包含以下信息：

- 姓名
- 代表性照片
- 核心诉求：传达出他们最关心什么
- 工作职位
- 人口统计信息
- 需求/目标
- 相关动机和态度
- 相关任务和行为

- 当前解决方案的问题 / 痛点
- 专业度 / 知识水平 [在相关领域（如计算机领域）的知识水平]
- 使用产品的场景 / 环境（如在嘈杂、繁忙的办公室中使用笔记本电脑，或者在家里沙发上使用平板电脑）
- 技术所处的生命周期阶段（针对你的产品类别）
- 任何其他重要的属性

这份清单上有两项内容让用户画像变得生动贴切，那就是假设人物的照片和核心诉求。你的团队成员通常最容易记得名字、照片和核心诉求，特别是在他们没有看到用户画像的时候。参见图 3-1 用户画像的示例。这个示例来自一位才华横溢的 UX 设计师——贝卡·泰兹拉夫（Becca Tetzlaff）。你可以在网址 http://beccatetzlaff.com 上查看泰兹拉夫的其他作品案例。

3.5.2 如何创建用户画像

如何获取信息来创建用户画像呢？如果你已经有客户群了，那么你可以通过访谈（interviews）和问卷调查（surveys）的方式来收集信息。学习这类知识最好的方式是跟客户进行一对一访谈。一旦你知道该问哪些问题，问卷调查就可以一次性从很多客户那里收集到数据。

在使用问卷调查收集到的数据时，至关重要的一点是，你不能用收集到的数据平均值来填充用户画像。因为，你不是为那些不存在的"平均"客户设计产品，你设计的用户画像要能够代表一个真实的人。正如阿兰·库珀所说的那样："我所在的社区平均每人有 2.3 个孩子，但社区中没有一个人正好有 2.3 个孩子。"显然，这个用户画像写成"有两个或三个孩子"会更好。你可以使用汇总的调查数据来确保用户画像能够真正代表客户群体中的一部分人。认真分析那些符合你目标客户特征的问卷调查结果会给你带来很多启发。

忙碌的母亲

莉萨·贝内特

年龄：32　　　　　　　　　　性别：女
婚姻状况：已婚　　　　　　　教育程度：大学本科
工作：教师　　　　　　　　　收入：$55,000

"孩子们的健康一直是我最关心的事情，但是养育两个孩子是一项全职工作，所以我需要一个简单的办法更好地把控他们的用药处方和医疗预约信息。"

莉萨是一名小学教师。她和忙于工作的老公戴夫以及两个孩子艾迪生（12岁）、凯莱布（9岁）一起生活。由于戴夫经常加班，因此主要由莉萨照顾孩子们。

虽然孩子们整体健康状况良好，但是他们都需要记得服用某些至关重要的处方药。艾迪生有哮喘病，需要一直随身携带吸入器。莉萨很担心她会忘记补充吸入器的处方药，从而把艾迪生置于危险当中。

生活已经让莉萨忙得团团转了，她没有什么自己的时间。因此，她需要一种简单的方式来把控孩子们的用药处方和医疗预约信息。

目标	科技产品使用水平	兴趣爱好
• 能够接收孩子们的医疗预约提醒 • 能够持续追踪孩子们的健康信息 • 能够方便地给吸入器补充处方药	• 普通水平 • 有一台 iPhone 手机 • 使用台式计算机 • 使用脸书和家人朋友们保持联络	• 和家人们共度美好时光 • 和孩子们一起参加课外活动 • 打网球

图 3-1　用户画像

当然了，如果你要推出一个新的产品或者试图进入一个新的目标市场，那你就没有现成的客户可用。但你仍可以通过自己的判断对目标客户的属性做出初步假设，然后跟符合这些属性的潜在客户交流沟通，检验你的假设。在你做出任何可供反馈意见的设计方案或产品之前，你将主要通过和潜在客户交谈来更深入地了解他们的需求、痛点以及当前解决方案的使用效果，这样你才能够识别出潜在的产品机会。

我和其他精益实践者把这个过程称作"探索式用户访谈"。在以用户为中心的设计中，它们通常被称为"情境调查"或"民族志研究"（ethnographic research）。与精益产品开发流程的所有步骤一样，你应该采用迭代的方法进行这个访谈。当和更多的客户交谈后，你会了解到更多信息，然后更新你的用户画像，让它更加精准和完善。你的目标是通过不断的迭代，直到有足够的信心，感觉自己找到了未被满足的目标客户需求，并且坚信可以满足它。下一章我们将深入讨论客户的需求。

3.5.3 用户画像的潜在问题

很多产品团队都因用户画像受益，从而使产品大获成功。尽管如此，仍有人不看好用户画像，原因其实是这些人基本没在"以用户为中心"主导的设计过程中见过高质量的用户画像。与其他工具一样，用户画像也可能被误用。糟糕的用户画像可能缺乏重要信息、描述前言不搭后语，或是纯粹基于假设而非真实的客户数据。还有另一种极端情况是：用户画像包含了过多没有任何额外价值的信息。一个有用的用户画像必然是实事求是的，且能为产品设计决策提供有用的信息。

别让用户画像的创建拖慢你的整体产品进程，也要注意不要在第一版用户画像上花费太多时间去追求完美。相反，你应该把它看成第一版草稿，然后在设计过程中不断修正迭代。没有人能在一开始就创建出如图 3-1 那样完善且精细的用户画像，那是多轮探索式用户访谈迭代的结果。随着理解的加深，用户画像的准确度会不断提高。

然而，即便一个用户画像做得非常好，产品团队的其他成员也可能会忽视它。当他们在制定产品决策或评估设计提案时，就应该参考这些用户画像了。如果你的团队成员还没有学会使用这一工具，你应该对他们进行培训，让他们了解用户画像以及它能提供的价值并掌握使用方法。

我也见过一些公司在创建了一系列用户画像之后，就停止与客户沟通。久而久之，尤其是当有新的产品成员加入团队时，这些公司就会失去对客户的感知。虽然用户画像是个很不错的工具，但它们仍然无法取代与客户持续不断的沟通。

在产品的早期阶段跟潜在客户多聊聊是挺不错的一种方式，不过当你手上有了成型的产品或原型，你就可以试着放出"诱饵"，看看能钓到什么样的"鱼"了，这样你就会对目标客户有更准确的认知。也许你会发现自己的产品就像前面提到的 Quicken 或 Dropcam 一样，能够吸引不止一种类型的客户，这时候你就该为每个客户类型创建专属的用户画像了。

你的客户中有一部分人可能比其他人更加喜欢你的产品。他们很可能会更频繁地使用你的产品并把它推荐给其他人，你可以在社交网络上观察到这些行为。多和这些有激情的客户聊一聊，他们能帮助你进一步打磨对目标市场的假设，了解到未被满足的客户需求，并在将来的产品设计中满足他们的需求。

现在，你已经确定好自己的目标客户，或者至少已经有了一系列假设，你将向精益产品开发流程的下一阶段迈进，也就是理解客户需求。在下一章，你最关注的将是未被满足的客户需求，这也是 PMF 金字塔模型中目标客户的上一层。

第 4 章

识别未被满足的客户需求
（第 2 步）

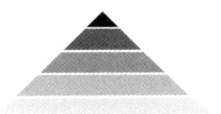

既然你已经确定好目标客户，或者至少已经形成了目标客户的相关假设，接下来就应该把重点放在识别产品能够满足的客户需求上。这能让你在开始设计产品之前，建立并验证你对问题空间的认知。由于客户需求这个词听起来意思不太明确，因此我们先来明确一下它的定义。

4.1 客户需求的其他叫法

我一般用"需求"这个词指代客户想要的或认为有价值的东西，但有时我也会用"客户利益"（Customer Benefit）来代替。有时候客户会明确表达他们想要什么，但这并不意味着客户字面上说"我需要[＿＿]"都是客户的需求。有些需求是没有直接说出来的，有些需求也会浮现出来——客户原本并没意识到他这么重视某些东西，直到你在访谈中向他提及，或是直接把突破性的新产品拿到他眼前时，他才发现原来这一点对他是这么重要。客户往往不擅于对问题空间作出反馈，他们更擅于告诉你自己喜不喜欢某个具体的解决方案。优秀的访谈者擅于倾听、复述（以确保理解正确）、不断追问，最终以此明确问题空间。

你可能早就听说过，客户的欲望（Desires）、渴求（Wants）与需求（Needs）这三者是不同的。尽管这三个术语都代表客户价值，但有些人认为需求是至关重要的，而欲望和渴求只是"锦上添花"。然而，这种区分并没有带来多少额外的价值，只会导致理解上的混乱。所以，为了更好地对需求展开进一步讨论，我们只需统称客户需求，不需要那么多只在重要程度上有区别的术语，因为我马上就要介绍一个需求重要度的量化框架。

在讨论"以用户为中心的设计"或用户画像的构建时，人们常常会用到用户目标（User Goal）这个术语。用户目标与需求并没有太大区别。在敏捷开发的体系里面，用户故事常被用来表达客户的需求。一个好的用户故事通常会遵循这样的格式：作为[某种类型的用户]，我想[做某件事情]，这样我就可以获得[期望的利益]。举个例子：作为一个担心店铺安防的Dropcam用户，我只想快速发现可疑的活动，而不是看完整个视频，这样我不用花太多时间查监控，就可以知道店里发生的事情。好的用户故事能切实反映客户的需求。

客户痛点（Pain Point）是另一个在谈到客户需求时常常提及的术语。痛点是一个没有得到充分满足，从而导致客户产生不满情绪的客户需求。我将在后续讨论框架时进一步讨论客户满意度。

4.2 客户需求的案例：TurboTax

让我们来看一个客户需求的案例。在美国，大部分有工作的成年人每年都需要申报个人所得税，这可不是一件轻松的事。由于绝大多数人对税收都没有深入的了解，整个过程要耗费很长时间，让人们感到疲惫不堪。再加上申报个人所得税的规则十分复杂，而且常常变化，人们担心自己不能准确地申报个税。因为如果美国国家税务局在审计你的纳税申报单时发现错误，你就会被罚款；假如被认定是税务欺诈，你甚至会面临牢狱之灾。因此，客户对个税申报有着极大的需求。正如第一章所讨论的，有很多方式可以满足这一需求：手动填写国税局表格、聘请专业会计师或使用 TurboTax 这类报税软件。

客户需求就像洋葱一样：他们都是多层结构，每一层下面都有着更深的一层。要想弄明白 TurboTax 所解决的问题空间，就需要深入挖掘更深层的细节，而不是仅仅局限于"准备我的个税申报单"这一层。

报税软件比美国国家税务局的税务表单好用多了，因为表单只是报税流程的操作说明，而报税软件却可以帮助检查申报单的准确性。除此之外，TurboTax 还可以帮你电子报税。和打印出来再邮寄申报单相比，它肉眼可见地方便多了。它不仅可以帮你进行最大程度的减税，降低审计风险，还可以从你的雇主、银行和中介那儿下载税务信息，这样你就不用自己手动输入这些信息了。以上每项功能都是一个独特的客户利益。让我们逐项列出来：

- 帮我准备纳税申报。
- 检查报税单的准确性。
- 降低审计风险。
- 节省填表时间。

- 节省报税时间。
- 最大程度减免税收。

这当然不是 TurboTax 能提供的全部客户利益。我们可以很轻松地接着"剥洋葱",找到更多客户能受益的地方。例如,州纳税申报单与联邦纳税申报单是完全分开的两张表。此外,TurboTax 还提供了快速退税服务。但是基于本次讨论的目的,我们把重点放在上面列出的六项利益上。

希望我对以上六项利益的描述能帮助你更进一步地理解客户利益。首先,有一个方法可以简单地判断产品团队是从方案空间而不是从问题空间入手——那就是他们不是一上来就阐述客户利益,而是先列出一堆产品特性。就像写得好的敏捷用户故事那样,利益阐述应该基于客户的视角(使用"我"和"我的")。

其次,你还会注意到,每项利益都以一个动词开头:帮助、检查、减少、扩大。每项利益都体现了客户价值,这也意味着产品是在为客户服务。

最后,利益会增加客户想要的东西(如减税)或者减少客户不想要的东西(如审计风险、完成任务所需时间)。你应该尽可能以这样精确的方式来陈述你产品的利益。这使得客户利益十分清晰,并能够让你一直客观地衡量产品提供的性能优化。

就像精益产品开发流程中的其他事情一样,客户利益始于假设。你会假设:"我认为目标客户 X 会发现客户利益 Y 很有价值。"一旦你有了一组觉得不错的客户利益假设,那么就要开始找用户一起去验证它们了。验证假设最好的方法就是一对一、面对面地进行探索式用户访谈(customer discovery interview)。

4.3 探索式用户访谈

在访谈过程中,你需要向客户介绍并一起探讨每一项客户利益假设,并对每一项利益提出一连串问题,例如:

- 这项利益对你意味着什么?(用于确认客户对陈述是否理解)
- 这对你有什么帮助?
- 假如一款产品能提供这种利益,你认为它有多大价值?
  (客户可能给出的回答:无价值、低价值、中等价值、高价值或极具价值。)
- 如果客户的回答是高价值或极具价值,那么继续提问:为什么这对你有价值?
- 如果客户的回答是低价值或无价值,那么继续提问:为什么这对你来说没有价值?

这些问题可以帮助你判断自己描述客户利益的方式对客户而言是否足够清晰。除此之外,这些问题还会帮助你了解客户利益的真正价值和原因。客户重视某些利益的原因就是你需要挖掘的宝藏,因为客户的这些评论可以帮你更好地理解客户是怎么想的,到底什么对客户来说才是重要的。

如果我们向 TurboTax 的目标客户询问我们列出的六项利益,他们可能会做出如表 4-1 中的回答。

表 4-1 客户利益及相应回答

客户利益	典型客户回答
1. 帮我准备纳税申报	"我不太了解税务,只能试着按照指示填写,但很多时候这些指示都不是很清楚,因此我不太确定我应该填写哪些表格。"
2. 检查报税单的准确性	"我的数学不是很好,所以我知道我很可能会在计算纳税总数时出错。"

续表

客户利益	典型客户回答
3. 降低审计风险	"我不清楚自己的报税单到底有多大风险,因此总是担心万一被审计到的时候,表单上有很多错漏就麻烦了。如果国税局的表单上能自动弹出警告提示就好了,这样我就可以及早修正这些有问题的部分。"
4. 节省填表时间	"我每年都要花大量的时间把从雇主、银行和中介那里收到的税表数据填入到报税单里。"
5. 节省报税时间	"我通常是这样报税的:打印好报税单、去邮局、排队、邮寄、收到回执。如果这些麻烦事都不用做了,那就太好啦。"
6. 最大程度减免税收	"我并不清楚我有哪些项目可以减税,我想我应该在这上面损失了不少钱。"

在进行探索式用户访谈时,你会发现客户可能会用不一样的词表达相似的想法。除此之外,一些客户的陈述抽象概括,有的则很具体。假如你问两个客户,为什么喜欢 TurboTax,客户 A 可能会说"因为它让报税变得更简单",而客户 B 可能会说"因为它能在我提交电子报税单前帮忙检查哪里有问题"。

4.4 客户利益阶梯

在和客户沟通时,你可以不断追问:"为什么这对你来说很重要?"直到他不能给出任何新的答案为止。这能把具体的利益抽象化。这种市场研究方法称为"攀梯法"——当你问出更多问题时,你就在相关利益的阶梯上不断攀升。当你向上攀爬时,阶梯会汇聚收敛,直到最终到达某个利益阶梯的顶端。

我们来看一个利益阶梯的具体例子。假如我们想了解为什么有些人喜欢运动型多用途车(SUV)而不是小货车。我们采访了一位客户,他说自己更喜欢 SUV,因为不喜欢滑动门。当我们问及原因时,他回答说自己更喜欢时髦的外观。我们继续追问，他说："因为我想让自己看起来很时尚。"当我们再追问为什么时，我们终于了解到，客户最深层的动机是获得同龄人的接受和认可。

当我看到表 4-1 中的六项利益时，我看到三种不同的利益阶梯。其中"帮我准备纳税申报""检查报税单的准确性"和"降低审计风险"这三项利益都能让你对纳税申报更有信心。另外两项利益是与节省时间有关的，其一是"节省填表时间"，其二是"节省报税时间"。最后，"最大程度减免税收"的利益通过爬楼梯，抽象化上升到了"节省开支"的利益。表 4-2 显示了每项具体的利益是如何映射到相应的利益阶梯上的。

攀梯法类似于埃里克·莱斯提倡的"五个为什么"（Five Whys）工具。"五个为什么"最初是由丰田汽车公司（Toyota）开发的一种迭代提问的技术，用于探索问题的根本原因。

表 4-2 客户利益阶梯

阶梯对应的抽象利益	具体客户利益
对纳税申报有信心	帮我准备纳税申报单
	检查纳税申报单的准确性
	降低审计风险
节省时间	节省填表时间
	节省报税时间
节省开支	最大程度减免税收

4.5　需求的层次性

除了客户利益阶梯，你在问题空间还会遇到另一类棘手的问题：客户需求的层次性。这种层次体系使需求之间产生了依赖关系，解决一个需求所能创造的价值大小，取决于同时满足另一个需求的程度。

4.5.1 马斯洛的人类需求层次理论

让我们来看看需求层次的一个知名案例：20 世纪美国著名心理学家亚伯拉罕·马斯洛（Abraham Maslow）的人类需求层次理论（Maslow's hierarchy of human needs），如图 4-1 所示。

在马斯洛的五级层次中，第一层是生理需求，如食物、水、睡眠等，构成基础。第二层是安全和保障需求。第三层是爱和归属需求，如家庭、朋友和亲密关系。第四层是尊重需求：如成就和尊重。金字塔的顶层是自我实现的需求：通过开始意识到个人潜力而逐步自我实现。需求层次的含义是：除非下层的基本需求得到满足，否则较高层次的需求就不重要了。当你探索产品的问题空间时，可能会遇到类似的需求层次。你会发现这样的情况：如果较低层次的利益 A 还没有被满足，那么较高层次的利益 B 就不重要了。

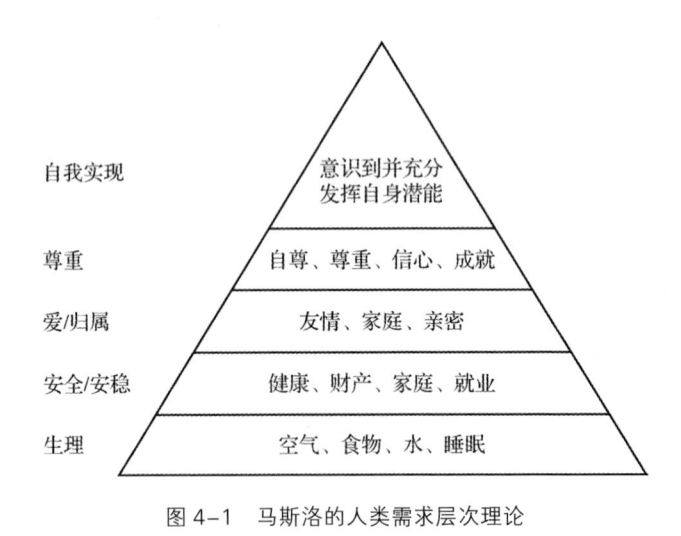

图 4-1 马斯洛的人类需求层次理论

4.5.2 我的网站客户需求层次

我在 Friendster 带领产品团队时，对客户需求层次有了深刻的认识和体会。Friendster 是第一个现象级的社交网站。这类网站（以及广义上的社交产品）因其爆炸式的病毒式增长而闻名。Friendster 也经历了这样的快速增长阶段，以致网站访问量远远超出我们网站服务器的流量阈值，导致服务器不堪重负。很多用户本来非常喜欢我们的产品，但是由于技术问题，网站页面加载缓慢，甚至无法登录，劝退了不少用户。为了帮助团队确定工作的优先次序，我创建了网站客户需求层次，向马斯洛致敬，如图 4-2 所示。

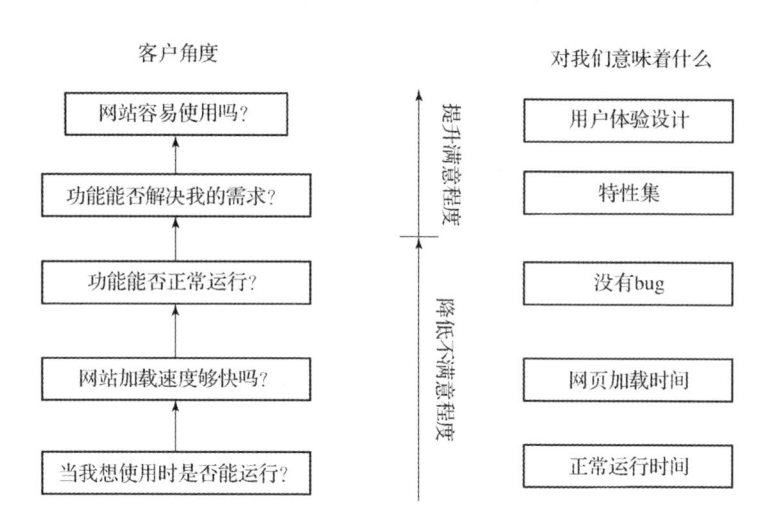

图 4-2 奥尔森的网站客户需求层次

图 4-2 的左边显示了从客户角度看到的五个层次。每个层次的右边则是从公司角度看到的内容。作为企业家、产品经理、开发人员和设计师，我们喜欢把时间花在新潮酷炫的好点子和优秀的用户体验上。然而，这两项都位于客户需求金字塔的最顶层。首先最重要的就是，当用户想要使用产品时，产品必须是可用的。其次，产品的响应速度要足够快。接着就是产品的质量，它能否像预期那样有效运行。然后，我们来到特性集这一层，有没有能满足客户需求的

功能？在金字塔的顶层，则是用户体验设计，你的产品使用起来有多容易，以及能否给用户带来愉悦的使用体验。和马斯洛的人类需求层次理论类似，产品必须先满足用户低层次的需求，再满足用户高层次的需求。

产品在需求层次中对应的位置并非一成不变，而是随着时间的推移不断变化。我们设想这么一种情境，你幸运值爆表，在某个时间点拥有了一款可用性高、响应速度极快、没有任何 Bug 的产品，接下来你增加了一项新特性。而这项新特性很可能会带来问题，从而降低产品的质量。它也可能会对数据库提出更高的要求，从而降低产品性能。甚至，它可能太好用，以至于使用量激增，服务器过载，网站响应速度减慢。因此，当你在研发任何产品特性，进行用户体验设计时，请记住客户需求层次，并在较低层次出现缺陷故障时，从高层级的需求上主动探下身来，及时解决，这点非常重要。

4.6 重要度与满意度框架

当你完成问题空间的探索之旅，辨别出产品能满足的各种客户需求后，就要决定具体需要解决哪些需求。因此，你需要一个好方法来帮助你判断不同需求的优先级——根据客户价值来排序就是一个不错的法子。由此也引出了一个新问题：如何确定客户价值？在我带领 Quicken 的产品团队时，Quicken 每年都会推出一个新版本，而我则需确定下一版本的产品计划。由于 Intuit 十分擅长做用户调研，因此我得以同时进行定量及定性研究的设计，从客户那里获取我想要的信息，进而利用研究的结果搭建一个基于重要度和满意度的框架（Importance vs Satisfaction Framework）。我发现这个框架提供了一种绝佳的方式，使得我们可以用严谨、科学的方法来思考应该如何创造客户价值。我们基于这个框架对各个创造客户价值的机会进行了排序，这使得该版本的 Quicken

产品在销量、收入和利润方面都创下了全新的纪录，在那之后，我还惊喜地发现了其他同样基于重要度和满意度的框架（我会在后面加以介绍）。

顾名思义，重要度是衡量特定需求对客户重要程度的指标。重要度是问题空间中的一个概念，有别于任何方案空间的具体举措。对一个特定的客户来说，不同的需求有着不同的重要程度。例如，一些人认为隐私保密比向朋友分享近况和照片更重要，我身边好几个朋友就因此而拒绝使用社交媒体。同一个需求对不同的人来说重要程度也不同。我的朋友们对于分享近况和照片这两个功能重要程度的看法大相径庭，对一些人来说，这两个功能非常重要，因为他们每天都要发一堆朋友圈，而另一些人则很少发。需求重要程度的差异会影响客户的决策与偏好。

满意度衡量的是用户对解决方案所提供的客户利益的满意程度，它代表着解决方案实际满足需求的程度。对不同的产品，同一用户的满意程度会不一样；而对同一产品，不同用户的满意程度也会不一样。

当你把重要度和满意度结合在一块考量时，就能感受到这个框架的力量。如图 4-3 所示，纵轴为重要度（从低到高排列），横轴为满意度（从低到高排列），让我们把图分为四个象限，无论是打造新产品还是对现有产品增加功能、进行优化，你都可以利用此框架来评估潜在的产品机会。

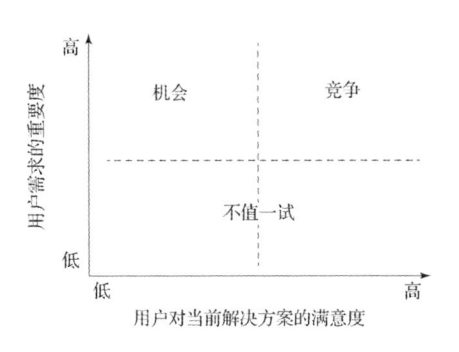

图 4-3 重要度与满意度框架

让我们从底部的两个象限开始，左下象限代表低满意度，右下象限代表高满意度，但是它们都代表低重要度。不管满意度如何，一旦重要度不高则意义不大，因为它们无法带来足够的客户价值。我们需要满足的是那些高重要度的客户需求。在本章的结尾，我将向你展示一个有实际产品使用数据的重要度与满意度框架。

右上象限，代表高重要度和高满意度。凡是位于此象限的产品，不仅在市场上极具竞争力，还能很好地满足客户需求，Microsoft Excel 就是一个典型例子，它几乎完成了人们希望电子表格应用完成的所有事情。维基百科甚至将之视作"电子表格的行业标准"。Excel 在多年以前就把特性集和用户界面稳定了下来，之后很长一段时间内都无重大创新举措，以至于 Excel 在很长一段时间内没有遇到来自其他桌面电子表格产品的竞争，因为它已经太完善了。最有力的竞争对手恐怕是一些基于云端的应用程序提供商了，有的应用程序提供商会免费提供部分 Excel 的功能。

值得注意的是，在右上象限的市场中，往往并非只有一款有绝对优势的产品，市场上可能有好几种相似的产品。比如，占据行业领导地位的一体式打印机兼具高重要度和高满意度，但是很多制造商都有类似的产品，如惠普、爱普生、佳能、兄弟、利盟等。

如果你用这个框架来评估产品特性，那么右上象限代表表现良好的特性，它满足了高重要度的需求，且客户会对其非常满意。例如，在我一款产品的用户调查中，我发现了这样一个特性，它获得了重要度 100%，满意度 98% 的分数。

左上象限表示从需求的角度看很重要，但是在解决方案上满意度很低的功能，在这个象限的客户需求是重要但还没被充分满足的。因此，它们为客户价值的创造提供了很好的机会。在这个领域，一个典型的成功案例就是出行服务应用——优步（Uber）。

4.6.1 优步的成功秘诀：满足未被满足的需求

优步经历了惊人的增长，最终取得了巨大的成功。而取得这样的成就需要极强的执行力和出色的商业模式。但如果从重要度与满意度框架的角度来看，可以发现该公司成功的另一根本原因。

无论是提前安排还是临时决定，许多人都对乘车出行有强烈需求。出租车是一种满足该需求的传统解决方案，但乘客很少对乘车体验非常满意。人们常常抱怨车内环境脏乱、司机行为粗鲁、某些司机的不安全驾驶行为实在令人担忧、车费难以预估及付费不便等。人们还会抱怨出租车总是迟到或是根本不来。虽然出租车（通常）可以满足从A点到B点接送乘客的基础需求，但以上这些不满的意见反映了许多与安全性、舒适性、便利性、支付能力和可靠性相关的重要且未被满足的需求。这些出租车乘客的需求显然位于左上象限。这一系列需求的重要度很高，而客户对现有解决方案（如出租车）的满意度较低，再加上客户量众多，诸多因素结合起来创造了一个巨大的机会，而优步则很好地抓住了这个机会。

优步利用自身技术优势抓住了这个机会，开发了一款让客户能在智能手机上轻松打车的应用。该应用程序会在地图上显示附近优步汽车的位置，随后将你与合适的司机匹配，向你展示其姓名、照片、等级、车型和车牌号。该应用程序会告诉你司机的预计到达时间，并实时显示汽车位置，与打电话订出租或是路上伸手打车相比，优步在增加了透明度的同时，大大降低了客户对车辆能否准时到达目的地的担忧。此外，优步还有一个意见系统，可以让用户对司机进行评分，这一评分数据既能让客户了解接单司机的情况，又可以让优步利用这一数据来淘汰不合格的司机。

优步还改善了用户支付的体验，乘客可以在出行前通过应用程序查看预计车费，以免在行程结束时才因车费过高而感到惊讶、气愤。由于该应用存储了你的信用卡信息，因此当你的行程结束时，它会自动处理付款流程，而无须你手动付费。相比之下，传统的出租车付费流程比较麻烦，你还要等司机在机器上刷你的信用卡，打印信用卡单和收据，而这些流程会大大延误行程。还有些司机只接受现金，当你手头恰好没有足够的现金时，这也可能造成不必要的麻烦。然而，有了优步，你只需在行程结束时直接下车，无须担心其他这些问题。

显然，优步解决了许多尚未被满足的需求。因此，优步从 2009 年开始就取得了巨大的成功。尽管优步是一家私人控股公司，但据 2013 年 12 月披露的财务数据显示，优步拥有 40 多万活跃用户，每周乘坐人次达 80 多万。当时优步每年总营收运转率超过 10 亿美元，其中 20% 落入优步账中。2014 年 12 月，优步成功融资 12 亿美元，估值 400 亿美元。在打造成功的商业产品方面，你可能很难达到优步这样的高度，但高重要度、低满意度象限是寻找机会的最佳位置。

4.6.2 颠覆式创新与渐进式创新

在我们谈到创新时，通常会将其分为颠覆式创新（Disruptive Innovation）与渐进式创新（Incremental Innovation）。渐进式创新指的是，对产品的每个新版本都进行微小的优化，每次优化都增加些许客户价值。例如，提高客户对已有服务的满意度，或者改善其他问题。

显然，优步的出现打破了传统的出租车市场格局。大多数人把优步当作颠覆式创新的一个典范。与同时期的解决方案相比，他们的产品显然提供了更多的客户价值。人们通常将"10 倍"的改进称为颠覆式创新，当一种产品提供了一个远超想象的方案，使客户无法回到原来的习惯中，那就是颠覆式创新。

像优步这样的颠覆式创新可能会出现在左上象限的机会中，它的重要度很高，需求满意度却比较低。此外，颠覆式创新还会重新定义市场的满意度标准。假设在一个竞争激烈的成熟市场中原本有一个或多个处于框架右上象限的领先产品，同时具备高重要度和高满意度。而一个颠覆式创新产品诞生了，它通过提供前所未有的高满意度，将原先所有领先产品推向框架的左侧。因此，它拓宽了满意度坐标轴的范围。

4.6.3　颠覆式创新：随身听

让我们来看一下出现在随身听市场的颠覆式创新。该市场的客户需求可以简单概括成"随时随地听音乐"。第一个满足该需求的产品是20世纪50年代的晶体管收音机。在此之前，收音机主要采用真空管技术，而真空管体积大、功率大且易碎，根本不便于携带外出。而且尽管此时的便携式收音机已经满足了听歌的需求，但是无法选择你想听的歌。1979年，索尼推出的便携式卡带收音机Walkman解决了这一问题，用户可以通过切换卡带来更换歌曲，Walkman是一项颠覆式创新，它提高了人们的满意度标准，取代了位于框架右上象限的便携式收音机，并将其推向左侧。

几年后，索尼推出了第一款便携式CD播放器Discman，它带来了新的客户利益，因为它的音质更高，还可以轻松、快速地从一首歌跳到下一首歌，而不会因快进或快退导致卡带。但早期的Discman有一个缺点，当CD卡住的时候会直接跳过曲目，后来这一问题得到了解决。我认为便携式CD播放器属于便携式卡带播放器的一种渐进式创新。对一些目标客户来说，便携式CD播放器可以稍稍位于Walkman的右侧，但这并没能彻底改变满意度的标准。

下一个关于随身听的创新是1998年首次推出的MP3播放器。最初的MP3播放器还没有多大容量来存放歌曲，但这一情况很快发生了改变。2001年，苹果凭借 iPod 打入 MP3 播放器市场。起初，它并未引起太大反响，但随着对后续几代产品的重大改进，iPod 凭借其巨大的存储量、直观的用户界面以及与 iTunes jukebox 软件和数字音乐商店的集成，成了 MP3 播放器的领军产品，拥有超过 70% 的市场份额。iPod 是一项颠覆式创新，它再次重新定义了随身听的满意度标准。

基于这个例子，满意度标准的衡量范围应由市场上现存的解决方案来定义，准确地说，是由现存解决方案中的"高水位线"来定义。当提供更多客户价值的更好的解决方案出现时，满意度轴右侧的上限值将被重新定义，所有现有方案都会往左平移。与之相比，重要度轴更加稳定，在过去 50 多年的 4 次新技术迭代浪潮中，用户对"随时随地听音乐"的需求始终不变。随着社会和文化趋势的发展，该需求的重要度可能会随着时间的推移而慢慢改变，随着越来越多人出行而增加，但远没有满意度的改变那么显著。

尽管如此，iPod 和其他 MP3 播放器还是日渐式微，是谁在侵吞这块市场？答案是 iPhone 和其他智能手机，它们的特性集覆盖了 MP3 播放器所能做的一切（甚至更多）。有趣的是，人们已不再满足于随时随地听音乐这个单一需求，而是扩大到其他一系列需求——打电话、发短信、浏览网页、玩游戏、使用应用程序等，而所有这些需求由一个产品全部解决了，那就是——智能手机。

4.6.4 衡量重要度和满意度

在我的研讨会中，大多数人都看到了满意度与重要度框架的价值。然而，在我收到的众多问题中，最受关注的是如何衡量重要度和满意度。最简单的方式就是直接问客户（或潜在客户）。你可以当面询问，或是进行问卷调查。假设我们是优步产品团队的一员，我们对 1 000 名目标客户进行调查，并问他们：

"当你乘坐出租车或其他车辆时，司机的礼貌程度对你而言是否重要？"我们可以使用五分量表：

- 完全不重要
- 稍微重要
- 中等重要
- 非常重要
- 极其重要

我们可以把所有分数的平均值作为重要度评级。如果需要的话，我们还可以把五分制换算成百分制（或十分制），以便理解。然后我们再向客户提出相似的问题：他们对车内清洁度、乘坐舒适度、司机守时、安全驾驶等因素的重视程度。

对满意度，我们可以这样询问"过去六个月内，在乘坐出租车时，你对司机的礼貌程度是否满意？"我们可以使用七分量表：

- 完全不满意
- 几乎不满意
- 有点不满意
- 一般般，没什么感觉
- 有点满意
- 基本满意
- 完全满意

我们可以用分数的平均值作为满意度评分，需要的话，也可以把七分制转换成0到100（或0到10）的打分制，以便理解。我们还可以询问他们对车内清洁度、乘坐舒适度、司机守时、安全驾驶等方面的满意程度。

除了潜在客户之外，我们还可以对现有的优步用户进行调查，只需要询问完全相同的重要度问题即可。我们还会询问类似的满意度问题，只不过这次我们要把乘坐的车换成优步（以便与传统出租车对比）。与竞品对比满意度得分是一个不错的分析方法，这能帮助你辨别出自己的产品在哪些方面更好或更差。

你可能会奇怪，为什么我对重要度和满意度采用了不同的评分量表。因为有两类评分量表：单极评分量表（Unipolar Rating Scale）和双极评分量表（Bipolar Rating Scale）。对同一属性，双极评分量表的呈现形式是从负数到正数，而单极评分量表的呈现形式则是从 0 到 100%。

一般来说，最好用双极评分量表来评判满意度。因为人们一般只会感到满意或不满意，当答案为不满意时就可以用负数来表示。与之不同的是，重要度是一个程度问题，不存在负数的情况，所以采用单极评分量表会更适合。

你可以选择对客户使用不同的量表，比如说，1 到 10 或 0 到 10。使用超过 11 个选项会让客户犯难，而使用少于 5 个选项则间隔度不够，对任何双极评分量表，我建议使用奇数项，以便用户在纠结的时候可以直接选择位于中间的中性选项。各种量表可靠性和有效性的研究显示，五分量表最适合单极评分量表，而七分量表则最适合双极评分量表，这也是我为什么给出上述推荐。

正如前面提到的那样，你可以把客户使用的量表转换成更易于理解和计算的其他量表。例如，你可以将 5 分量表的值换算为 0、25、50、75、100，或是 0、2.5、5、7.5、10。同样，你也可以将 7 分量表的值换算为 0、16.7、33.3、50、66.7、83.3、100。由于你可以很轻松地转换分值，所以在面对客户时你应该选择一个客户更容易理解的量表，而不是要求他们提供实际情况中难以获取的精度。

4.6.5　一个有真实数据支撑的重要度与满意度示例

为了更好地理解这些概念，让我们看看来自实际产品的一些真实数据。在我参与打造的一款产品中，我们会定期进行用户调查，让他们对关键的产品特性进行评分。在一次调查中，我们请求客户对 13 个关键特性的重要度和满意度进行评分，然后对每个特性的评分取平均值并绘制成图表，如图 4-4 所示，你看到的 13 个点中的每一点都是一个关键功能。每个点旁边的数字指的是该特性的满意度评分。在右上角，你可以看到我在前文中提到的产品特性，它的重要度是 100%，满意度是 98%。作为一名产品经理，我对这个结果相当满意。因为这个特性已经做得非常好了，我不想再耗费我们团队的宝贵资源来进一步优化这个特性。相反，我专注于改进那些最靠近左上角的特性，它们具有高重要度和低满意度。留意一下标记为"55"的点：该特性的重要度为 82%，但满意度仅为 55%。满意度更低的特性只有一项（41%），然而这一特性的重要度相对较小（只有 53%）。值得注意的是，客户只有在使用某个解决方案后才可以对其满意度进行评分。

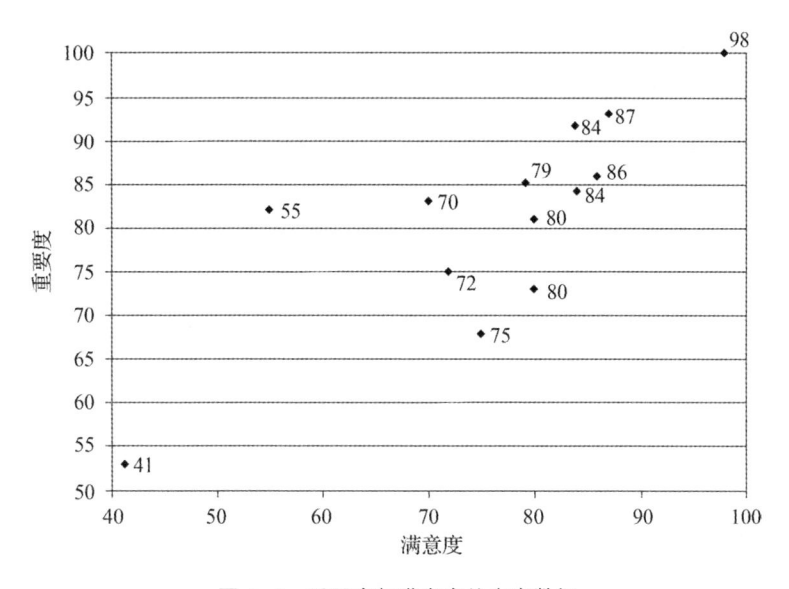

图 4-4 重要度与满意度的真实数据

第 4 章 识别未被满足的客户需求（第 2 步） 057

我常常听到人们说，他们正在开发一款新产品，但是没有可以进行调研的客户群，他们担心客户数量不足以获得具有统计显著性（Statistical Significance）的结果。但其实哪怕你没办法对足够多的客户进行调研，你仍然可以获得有意义的结果。

4.6.6 样本量为零是可以接受的

让我们再回到优步这个案例，假设我们对 25 名经常使用出租车的人进行一对一访谈，并向他们询问我们关于重要度和满意度的调查问题。你觉得他们当中有多少人会对自己的出租车体验完全满意？显而易见，25 名顾客中几乎没有人会这么说。在我们的探索式用户访谈中，我们将发现关于舒适性、便利性、安全性、可靠性等方面更深入的需求。想象一下，我们让 25 位顾客乘坐出租车之后，对以上每一项的重要度及满意度进行评分。即使我们还没有对成千上万的人进行调查，呈现的结果依然会很有意义。举个例子，如果你的访谈对象中很大一部分人都对某件事的评价很高或很低，那么你在此时获得的洞察，很有可能和大规模调研获得的结果一致。我把这种方法称为"定性式定量"——对定性数据做定量分析。但是你使用它时要多加小心，因为这是一个未被充分开发使用的工具。统计分析是一个强有力的工具，有它自己的使用场景。但是太多的产品人觉得必须要完美论证事物的对错。但实际情况并非如此，而且一般情况下，尤其是在开发产品 V1.0 版本的早期阶段，统计分析是不可能完全确定一件事到底是对是错的。如果能有足够多的样本来获得统计显著性，当然很好，但这也不是必需的。

更激进一点的话，你甚至可以在与单个客户交谈之前，先建立一个重要度与满意度框架。对！你没看错，你在样本量为零的情况下仍然可以取得进展。那么接下来该怎么做呢？那就是使用该框架来阐明你的假设。精益方法就是关于如何阐明假设，设计测试方案以验证有效性的一种方法。在你进行第一次客户访谈之前，你可以对目标客户认为最重要的需求进行假设；也可以假设他们对当前解决方案的喜恶程度及满意度；还可以在四象限框架中通过数字化或便利贴的形式列出每一个假设，并随着知识积累和认知拓展而移动、修改它们或添加新的假设。

4.7 其他相关框架

在 Intuit 完成框架设计之后，我很惊喜地发现还有其他同样基于重要度和满意度设计的框架。差距分析（Gap Analysis）和用户待办任务（Jobs To Be Done，JTBD）就是如此，它们通过量化的方式，能帮助你判断不同产品机会的潜在市场规模，以帮助你进行合理的优先级排序。

4.7.1 差距分析

第一个相关框架是差距分析。现在，如果你上网搜索差距分析，就会发现它有很多不同的定义。我所说的差距，指的是重要度与满意度之间的"差距"。简而言之，就是重要度的评分减去满意度的评分。

$$差距 = 重要度 - 满意度$$

差距越大，意味着未被满足的需求越多。根据这个框架，当满意度高于重要度时，产生负差距。

差距分析的优势在于，通过简单的计算就能得出一个数。但最大的劣势在于，不同的需求有着相同的差距。例如，采用 0~10 的量表时，如果一个需求的重要度是 10，满意度是 5，则差距是 5。如果另一个需求的重要度是 6，满意度是 1，则差距仍然是 5。虽然差距都是 5，但是一个需求重要度是 10，另一个重要度是 6，显然重要度是 10 的需求比重要度是 6 的需求更为重要。因此，为了解决这个问题，我们来了解另一个基于重要度和满意度构建的框架。

4.7.2　用户待办任务

我很高兴发现了安东尼·伍维克（Anthony Ulwick）编著的《产品经理的设计思维：以成果导向驱动产品创新的成功实践》(*What Customers Want*)。他在书中描述了同样根据重要度和满意度来量化产品机会的成果驱动创新法。伍维克采用了略微复杂的计算方式得出机会分，以此来弥补差距分析的不足。

$$机会分 = 重要度 + \text{Max}\{重要度 - 满意度, 0\}$$

与差距分析一样，他的计算公式也要用重要度减去满意度。但区别在于，他的方法不会产生负差距，差距的最小值是 0。通过增加重要度这个因素，即便差距相同，仍能把两者区分开来。在这里仍然采用 0~10 的量表，数值结果将从 0（当重要度为 0 时）到 20 不等（当重要度为 10、满意度为 0 时）。伍维克认为，当分数大于 15，这将是个非常诱人的机会，当分数低于 10，则毫无吸引力。

我们仍然以之前的两个需求为例来计算各自的机会分。第一个需求的重要度是 10，满意度是 5，则机会分为 10+Max{10-5, 0}=10+5=15。第二个需求的重要度是 6，满意度是 1，则机会分为 6+Max{6-1, 0}=6+5=11。通过伍维克的公式可以看出，尽管两个需求的重要度与满意度的差距相同，但是第一个需求有着更高的重要度，因此它的机会分更高。

伍维克方法的核心在于，用户购买产品和服务是为了帮助他们完成某项任务。用户决定是否购买的关键在于，产品能在多大程度上完成他们的任务。克莱顿·克里斯坦森（Clayton Christensen）等人也推崇此方法，并将其称为"用户待办任务"。

伍维克认为结果远比客户需求或利益更重要的主要原因在于，需求或利益的描述通常都很不精确。他警告道，"客户驱动"法过于依赖"客户的声音"，然而通常情况下，客户的表达要么不准确，要么模棱两可。我认同客户需求和利益需要得到精准的定义，这正是产品团队而非客户的工作。为了能想出更多具有创新性的解决方案，产品团队需要给问题空间建立一个完善的定义。伍维克的担忧是：多数情况下，产品的目标或需求过于"模糊"——要么过于抽象，要么不知所云。

他解释道："绝大部分的工作，即使是那些看上去毫不起眼的工作，通常也能产生 50 个到 150 个，甚至更多的预期产出。"这句话与我的看法产生了强烈的共鸣——成功创新的关键在于产品团队为问题空间创造一个详尽且准确的定义。伍维克所说的结果，我更愿意称之为定义清晰的客户利益。好的产品团队能把洋葱一层层剥开，逐步看清事物本质，而不是浅尝辄止。史蒂夫·乔布斯也有类似的观点，他说：

> 当你刚开始解决一个问题的时候，脑中弹出的第一个解决方案总是会非常复杂，而大部分人也止步于此。但是如果你坚持思考这个问题并一层层探究下去，最终你会得到精要且简单的解决方案。然而大部分人都没有投入足够多的时间和精力走到那一步。

4.8 客户价值可视化

如果你认同通过度量重要度和满意度来量化产品机会的观点，我建议你读一读安东尼·伍维克的书——《产品经理的设计思维：以成果导向驱动产品创新的成功实践》。基于重要度与满意度框架，我开创了一套更直观的量化方法。这个方法不只是量化了产品机会，还从更广阔的层面上形象地解释了客户价值以及如何创造客户价值。

4.8.1 产品或特性所传递的客户价值

让我们先回到图 4-3 中呈现过的重要度与满意度框架，对坐标轴上的数值有一个更精确的了解。在提及重要度和满意度时，如图 4-5 所示，我们需要立刻想到其区域是以 0%~100% 的形式，而不是按数字从低到高的排列。因此，不管你在量表上用 5 分、7 分、10 分或 100 分来衡量价值，最终做出的图表都具有一致性。

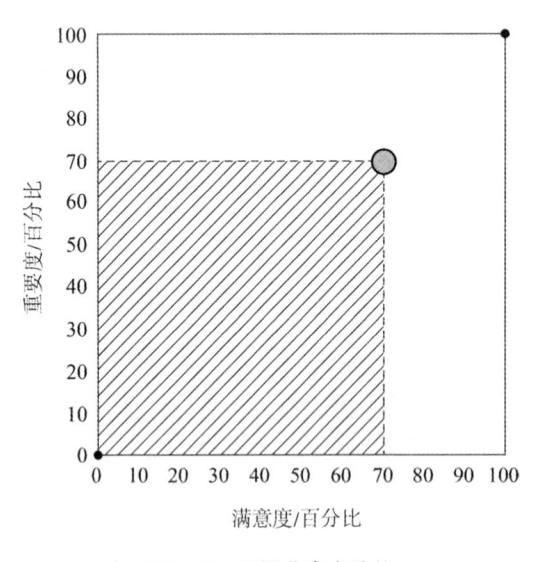

图 4-5 可视化客户价值

图 4-5 中的点代表了一个产品或特性的需求，以及该需求的重要度和客户满意度。假设图中左下角的点的位置在重要度和满意度上都是 0。那么，处在这个点上的产品或特性就无法提供任何客户价值。相反，右上角的点的产品或特性的重要度和满意度都是 100%，所以该需求能提供最大的客户价值。

产品或特性满足需求的重要度和满意度越高，提供的客户价值就越多。当一个产品或特性在图中用点来表示时，其提供的客户价值是该点与原点之间形成的矩形面积。因此你可以用等式来计算交付的客户价值：

$$交付的客户价值 = 重要度 \times 满意度$$

以图 4-5 中所示的产品为例，其需求的重要度和满意度都是 70%。因此，满足该需求的产品所交付的客户价值是 0.7×0.7 = 0.49。这种方法在视觉上十分直观。如果你在同一个图上绘制多个产品或特性，如图 4-4 所示，就能很容易看出哪个点提供了最大的价值。矩形的面积越大，产品或特性所创造的客户价值就越高。

4.8.2　增加客户价值的机会

你还可以根据重要度与满意度图中的点，轻松直观地评估该点所代表的产品或特性的机会。每个点的机会就是能给客户的最大价值。而客户价值可以通过增加满意度来提升，最大值为 100%（1）。因此可以定量为：

$$增加客户价值的机会 = 重要度 \times (1 - 满意度)$$

这种方法可以很直观地评估该产品或特性额外创造的客户价值机会。每个产品或特性的机会，正是该产品或特性右边的矩形范围，这个矩形范围代表着满足该需求后，可达到的客户价值的最大值。

图 4-6 展示了两种不同的产品机会。机会 A（对应图 4-5 所示的产品）的重要度为 70%，满意度为 70%，因此它的机会分是：

$$机会 A = 0.7 \times (1-0.7) = 0.7 \times 0.3 = 0.21$$

机会 B 的重要度为 90%，满意度为 30%，所以它的机会分是：

$$机会 B = 0.9 \times (1-0.3) = 0.9 \times 0.7 = 0.63$$

相比机会 A，机会 B 有着能创造 3 倍客户价值的潜力。因此，当你评估下一个机会时，一定要选择机会分最高的需求。需要注意，这些高潜力的机会通常发生在左上限，优步的快速崛起也正是因为把握住了好机会。

如果回到图 4-4，根据其展示的某产品真实数据来看，你一定还记得我当时判断的最高优先级特性，其重要度是 82%，满意度是 55%。我们暂且称其为"特性 X"。总览一下该图上所有的点，你已经知道如何判断机会点，因此很快能判断出特性 X 是创造最好机会的功能。特性 X 的机会分为：

$$特性 X 机会 = 0.82 \times (1-0.55) = 0.82 \times 0.45 = 0.37$$

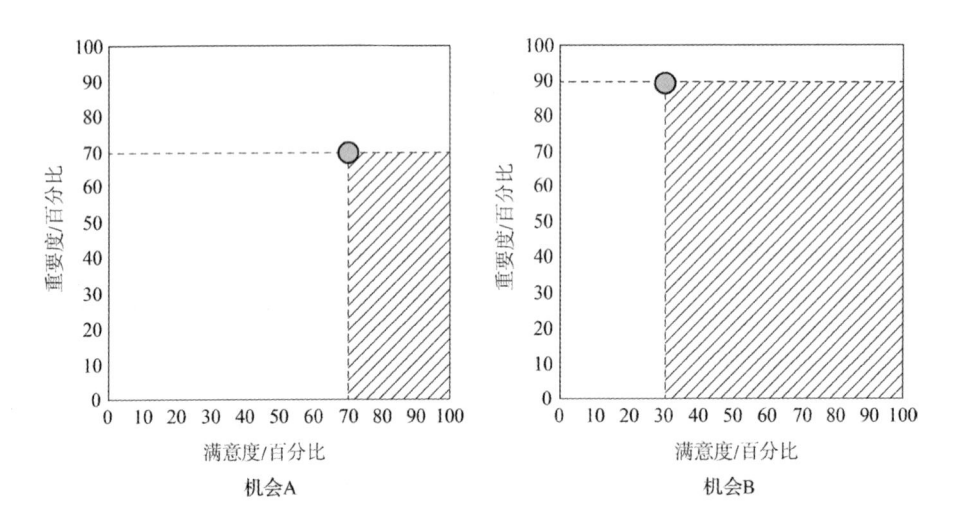

图 4-6 衡量机会

而图 4-4 中，位于特性 X 右边的 11 个特性，机会分均低于 0.25。而重要度是 53%、满意度是 41% 的特性却有 0.32 的机会分。此外，尽管看上去图 4-4 中左下角的特性在整张图上似乎最无足轻重，这只是因为坐标轴原点并没有取值到 0。因此，如果原点从 0 开始，这个特性将处于图中心的位置。对一个产品来说，交付的客户价值在满意度上可能千差万别（长方形的宽度），但是，对其可交付的最大客户价值（最大的长方形面积）起确定性作用的是需求的重要度（长方形的高度）。

这也是为什么我一直在强调需求的重要度才是重中之重。因此另一种表述机会的方式是：

机会 = 重要度 − 目前交付的价值

4.8.3 产品优化创造的客户价值

你还能把产品优化创造的真实客户价值可视化。如果一个优化能把目前产品的满意度（满意度$_{前}$）提升到一个更高的水平（满意度$_{后}$），那么该优化创造的客户价值将是增加的矩形面积，公式如下：

创造的客户价值 = 重要度 × （满意度$_{后}$ − 满意度$_{前}$）

图 4-7 展示了通过产品优化提升满意度后所提升的客户价值（仍以图 4-5 的产品案例为例）。该需求的重要度是 70%，在产品优化前满意度是 70%。当产品被优化后，满意度增长到 90%。通过上面的公式计算得出客户价值增长了 0.14。

创造的客户价值 = 0.7 × （0.9−0.7） = 0.7 × 0.2 = 0.14

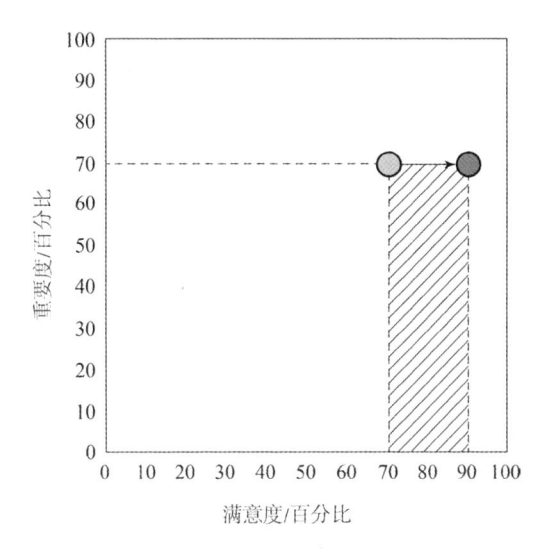

图 4-7 创造的客户价值

正如我前面所说的，一个产品通常能满足多种相关的客户需求，而不是一个。因此，要想为你的产品创造更多的客户价值，除了不断提升满意度外，还需要通过不断优化来满足更多相关的客户需求。理想情况下，这些需求最好具备较高的重要度。

4.9　KANO模型

另一个辅助理解客户需求和满意度的框架是由质量管理专家狩野纪昭（Noriaki Kano）开发的KANO模型。第一次研究这个模型时，我还在做工程专业的研究生项目。如图4-8所示，KANO模型在水平轴和垂直轴上绘制了一组参数：客户需求的被满足程度（横轴）；由此产生的客户满意度（纵轴）。横轴的范围从左到右为需求完全得不到满足到需求完全得到满足。纵轴的范围从底部到顶部为客户完全不满意到客户完全满意，与前面讨论的双极评分量表一致。

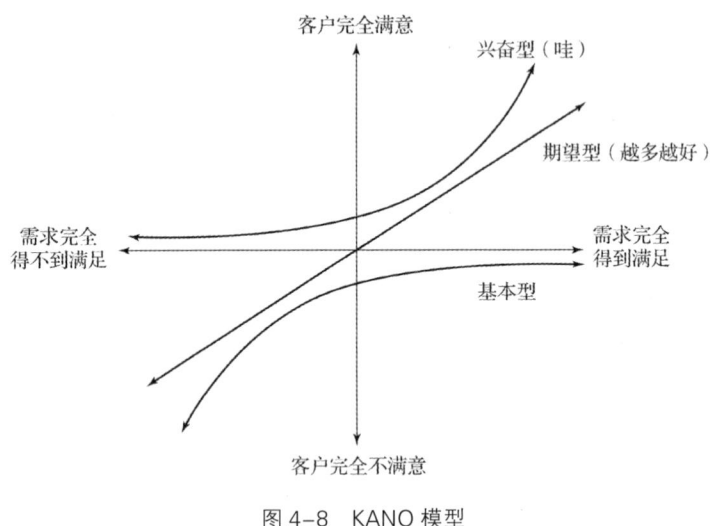

图4-8　KANO模型

关于如何向客户提问以获取数据和对特定需求可能收到的六种结果，这里就不详细展开了。KANO模型的效用在于它把客户需求分为三个你可使用的相关类别：基本型需求（Must-Have Needs）、期望型需求（Performance Needs）和兴奋型需求（Delighters）。对期望型需求而言，越多越好。需求满足得越充分，客户满意度就越高。假如你正要购买汽车，而且在考虑两种不同的车型。假设两者各方面条件都相同，但A车的燃油效率（如每加仑英里数）是B车的两倍，那么你就会更倾向于选择A车。燃油效率是汽车的期望型需求。客户不会因为基本型需求被满足而满意。相反，未被满足的基本型需求会导致客户极大的不满。基本型特性是"赌桌筹码"或是"入场门票"——即那些必须要让客户满意的需求。以汽车为例，安全带就是基本型特性。如果你对一辆车很感兴趣，却发现它没有安全带，由于害怕在事故中受伤，你就不会选择它，因为合理的安全维度的基本型需求没有得到满足。话虽如此，假如A车有5条安全带，B车有100条安全带，你不会觉得B车就比A车好20倍。只要每个乘客都能有一条安全带，你的基本型需求就被满足了。

兴奋型功能可以提供超出客户预期的好处，能带来极高的客户满意度。话虽如此，没有兴奋型功能却不会引起任何不满，因为那本就是在客户意料之外的。再回到汽车这个例子上，在20世纪90年代中期，GPS导航在第一批汽车问世时就是兴奋型功能。这意味着你不再需要从电脑上打印路线，也不会再迷路。这一特性从根本上改变了人们从A点开车到B点的方式，给顾客带来了极其愉悦的体验。

在更早的时候，汽车内并不总是有内置杯座。20世纪80年代初，克莱斯勒公司在推出小型货车时改变了这一点，它把两个杯座嵌在塑料仪表板里。这两个杯座就是兴奋型功能，因为司机再也不用担心开车时饮料会洒出来了。

当然，现在基本每辆汽车中都有内置杯座了，同时越来越多的汽车将GPS

导航作为标配。这说明了 KANO 模型中重要的一点：需求会随着时间而演化。昨天的兴奋型功能会成为今天的期望型功能和明天的基本型功能。随着时间的推移，持续增长的客户期望和产品竞争会不断提高需求门槛。在重要度与满意度框架中，则是另一种描述方式，即随着时间的推移，满意度量表右上限值将被重新定义，昨天的解决方案将被移到左边。

KANO 模型还展示了我前面讨论过的层次结构。例如，如果你的产品缺少基本型特性，那么你的产品是否具有期望型特性就不再重要了。导航系统在没有安全带的车里毫无意义。你的产品必须在期望型特性上具有竞争力，兴奋型特性才会有意义。

你可以把它想象成一个三层金字塔，底部是基本型特性，中间是期望型特性，兴奋型特性在顶部。

你还可以通过 KANO 模型来进一步了解问题空间。想一想你的产品所在分类涉及哪些客户利益，并把它们分为基本型功能、期望型功能和兴奋型功能三类。在评估竞品和阅读产品评论时，这些信息也可以帮助你构建此框架。在第 5 章讨论产品价值主张时，我将进一步讨论如何将 KANO 模型与竞争格局结合使用。

4.10　开始使用框架

本章涵盖了很多内容，希望这在帮助你巩固问题空间这一概念的同时，还能阐明问题空间的深层问题和各种细节，帮助你把客户利益说清楚。一旦你辨别出你的产品可能可以解决的客户利益，就可以使用重要度与满意度框架来确定其中哪些客户利益能创造出最大的客户价值。在重要度与满意度坐标系的左上象限中，你需要尽可能寻找机会分高的产品机会。对你决定去追求的机会，要拆解与该机会相关的客户利益，并决定你的产品可以提供哪些利益，你要确保你的产品能提供足够的客户价值，而且比其他的竞品做得更好，这就是产品战略的精髓。在下一章中，我将讨论如何使用KANO模型来定义产品价值主张，而你也将使用它来细化候选MVP。

第 5 章

定义产品价值主张
（第 3 步）

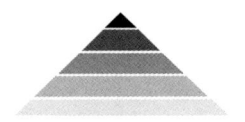

精益产品开发过程的第三步是"定义产品的价值主张"，这也是 PMF 金字塔中的下一层。看完前面四章，你已经发现了不少十分重要的客户需求，这些需求都有可能在未来得到解决。而现在这一步，就需要决定你的产品究竟应该解决哪些需求。此时的你，需要保持清醒、克制，不要一头坠入"一次搞定所有客户需求"的欲壑之中。

一款好的产品，在设计上应该专注于一系列重要的客户需求并努力将其实现。像瑞士军刀就以其实用性著称，它把一系列工具都整合到了一块。只要有了这个"多合一工具包"，就能够解决人们各种各样的工具需求，简直就是居家必备神器。但是如果继续增加工具，瑞士军刀就会变得笨重，不再实用，价值直线下降。所以在定义新产品时，务必要把目光集中在关键点上，切忌贪心。

除此之外，在产品设计初期，你肯定不想看到本就不够用的资源因为不必要的冒险而浪费掉，比如把产品最初的范围定义得过于复杂。一般来说，你是很难对所有客户需求都有一个精准和全面的了解的——你对产品的假设和市场的了解，都存在着太多的不确定性。所以最好的办法就是从最小可行产品入手。记住，所有对客户需求的设想都是基于你对目标客户的假设，当你在测试最小可行产品时发现与现实有出入，你就需要重新审视对目标客户需求的各种假设了。

即便通过最小可行产品的用户测试，最终验证了产品最初的设想方向是正确的，你仍然要利用这些信息不断修正并补充对问题空间的原有假设。这种情况会在每一次迭代中重复出现，因为你永远都无法获得"完美信息"。当你一直用正确的方式迭代验证时，你就会收到各种"没那么完美"的信息，但正是这些"不完美信息"能够让你对自己的假设越来越有信心。

5.1　说"不"的策略

精益产品开发流程的这一步骤决定了产品的价值主张，即判断出产品主要解决的是哪些具体的客户需求，并且清晰地表达出该产品优于其他产品的亮点。在这个过程中，当你明确了产品要满足的需求时，也就决定了哪些客户需求会被忽略或被舍弃掉。对不少人而言，要对客户说出"不，我们的产品不会去解决这个问题"并不容易，但这恰恰就是产品策略的本质。我听过的关于产品策略的最好定义就是"决定你不会去做什么"。史蒂夫·乔布斯在谈到如何说"不"时曾经说过这样一段话：

> 人们以为专注就是对要聚焦的事情说"是"。但事实并非如此。聚焦意味着你对其他成百上千个好创意说"不"。你必须细细甄选。事实上，我不仅为我所做的事情感到自豪，同样也为我舍弃的那些事情感到自豪。因为创新，就意味着对1 000件事情说"不"。

因此，接下来你要做的就是先选出未来打算解决的客户需求。我将向你展示如何通过KANO模型这个组织框架，把需求按基本型、期望型、兴奋型进行分类。你一定希望自己的产品能够通过差异化亮点打败其他同类产品，因此就要利用KANO模型对竞品进行需求分类并找出差距。由于竞品通常会是同类产品，所以你往往会发现彼此的基本型需求基本一样，甚至连期望型需求都有着极高的重叠度，因此一决高下的关键就落在各自产品的兴奋型需求上了。

列出基本型功能是非常重要且不可缺少的环节。但是既然市场中的所有产品都能满足这类需求，它们就无法成为你产品价值的核心部分。真正能够作为产品价值核心的，是你用来与竞品打擂的期望型功能以及在未来计划提供的兴奋型功能。

5.2 搜索引擎的价值主张

为了更好地解释产品价值主张这个概念，让我们回顾一下互联网搜索引擎刚刚出现的时候。当时市场上有很多搜索引擎产品，不同的产品聚焦的期望型需求也各不相同。有些侧重于在索引中获取最多的页面数据，也就是当客户进行搜索时可获得最多的搜索结果；有些则偏重于索引的更新率——快速地新增或更新页面；还有一些聚焦于更高的搜索结果相关性。至此，在早期的搜索引擎市场上至少形成三种期望型需求了：结果数量、更新率及结果相关性。虽然还有其他的期望型需求，但为了简单起见，这里只讨论这三个方面。在早期的搜索引擎市场，哪一种期望型需求更重要还不明确，不同的公司纷纷聚焦于不同的期望型需求，选择了不同的价值定位。

随着时间的推移，大多数搜索引擎的索引都包含了大量页面，搜索结果的数量变得不那么重要了：即便客户很高兴查询到了大量的搜索结果，他们一般也只会翻前面几页；同样，大多数搜索引擎最后都能相对快速地更新索引以保证时效性，所以搜索结果的相关性成了最重要的期望型需求，化身成最有可能实现差异化的夺冠大热门。受益于自身独特的"网页排名"算法，谷歌能够给出比其他搜索引擎相关性更高的结果。由于在这个最重要的期望型需求上表现出色，而且在其他方面上也毫不逊色，最终谷歌在这场搜索引擎大战中取得了胜利。

表 5-1 展示了上述三种价值主张：谷歌聚焦于结果相关性，搜索引擎 A 聚焦于搜索结果数量，而搜索引擎 B 则聚焦于结果更新率。

表 5-1　早期搜索引擎的价值主张

期望型需求	谷歌	搜索引擎 A	搜索引擎 B
搜索结果数量	可接受	最优	可接受
搜索结果更新率	可接受	可接受	最优
搜索结果相关性	最优	可接受	可接受

那什么是兴奋型需求呢？以 Google Suggest 为例，它能根据用户的部分输入，自动实时显示一系列搜索联想词。用户在搜索时不用输入完整的词句，如当用户要搜索"一码等于多少英寸"时，只需输入开头几个字，如"一码"，谷歌就会给出搜索建议词列表，用户就可以从这些搜索建议中选择想要的搜索

词，这大大节约了用户的时间，在输入长语句的场景下，省下来的时间就更多。当用户不太确定搜索关键词时，搜索建议列表也能发挥很好的作用，帮助他们更快获取更多相关查询结果。

Google 的另一个兴奋型特性是即时搜索：在用户按下回车键或者选择自动查询建议列表前，可以根据用户输入的内容实时显示相关查询结果，这同样节省了用户的时间。谷歌发现，人们的浏览速度远远快于按键输入的速度，按键的间隔时间通常为 300 毫秒，而浏览搜索结果只需要约 30 毫秒。根据测算，Google 为用户的每次搜索行为节约了 2 秒到 5 秒的时间。表 5-2 把上述两个兴奋型需求添加到此前的表格中，更能完整展现谷歌的价值主张。由于 Google 搜索建议与 Google 即时搜索属于产品特性，不是需求，所以我把这两个产品特性放在了表格中谷歌那一列，其左边则是分别与这两个产品特性对应的兴奋型需求：节省关键词输入的时间、节省浏览结果的时间。

表 5-2 加入了兴奋型需求的谷歌价值定位

	谷歌	搜索引擎 A	搜索引擎 B
期望型需求			
搜索结果数量	可接受	最优	可接受
搜索结果更新率	可接受	可接受	最优
搜索结果相关性	最优	可接受	可接受
兴奋型需求			
节省关键词输入的时间	是（Google Suggest）	否	否
节省浏览结果的时间	是（Google Instant Search）	否	否

谷歌并不是唯一一个提供了兴奋型功能的搜索引擎。为了与其他搜索引擎区别开来，必应（Bing）提供了"每日一图"创新服务。用户每次进入必应搜

索首页时，总会眼前一亮：每天都有不一样的漂亮背景图，还有相关的细节或注释标记，用户可以通过标记了解图片上的景物信息或拍摄地点等。赏心悦目的图片虽然不能提升搜索效率和搜索结果页的相关性，但能让用户每天都有不一样的愉悦和惊喜。

5.3 不那么"Cuil"（酷）

最后我们来讨论一下 2008 年推出的一款搜索引擎——Cuil（发音为"酷"）。当时，搜索引擎市场已经进入了重要度与满意度框架的第一象限：搜索引擎市场确实很重要，但是用户对现有的搜索引擎相当满意，如谷歌在当时以超过 60% 的市场占有率排名搜索引擎市场第一。在这种情况下，新产品想要占有一定市场的话，具备差异化和有一定优势的价值主张就显得至关重要。

从 Cuil 的营销宣传中不难发现，其核心能力实际上是拥有最大的索引库。Cuil 产品发布时，对外宣传其索引库大小为谷歌的 3 倍，数据量达到 1 200 亿个页面。为了提供差异化服务，Cuil 产品做出了两个创新点：一是搜索结果页以杂志排版的方式为用户提供更多图片；二是他们向用户承诺更严格的隐私服务，不会保留用户的搜索历史记录。

最终 Cuil 的市场表现如何呢？结果不如人意。用户抱怨页面的响应时间太长，搜索结果相关性不强。搜索引擎研究专家丹尼·沙利文（Danny Sullivan）批评 Cuil 太过重视索引页面数量而忽略了搜索结果相关性。不出意料，产品上市 2 年后 Cuil 即关闭服务了。

Cuil 团队之所以会以失败告终，是因为他们对如何让 Cuil 从众多搜索引擎中脱颖而出做出了错误的假设。对比当时的市场领导者，一款新的搜索引擎至少要在响应速度和结果相关性这两个重要的期望型需求上与之不相上下，才有一线希望脱颖而出。客户使用 Cuil 时遇到响应速度慢且搜索结果相关性不强这样的结果，并非 Cuil 团队的初衷。就算 Cuil 在这两个期望型需求的体验满意度上与谷歌旗鼓相当，他们仍然需要一个对客户非常有价值的满足兴奋型需求的功能，才能在市场上抢得一席之地。事实证明，他们早期设想的索引库数量和隐私保护方面的优势，对客户来说并没有那么大的吸引力。

表 5-3 描述了 Cuil 设想的价值主张，以及与谷歌对比的实际价值定位。尤其当市场处于第一象限时，改变客户习惯是非常困难的，你需要提供更多的额外价值，才能让客户放弃自己惯用的产品转向新产品。再说一遍，你需要"10 倍 +"的优异表现才能脱颖而出。

表 5-3 Cuil 与谷歌的价值主张对比

期望型需求	谷歌	Cuil（设想）	Cuil（实际）
搜索结果数量	优异	最优	无关紧要
用户隐私	可接受	最优	无关紧要
搜索结果如何展示	优异	最优	无关紧要
响应时间	优异	与对手齐平	差
搜索结果相关性	优异	与对手齐平	差

5.4 构建你的产品价值主张

我们已经通过搜索引擎的案例展开解释了产品价值主张这一概念，接下来要讨论的是如何构建你的产品价值主张。表 5-4 是为你的产品价值主张准备的空白模板。在第一列中，按类型分组逐行列出所有的产品卖点。为每个竞品和你自己的产品各创建一列，并按照基本型、期望型、兴奋型将相关内容全部列举出来。这个空白模板列举了两个竞品。竞品并不局限于直接竞争对手：在某些特殊情况下,你没有直接竞争对手,但是客户还是能够找到替代方案来满足需求(还记得 TurboTax 案例中纸和笔的例子吗)。

表 5-4 产品价值主张模板

	竞品 A	竞品 B	我的产品
基本型需求 基本型 1 基本型 2 基本型 3			
期望型需求 期望型 1 期望型 2 期望型 3			
兴奋型需求 兴奋型 1 兴奋型 2 兴奋型 3			

一旦确定了自己产品的卖点和竞品,你就可以逐行对竞品和你的产品进行评分。如果你评估的是现有产品,你就可以直接对其评分;如果你还在研发新产品,你就可以列出计划得分的卖点。对基本型需求,每一行都应该填上"是"。对期望型需求,选择最适合你的产品评估尺度,如"高""中""低"的评估范围就是一个不错的选择。对于可控可量化的期望型需求,你还可以使用更精确的方法进行评估。例如,对一款类似"OpenTable"[①]的订餐应用,可供选择的餐厅数量以及完成一单预订的时间就是两个你可以量化的期望型需求。兴奋型需求通常是独特的,因此只需要单独列出每一个兴奋型需求,然后在可

---

① 一款美国在线餐厅预订软件。——译者注

行的前提下都标记上"是"。

表 5-5 是一个完整的产品价值主张的模板示例。在设计时我特意保持了卖点和竞品的通用性，从而让你能够轻松地为你的产品规划一个类似的表格。在这个示例中，你计划研发的新产品已经有两个竞品。三款产品的基本型需求是必备的。竞品 A 在期望型需求 1 上表现最好，竞品 B 在期望型需求 2 上做得最好，而你计划在期望型需求 3 上做到最好。也许你发现了一个新的细分客户群体，比起其他需求来说，他们更看重期望型需求 3，也可能是因为新的技术方案让你可以在期望型需求 3 上更好地满足客户。竞品 A 满足兴奋型需求 1，而你有一个不同的兴奋型需求 2。每款产品的主要差异都已用粗体标记出来。

表 5-5 完整的产品价值主张模板示例

	竞品 A	竞品 B	我的产品
基本型需求			
基本型 1	是	是	是
基本型 2	是	是	是
基本型 3	是	是	是
期望型需求			
期望型 1	**高**	低	中
期望型 2	中	**高**	低
期望型 3	低	中	**高**
兴奋型需求			
兴奋型 1	是		
兴奋型 2			是

完成这张表格之后，你就能够明确哪些是你计划做的利益点，以及怎样才能比你的竞品做得更好。在"我的产品"这一列，每一项卖点及其期望达到的评分就是你的产品价值主张。这样你就确定了哪些是核心竞争领域、哪些是可以舍弃的不重要的部分。你和竞品之间的关键差异就是那些超越竞品的期望型

需求，以及你独有的兴奋型需求。就像上一章提到的，关键差异就是这些重要且未被满足的利益点，因为这些点将更有机会创造客户价值。

很少有产品团队会为他们计划研发的产品完成这样一张表格，以明确价值主张。因此，仅是这样做就可以让你领先大部分竞争对手。一个明确的产品价值主张可以避免推出一款同质化产品，将你的资源集中在最重要的地方，从而增加产品的成功机会。

5.5　瞄准趋势

我曾把价值主张的创建比喻成时间上的静态快照。在战略上，你需要与时俱进，预测所在市场的重要趋势以及竞品的下一步动向。特别是在瞬息万变的高科技市场中，这一点尤为重要。正如冰球传奇人物韦恩·格雷茨基（Wayne Gretzky）所说的："我要滑向冰球将要到达的地点，而不是追逐它曾到过的地方。"

5.6　Flip 摄像机

关于这一点，有一个绝佳的案例——Flip 摄像机。这是一款由 Pure Digital 于 2006 年发布的"傻瓜式摄像机"，它的易用、简洁、实惠让很多消费者认为它比传统摄像机更加优秀。Flip 摄像机的成功促使思科（Cisco）在 2009 年以 5.9 亿美元的价格收购了 Pure Digital。

然而，仅仅 2 年之后，思科就宣布基于战略调整，将退出消费者市场业务，其中包括 Flip 摄像机业务。这期间发生了什么？在过去几年中，Flip 摄像机实现了产品与市场的匹配，但是竞争环境变化太快了。在 2009 年，苹果发布了 iPhone 3GS，这是首款内置视频录制功能的手机。相比于 Flip 摄像机，智能手机提供了更加便捷的解决方案，而无须第二台设备。此外，用户还可以通过无线网络随时发布视频，不需要先同步到电脑上再发布。抛开思科的公司战略不谈，随着时间的推移，显然智能手机代表了更易用、便携的视频录制市场的未来。

5.7 用价值主张预测未来

回顾你的价值主张模板，为了预测未来，你可以为每个竞品以及你的产品分别添加一列来表示"现在"和"今后"。"今后"将是一个与你产品策略最匹配的任意时间长度。表 5-6 通过一个示例来告诉你如何进行该操作。

表 5-6 预测未来的产品价值主张示例

	竞品 A		我的产品	
	现在	1 年后	现在	1 年后
基本型需求				
基本型 1	是	是	是	是
基本型 2	是	是	是	是
期望型需求				
期望型 1	高	高	中	高
期望型 2	中	高	低	低
期望型 3	低	中	高	高
兴奋型需求				
兴奋型 1	是	是		
兴奋型 2		是	是	是
兴奋型 3		是		
兴奋型 4				是

在表5-6中，为竞品和你的产品各增加了"现在"和"1年后"两列。目前，竞品A在期望型需求1上表现最好，而你的产品在期望型需求3上表现最好。你预测竞品A将增加投入以便增强其在期望型需求3上的表现，但仍然无法与你相比，同时，你也预见到竞品A将加大在期望型需求2上的投入以便增加性能优势。你已经确定期望型需求2对你的目标市场并不太重要，与其对期望型需求2进行投入，不如在保证期望型需求3上表现最佳的同时，缩小与竞品在期望型需求1上的差距。至于兴奋型需求，你们各自都有独特的兴奋型需求。展望未来，你预计竞品将推出兴奋型需求3，而你计划推出的是兴奋型需求4。

通过这种方法来分析你的产品策略，不仅仅是为了确保能够满足当前的市场需求，同时也降低了在未来发展不理想的风险。本章的工具可以帮助你确定自己的产品价值主张，然后，你需要确定计划中的产品特性，以便实现你的价值主张。精益产品开发流程的下一步是：明确最小可行产品（MVP）特性集。

第 6 章

明确最小可行产品（MVP）特性集
（第 4 步）

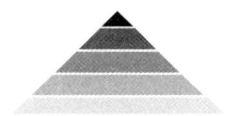

现在你已经了解清楚自己产品的价值主张了，那么接下来就要进行精益产品开发流程的下一步，明确候选最小可行产品（MVP）需要实现的特性集。你不需要在一开始就设计出能完美实现所有价值主张的产品，因为这样做不但耗时太久，而且风险太大。对 MVP 而言，你需要找出能验证当前方向是否正确的最少功能。我之所以称之为候选 MVP 而不是 MVP，是因为它仅仅立足于你的假设，还没通过客户验证，证明它受到了客户的认可，切实可行。

对产品价值主张中的每一个利益点，你都需要通过团队的头脑风暴想出尽可能多的特性点，来决定你的产品要如何实现利益点。在对问题空间进行充分的思考后，就可以进入到方案空间了。此时，你应该遵守头脑风暴的基本规则，鼓励发散性思考（Divergent Thinking）——挖掘足够多的方案，而不要一上来就判断或评估方案的好坏，因为之后你有的是时间去做收敛性思考（Convergent Thinking），评估所有的想法，并挑选出其中最有前景的方案。当你的团队在进行头脑风暴时，试着在彼此建议的基础上，推动大家碰撞出更多脑洞大开的新想法。

完成头脑风暴之后，你可以收集团队产生的所有想法，把这些想法按照它们能提供的利益进行分类。然后，你需要对每一个利益点进行审查并确定特性创意的优先级。你可以根据期望客户价值为它们打分以确定第一版的优先级排序。这个环节的目标是为每项客户利益定义出优先级最高的 3~5 个特性，现在去讨论余下的特性没有多大价值，因为在你给客户展示产品原型之后，很多事情都会发生变化。

6.1 用户故事：功能特性与客户利益

用户故事（User Stories）（用于敏捷开发）是撰写特性创意的好方法，他能确保相应的客户利益得到清晰的描述。用户故事通过简短的语言来描述特定功能应该提供怎样的利益点，为谁（目标客户）带来怎样的利益，以及为什么客户需要这项利益。好的用户故事通常遵循以下模板：

- 作为 [某种类型的用户]；
- 我想 [做某件事情]；
- 这样我就可以获得 [期望的利益]。

举个应用该模板的例子：

作为一名专业摄影师，我想更便捷地把相机里的照片上传到我的网站上，这样我们就可以迅速地给客户展示他们的照片。

会用模板是个良好的开端，然而如何写好用户故事是一项需要打磨的技能。敏捷思想领导者比尔·韦克（Bill Wake）为如何写好用户故事概括了一套便于记忆的方法——简称 INVEST，分别指代以下六个特征：

- 独立的（Independent）：好的用户故事应当独立于其他故事存在，用户故事之间不存在概念的重叠，而且能以任何顺序实现。
- 可协商的（Negotiable）：好的用户故事不是对特性的严苛框定，如何实现用户故事利益的细节是可以讨论和协商的。
- 有价值的（Valuable）：好的用户故事必须能为客户带来价值。
- 可估量的（Estimable）：好的用户故事的范围必须能被合理评估。
- 小的（Small）：好的用户故事往往涉及的范围较小，范围越大的故事不确定性也越大，你需要将其分解得足够小。
- 可测试的（Testable）：好的用户故事应提供足够的信息来明确如何测试故事是否"完成"[称为验收标准（Acceptance criteria）]。

6.2 分解特性

完成核心特性的高层级用户故事后，下一步就是通过各种方法把这些高层级用户故事分解成更小的功能，我把这个步骤称为"分块"（Chunking）。我们的目标是找到方法来缩减范围，并且只构建每个特性中最有价值的那部分。当有人提出某个特性创意时，我们往往能用创造性的方法来删减相对没那么重要的分支。我有意用"特性块"代替特性这个词，是想提醒读者不要定义过大的范围，而是要把它们拆分成更小的组件。

我们来看一个分解高层级用户故事的例子。假设你正在开发一款用于照片分享的应用程序，你写下了这样的用户故事："作为一名用户，我想让分享照片给朋友这一过程变得更方便，这样我就可以及时跟朋友们分享我的快乐。"分解这个用户故事的一个方法是：从用户分享照片的各种渠道进行，如脸书、推特（Twitter）、Pinterest、电子邮件、手机短信等。每个渠道都是一个特性块或更小的用户故事。话说回来，你不一定要在MVP版本就实现全部渠道的分享。即使你打算这么做，用好功能分解这个方法，也能帮助你把产品定义得更精准，让开发范围更准确，从而让开发工作的优先级次序更清晰。你还可以限制MVP版本中的功能——只允许用户分享照片本身，而不支持分享其他格式的素材。沿着这个思路发散，你也许会加上一些新的功能，如允许添加照片描述或添加标签，每一项都能直接衍生出一个新的特性块。

6.3 批量规模越小越好

特性分解的策略和精益制造中的最佳实践——采用小批量规模（Batch Size）是相一致的。这里的批量规模指的是在工厂生产线上（在制造过程的每一步）同时加工的产品数量。软件开发的并行性则基于编码的特性模块大小或用户故事的大小。以较小的规模进行工作可以提高速度（Velocity），因为它们能够更快获得反馈，从而降低风险，减少浪费。

如果开发人员开发一个特性，要在1个月后才能展示给产品经理和设计师看，那么后续很有可能会因为缺少沟通，无法及早获得反馈而导致需要进行重大调整。相反，如果开发人员每隔一两天就向产品经理和设计师展示他的成果，就能有效避免与产品需求脱节过大的情况，反馈和方向性纠正的幅度就会小得多，也更可控，从而减少无用工，提高开发效率。

这一建议也适用于向团队成员展示其工作产品（如用户故事和线框图）的产品经理和设计师。小规模工作的优势也同样适用于客户反馈环节。在没有得到客户反馈的情况下，开发一个产品的时间越长，就越有可能出现严重的需求脱节情况，从而导致大量返工，得不偿失。

6.4 用故事点确定范围大小

有过敏捷开发经验的读者可能对将特性分解成更小模块的想法很熟悉。在很多敏捷模式中，当你编写完用户故事，团队会一起讨论其中的每一项内容，并由开发人员进行工作量评估。他们通常会使用故事点（Story Points）进行评估。故事点，简单来说就是一种用于估算不同用户故事相对大小的计量单位。例如，一个非常小的用户故事算1个点，而一个中等的用户故事可能算3个点，而一个大的用户故事可能算8个点。我将在第12章详细介绍故事点。

有一个操作原则是需要遵守的，那就是要设定用户故事的最大阈值，对那些估值超过该阈值的用户故事，则需要被进一步分解为一组低于该阈值的较小故事。你可以将特性块看成一个规模小到能够接受的用户故事，即一个低于最大阈值的故事点数。

6.5 用投入产出比确定优先级

讲了这么多，是时候引入投入产出比（return on investment，ROI）的概念了。到目前为止，你只是根据每个特性将要创造的客户价值大小来确定优先级，还没考虑构建每个特性所需的资源情况。在把特性分块之后，就要进行第二次优先级排序了，而在这次排序的时候就需要把投入和产出放在一起考虑了。

下面举个简单的例子来解释什么是 ROI：假设我在一只股票上投资了 100 美元。几个月后，它值 200 美元，我把它卖掉了。这时，我就有 100 美元的回报（净利润），因为 200 美元 -100 美元 =100 美元。我的投资是 100 美元，那么我的 ROI 是 100 美元 ÷100 美元 =1（100%）。ROI 的公式是：

$$ROI = \frac{最终价值 - 投入}{投入} \quad 回报/投入$$

在投资中，上述公式中的数字都代表着货币量（如美元）。但是在产品开发中，ROI 则指的是另一回事。当你构建一个产品或特性时，投入通常是指开发资源在其上花费的时间，通常以"人周"（即一名开发人员工作一周）等单位来计量。确实，我们可以计算出一个等价的美元金额，但人们更倾向于使用"人周"这样的单位，因为它们更简单明了。

类似地，在新产品开发过程中，"回报"通常也不是一个金额，而通常是你期待某项特性会带来的客户价值量的一些相对测量值。我们只要用合适的数字量表来估计客户价值，就能很容易算出 ROI。在"比率量表"（Ratio Scale）这样的数字量表中，分值与其实际价值成等比例对应关系。例如，假设你用 0~10 的量表为所有特性块对应的客户价值评分。使用比率量表，如果一个特性块的得分为 10，而第二个特性块的得分为 5，则意味着第一个特性创造的客户价值是第二个特性的两倍。

6.5.1 ROI 可视化

图 6-1 展示了 ROI。其中，横坐标表示投入（或"人周"），纵坐标表示回报（或创造的价值）。

特性创意 A 和 B 都创造了大约 6 个单位的客户价值。然而，特性创意 B 需要 4 人周来实现，而特性创意 A 只需要 2 人周。因此，特性创意 A 的 ROI 为 6÷2=3，而特性创意 B 的 ROI 为 6÷4=1.5。你应该把特性创意 A 的优先级次序排在特性创意 B 之前。

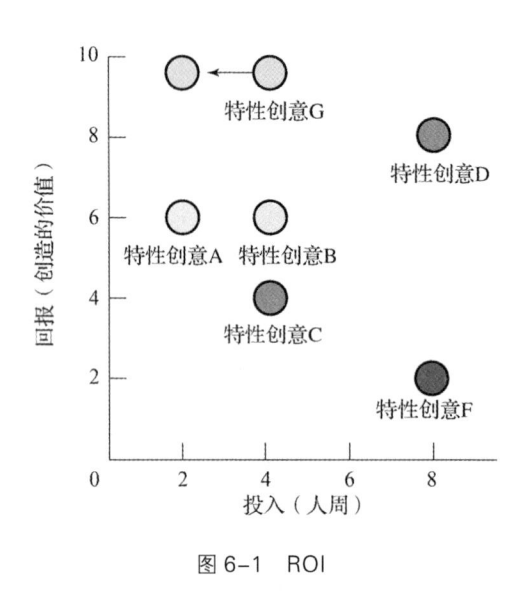

图 6-1 ROI

有时，两个特性会有相同的 ROI，如特性创意 C 和 D。特性创意 C 在 4 人周内提供 4 人单位的客户价值，ROI 为 4÷4=1。特性创意 D 在 8 人周内提供 8 个单位的客户价值，ROI 为 8÷8=1。面对两个具有相同 ROI 的特性创意时，最好优先考虑小投入的创意，因为它用更少的时间就能实现。这样一来，你就能够更快地为客户创造价值，并且这个特性更快上线的话，你也能更快地获得具有价值的客户反馈。

图中展示的也不全是好的创意，如特性创意 F，它占用了 8 个人周，却只提供了 2 个单位的客户价值，ROI 为 2÷8=0.25。对低 ROI 的特性创意，团队往往在开始动工的时候就能意识到其成本巨大，但是往往只有在发布之后才能发现其客户价值很低。谷歌的 Google Buzz 和 Google Wave 就是这样的例子，这两个项目都花费了大量时间构建，但它们都在启动不久后就关闭了，因为客户的反应表明它们没有创造足够的价值。

优秀的产品团队会努力提出像图6-1中的特性创意G——以低成本创造高客户价值的创意。而伟大的产品团队则能够进一步优化这样的创意，将创意分解成小块，剔除价值较低的部分，并能设法用比最初评估还要小的成本来实现客户价值，即将特性创意G移到左边来表示。

有些人为了得到足够准确的客户价值估值而费尽心思。但其实不必过于担心，因为我们并不是要达到小数点后几位的精确度。而且，即使是工作量估算也不可能做到非常精确，因为我们还没有把这些特性完全设计好。你也不能指望开发人员只靠特性的大致描述就能提供准确的估算值。估算的准确度应当和产品定义的保真度成正比。以上这些计算的重点并不是为了找出实际的ROI，而是在于它们的相对大小，从而让你优先关注ROI最高的特性，避免把时间精力浪费在ROI很低的特性上。

你可以根据估算的ROI对特性块进行排序，从而得到一个有优先次序的表格，这是为了后续决定哪些特性块应该被纳入候选MVP功能列表做铺垫。然而，有时你不能仅仅按照严格的排名顺序来创造一个"完整的"MVP，你可能需要为了保留那些最重要的特征而忽略其余的特性。

ROI计算中的回报可以衡量你的业务价值，而不是客户价值。在这种情况下，你通常会有一个回报的估算总额，可能是预期收益或是预计节省的成本。例如，假设你有一个已上线的产品，并正在尝试提升免费用户到付费用户的转化率。对于给定的转化率增长值，你应该能估算出收入的预计提升值。因此，你需要把估算的货币价值和你的每一个优化想法相关联。在第13章和第14章中，我们将继续讨论应该如何在改进业务和产品指标时最大限度地提高ROI。

6.5.2 粗略估算 ROI

我已经详细解释了严谨计算 ROI 的方法，你也可以不用像前面介绍的那样一板一眼地使用这个优先级工具。如果你很难评估出客户价值或开发工作量的具体数值，也可以根据客户价值和工作量对每个特性创意进行高、中、低的评分。如创建一个 3×3 的网格，如图 6-2 所示。所有特性创意都能分别对应上九个类别。即使你不想算出每个特性的 ROI，也可以根据 ROI 对这 9 个类别进行排序。如图所示，数字 1 方格中的所有特性（具有最高的价值和最低的投入）会比数字 2 方格中的特性有着更高的优先级，而数字 2 方格中的所有特性将比数字 3 方格中的特性具有更高的优先级，以此类推。

如果你发现自己因为估算不出客户价值和工作量而陷入困境，只需要选择你觉得最准确的猜想，把每个特性分别放入 9 个单元格中即可。因为现在所做的都只是初始假设，你很可能会在学到更多知识、不断迭代之后对这些假设做出调整。

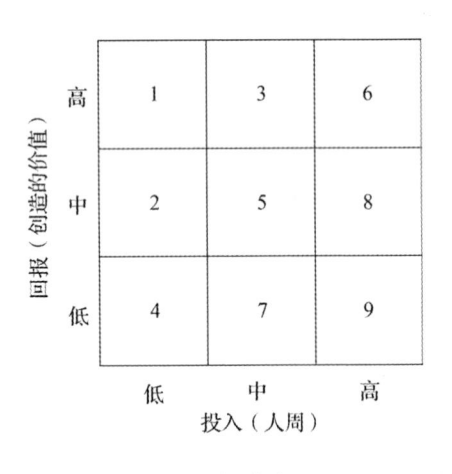

回报（创造的价值）	低	中	高
高	1	3	6
中	2	5	8
低	4	7	9

投入（人周）

图 6-2　粗略的 ROI

6.6 决定你的候选MVP

在拆分功能、界定范围和确定优先级之后,你可以简单画一个表格,列出价值主张所带来的客户利益,并对每个利益点最重要的特性创意进行分块。

在图6-3中,按照优先级从左到右递减的顺序,我列出了每个客户利益点最重要的特性块。在这里,我会用符号标签代表这些利益点和特性块,以便你能快速将其替换成工作中的真实名词;"M1A"指基本型需求1下的特性块A,"P2B"指期望型需求2下的特性块B,"D2C"指兴奋型需求2下的特性块C(以此类推);在实际使用类似表格时,直接用利益点和特性块名称即可,无须特意转换成符号标签。

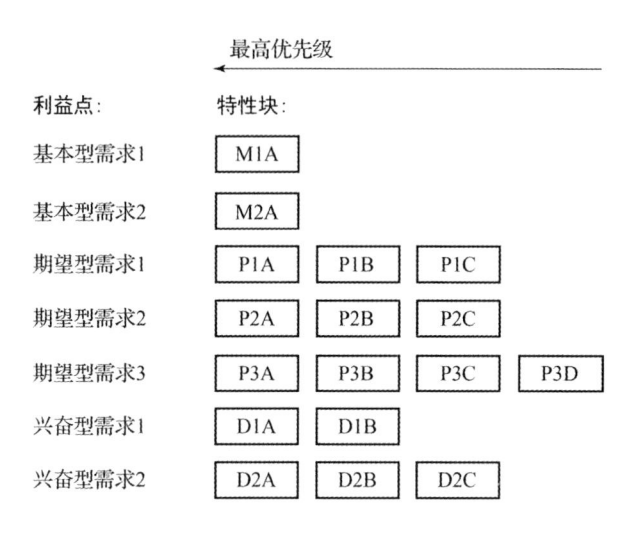

利益点:	特性块:			
基本型需求1	M1A			
基本型需求2	M2A			
期望型需求1	P1A	P1B	P1C	
期望型需求2	P2A	P2B	P2C	
期望型需求3	P3A	P3B	P3C	P3D
兴奋型需求1	D1A	D1B		
兴奋型需求2	D2A	D2B	D2C	

图6-3 每个利益点的特性块优先级清单

在列出了基于利益点的特性块并确定其优先级后,就要做出艰难的抉择了。你必须挑选出与你的目标客户相匹配的最小特性集。此时需要根据特性块的优先级,决定把哪些特性块放在候选MVP里。需要注意的是,决策时应以产品的价值主张作为依据。首先，候选 MVP 需要包括你定义的所有基本型需求；其次，你需要挑选出用来击败竞品的主要期望型需求，并为这个期望型需求选择一组可以给客户带来差异化产品体验的特性块。

兴奋型需求也是产品差异化的一部分，最出色的兴奋型需求也要放进候选 MVP 里。如果产品的期望型需求有很强的竞争优势，兴奋型需求也就不是必需的了。我们的目标是确保候选 MVP 要囊括那些用户体验明显优于竞品的特性，当然了，最理想的情况就是 MVP 能包括独有的特性。

如图 6-4 所示，把你认为最需要列入候选 MVP 中的特性块放在最左边，并打上"v1"的标签，其他的特性则被推向右侧。你可以通过这个方法，为以后的每个版本建立产品路线图，图 6-4 每一列的特性块都是对应版本的特性范围。

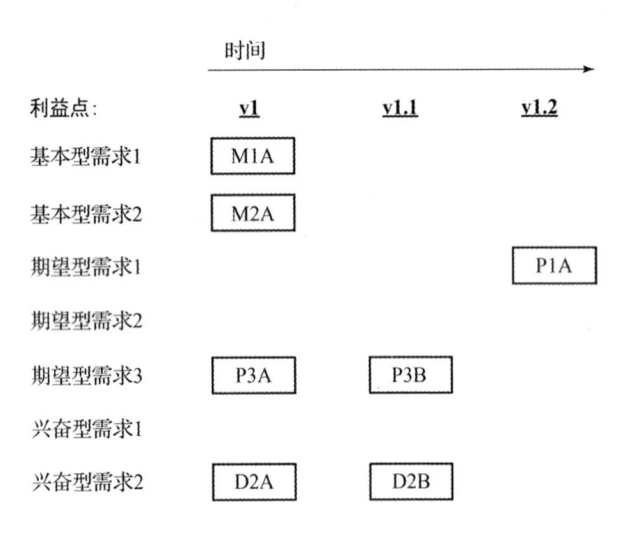

利益点：	v1	v1.1	v1.2
基本型需求1	M1A		
基本型需求2	M2A		
期望型需求1			P1A
期望型需求2			
期望型需求3	P3A	P3B	
兴奋型需求1			
兴奋型需求2	D2A	D2B	

图 6-4　决定哪些特性块包含在候选 MVP 中

既然你认为期望型需求 3 是最重要的，那么其下的特性块 P3A 就是优先级最高的了，所以 P3A 应该放在候选 MVP 里；同样地，你认为兴奋型需求 2 是最重要的，那么其下最高优先级的特性块 D2A 也要放进候选 MVP 里；同时如图所示，候选 MVP 里还有 2 个基本型需求。

在接下来的 v1.1 版本中，你计划进一步提升期望型需求 3 和兴奋型需求 2，对应的则是 P3B 和 D2B 两个特性块。在 v1.2 里，你可以通过优先级最高的特性块 P1A 逐步实现期望型需求 1。

然而，我不建议在初期就规划 2 个以上的小版本，因为在将候选 MVP 展示给客户后，很多规划和方案都很容易发生变化。你会发现初期的一些假设并不是完全正确的，在给客户展示时还会迸发出新的假设；可能会发现一些客户利益并非原来设想的那么重要；也可能会对同样的利益点提出新的特性。因此，如果你已经事先制订好远超 MVP 的迭代计划，你必须随时准备好因为新的用户反馈而舍弃旧计划，制订新计划。

如图 6-4 中呈现的，在候选 MVP 里，每个利益点最多只能有 1 个特性块。然而，在实际工作中，根据你所处环境和特性快的大小，你可能会遇到某个利益点有 2~3 个特性块的情况，这个情况的处理方式和前文相同：选出最重要的特性块，把它放在最左列。

现在让我们回想一下这多章的内容，你在精益产品开发流程上已经做了相当多的工作，其中包括：

- 建立对目标客户的假设。
- 建立关于目标客户未被满足的需求的假设。
- 描述你期望的价值主张，以便让你的产品更好、更突出。
- 确定实现客户需求的最优秀的特性创意，把它们拆解为更小的特性块。
- 基于 ROI 来评估这些特性块的优先级。
- 为你的候选 MVP 选择一组客户觉得有价值的特性块。

你已经进行了不少严谨的思考，但是你的MVP还处在候选状态，只是一系列相关的假设。你还需要通过用户对候选MVP的反馈来测试这些假设的有效性。但是在测试之前，你还需要为候选MVP规划一个可以给客户展示的方案空间，这就是精益产品开发流程的下一步。

第 7 章

创建 MVP 原型
（第 5 步）

　　为你的候选 MVP 产品选出一组特性集后，你就要与用户一起进行测试了。为此你需要设计用于演示的用户体验，这也是 PMF 金字塔的最顶层。

　　构建原型的目的在于验证你的假设。正如我在第一章中谈到的，我倾向使用广义的 MVP 原型定义去覆盖更广泛的用户测试项，从而获取反馈。虽然你测试的第一个原型可以是你已经上线的 MVP，但你还可以在构建 MVP 之前，先用极少的资源更快验证假设。我们也在第 1 章中提过，尽管我一直用 MVP 这个词，但即便不是在构建完整产品的情况下，精益产品开发流程也同样适用（如在增加新特性或改善现有特性的情况下）。你所创建的原型类型，应该参考你和用户想要测试的类型。

7.1 到底怎样才算是 MVP

对到底怎样才算是 MVP，业界一直存在着激烈的争论。有些人坚持认为即使只有一个落地页[①]也能算作一个有效的 MVP；而有些人则不认同，他们坚持认为 MVP 必须是真实运转的产品，或者至少是一个可交互的原型（Interactive Prototype）。解决这个分歧很简单：只要意识到这些只是为了验证 MVP 背后需求假设的方法就行了。只要我们使用术语"MVP 测试"而不是 MVP，就可以避免这类争论。这样可以确保术语使用更加精准，因为"MVP"对应的是实际的产品，而"MVP 测试"对应的是所有验证 MVP 需求假设的方法。

很多人由于过于强调 MVP 中的 M——最小，而误解了 MVP 这个词。他们以"最小"为借口，构建功能根本不够用的"缩水版"MVP，这使得用户认为这款产品根本没办法用。还有一些人以"最小化"为由为糟糕的用户体验和产品缺陷找借口。虽然 MVP 在范围上相对整体价值主张有一定的局限性，但你向用户发布的内容必须在一定的水准之上，才能为用户创造出价值。

图 7-1 阐明了关于 MVP 的正确解释与错误说法之间的区别，它出自 Volkside 公司的天才 UX 设计师尤西·帕萨宁（Jussi Pasanen）所创作的一项作品（http：//volkside.com），他也是艾伦·沃尔特（Aarron Walter）、本·托拉迪（Ben Tollady）和本·罗（Ben Rowe）的思想传承者。

[①] 指用户通过点击链接跳转或搜索引擎到达某个站点首先进入的一个页面。——译者注

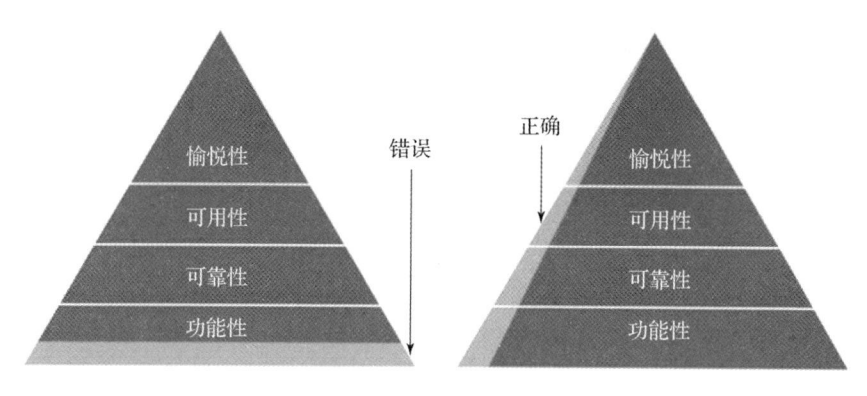

图 7-1 构建一款 MVP

和之前提到过的网站客户需求层次（见图 4-2）类似，这张图也把产品分成了不同层次。在本例中，四层金字塔用于描述产品的四个属性：功能性（Functional）、可靠性（Reliable）、可用性（Usable）和愉悦性（Delightful）。左边的金字塔展示了对 MVP 的一种误解：即 MVP 可以是一个功能有限的产品，可以忽略可靠性、可用性和愉悦性。与之相反，右边的金字塔则显示，尽管 MVP 的功能有限，但它应该是完整的：要兼顾其他三个更高层级的属性。

7.2 MVP 测试

让我们回到 MVP 测试上来，有很多不同类型的测试方式可以选择，你可能还听过其中一些测试的名字，如"绿野仙踪式"（Wizard of Oz）、"冒烟测试"（Smoke Test）、"假门"（Fake Door）等。本章我们会讨论不同类型的 MVP 测试方法，并协助你选出对当前状况最有利的 MVP 测试方法。另外，我也会使用"验证"这个词，而不是一遍又一遍地使用"测试"这个词。有些人喜欢使用"验证"，因为它意味着有一个潜在的假设被测试。而另一些人并不喜欢这一说法，因为他们认为使用"验证"意味着团队对于测试成功已经有了预期。

我用"验证"这个词是指"测试你的假设",而不包含任何对结果的假设。

虽然"MVP 测试"这一说法能够把各种测试方法轻松地归为一类,但实际上不同方法之间都有极大的区别。以下是两种主要的分类方法。

7.2.1　产品 MVP 测试 vs 营销 MVP 测试

对 MVP 测试进行分类的第一种方法是:看测试针对的是产品还是营销。对一个落地页测试而言,如果测试的是点击"注册"按钮并留下电子邮件地址的潜在客户的占比,那么测试应该聚焦在营销上,因为实际上客户根本无法使用任何产品功能。你只是向潜在用户简单地描述了功能,以了解你的描述对他们到底有多大的吸引力。

相比之下,用于验证产品的 MVP 测试,将向潜在客户展示功能并征求他们对产品的反馈。你可以向他们展示一款用于现场演示的测试版产品或低保真度的线框图,从而简单评估产品的市场匹配度。无论是产品 MVP 测试还是营销 MVP 测试,你都对展示给用户的东西是否有足够的吸引力十分关心,但两者的验证目标不同。

营销 MVP 测试可以提供有效信息,但它们并不是一个为用户带来价值的实际产品。有些时候,你还需要测试候选 MVP 的原型。如果通过测试和迭代,你确信产品的市场匹配度已经得到了充分验证,那么你就可以继续构建一个真正的 MVP 了。

7.2.2　定量 MVP 测试 vs 定性 MVP 测试

区分 MVP 测试的第二个维度,是看它们是定性测试(Qualitative Tests)还是定量测试(Quantitative Tests)。定性测试意味着你会直接与用户交谈,这通常在并不具备统计显著性的小规模范围内展开。对这种测试,你关心的是可以从每个单独的测试中得到的详细信息。尽管你尝试着从统计结果中寻找某种规律，但你不应该太过在意统计显著性。例如，如果你与 12 位潜在用户进行了一对一的反馈调研，以收集他们对落地页的反馈，那么这就是定性测试。

定量研究需要对大量用户进行规模化测试。你不需要太关心任何个体的结果，而是对整体结果感兴趣。例如，你发布了两版落地页，并把数千名用户吸引到这两个版本上，以查看哪一个版本的转化率（Conversion Rate）更高，这就是定量测试。

定量测试有助于了解"什么"和"多少"：用户采取了哪些行动，以及有多少用户采取了行动（如点击"注册"按钮）。但定量测试不会告诉你他们为什么选择这样做，也不会告诉你为什么其他用户选择不这样做。相比之下，定性测试有助于了解"为什么"，了解不同用户决定采取行动或不采取行动的原因。

这两种测试都有其价值，并且相辅相成。我见过很多团队过于依赖一种类型的测试，而且通常是定量测试。你必须考虑对你目前的状况来说什么才是最重要的，并选择相应的测试类型。一般来说，当你刚开始开发产品或准备营销物料时，最好从定性测试开始，以获得初步的了解。如果你在没有做任何定性测试的情况下直接开始定量测试，结果往往不尽人意。退一步讲，即使得到了测试结果，你也不知道为什么会得到这样的结果。因此，当产品团队学习和迭代时，通常是定性测试和定量测试交替进行。第 9 章提供了关于如何与用户一起进行 MVP 定性测试的补充建议。

7.3 MVP 测试矩阵

创建一个 2×2 的测试矩阵，如图 7-2 所示，矩阵将根据产品与营销、定性与定量对不同的 MVP 测试进行分类。我列出了与该属性组合相关的 MVP 测试。下面我将逐一描述每个象限中的 MVP 测试。

	定性测试	定量测试
营销物料	营销物料	落地页/冒烟测试 产品演示视频 广告宣传 营销端的A/B测试 众筹
产品测试	线框图 视觉稿 可交互原型 绿野仙踪式&管家式 已上线的产品	假门/404空白页 产品分析&A/B测试

图 7-2 按类型分类的 MVP 测试

7.4 定性的营销 MVP 测试

让我们从象限左上角的定性的营销 MVP 测试开始吧！完成部分产品开发之后，你就可以开始尝试推销产品了，有成百上千种产品营销的方法，我并不打算把每种类型都单独列出来——那样的话测试列表就太冗长了，而是把它们统一归在"营销物料"下。定性的营销 MVP 测试的核心在于向用户展示你的营销物料并征集他们的反馈。营销物料指的是那些你想呈现在用户面前的任何东西：落地页、视频、广告、电子邮件等。该测试旨在了解你选出的营销物料是否对客户有吸引力及其原因。你得到的反馈不是产品本身做得好不好，而是你引入、说明产品的方式好不好，能否吸引到客户。

这些测试能够让你知道用户会与哪些利益点产生共鸣，以及他们对利益点及产品展示的反应。这样的对话可以让你判断出产品的价值主张对他们到底有多少吸引力。你甚至还可以向用户展示竞争对手的营销物料，从而了解他们在哪些方面描述到位，哪些方面没展示清楚，以此来看看你的差异化打法成效如何。

想要测试整体消息传递有效性的话，可以试试这个效果不错的方法：五秒测试（Five-second Test）。简单来说，五秒测试就是向用户展示你的主页或落地页，但只展示五秒，然后快速询问他们还记得什么，喜欢什么。因为平时用户就是这样对产品做出即时判断的。这个方法可以用来了解你的信息是否有效展示了产品的主要功能，以及为什么客户会想要使用它。

7.5 定量的营销 MVP 测试

除此之外，你还可以通过定量的营销 MVP 测试来验证市场对产品的需求。这类测试还可以优化获客方式以及提高潜在用户向正式用户转换的比率。因为它们能够收集用户行为，由此可以通过大量数据提供重要信息。

7.5.1 落地页/冒烟测试[①]

落地页/冒烟测试是最流行的测试之一。在测试中，你将创建一个可以直达访问的真实网页。落地页会简单描述你计划开发的产品，并询问用户对产品有多感兴趣，通常会通过"注册"按钮或指向"计划和定价"页面的链接来量化客户的感兴趣程度。它也被称为冒烟测试，因为目前还没有实际产品可以给用户使用。而且，往往会弹出"即将到来"页面用以感谢用户的关注，页面下方还会询问客户的电子邮件地址或其他联系信息。

---

① "冒烟测试"源自硬件行业，指对一个硬件或硬件组件进行更改或修复后，直接给设备加电。如果没有冒烟，则该组件通过测试。

这些测试要衡量的关键指标是转化率，即落地页访客中，有多大比例的用户点击了按钮，从潜在用户转化为正式用户。例如，如果你将1 000名潜在用户引导到一个带有"注册"按钮的落地页，其中250人点击了该按钮，那么你的转化率即为25%。你选择的利益点、你对利益点和产品描述的好坏都会影响转化率。仅仅选择了对用户有吸引力的利益点还不够，还要有好的视觉设计和文案，才能提升落地页的成功率。

开发团队可以利用现有的网络技术栈和分析包来创建、评估落地页。当然现在也有一些更方便快捷的工具，它们可以让落地页的测试和优化工作变得更便捷，而且减少开发工作量。

7.5.2　落地页 MVP 测试案例：Buffer

Buffer 就是落地页 MVP 测试的一个成功案例。Buffer 是一款能让你在推特（Twitter）上更稳定、持续地更新推文的产品，它能让你定时发送你想要发送的内容。Buffer 的 CEO 兼联合创始人乔尔·加斯科因（Joel Gascoigne）写过一篇博文，其中讲述了他是如何决定从落地页 MVP 测试开始 Buffer 这一项目的（https://blog.bufferapp.com/idea-to-paying-customers-in-7-weeks-how-we-did-it）。他提道，这次启动 Buffer 的方式和之前的项目完全不同："我在测试业务的可行性之前，就迫不及待地开始 Buffer 代码的编写工作了。然而，当我意识到这一点时，我就马上停下来。我深深地吸了一口气，告诉自己'这次一定要用对的方式去做，是时候来测试人们是否需要这款产品了'。"

Buffer 的第一个主页用一个标题和三个要点描述了产品的价值定位，在页面底部设置了一个访客可以点击的唯一一个按钮——计划与定价。点击这一按钮后，他们会被带到一个全新的页面，上面写着"我们还没准备好，就被你发现了"。然后客户就可以输入电子邮件地址，当产品发布时就能收到通知。

加斯科因解释道：这样有两个页面的 MVP 是用于检验人们是否真的会考虑使用这个应用程序。我只是在推特上发了链接，询问人们对这个创意的想法。当一些客户通过这个 MVP 留下他们的邮箱以及一些有建设性的反馈之后，我就认为这个 MVP 确实被客户认可了。

加斯科因认为，他已经证实了人们确实需要这款产品。下一步要做的就是测试人们是否愿意为此付费。因此，他在电子邮件表单前增加了一个附加页面，描述了三个不同的产品级别：免费、每月 5 美元和每月 20 美元。这样一来，除了可以查看提交电子邮件地址的人数外，他还能够看到每个收费计划的点击量。结果相当好，尽管与之前相比需要进行额外的点击，但很多人仍然点进电子邮件表单并留下了电子邮件地址，甚至还有一些人点击了付费计划。

值得说明的是，当时还没有人真的开始付费使用 Buffer（因为这款产品当时还没开发好）。但加斯科因认为，通过这两个简单的测试，产品的市场匹配度已经得到了足够的验证，因而信心满满地继续朝他的产品创意前进。

7.5.3　产品演示视频

产品演示视频，实际上就是落地页测试的一个变体，它通过视频来讲解产品。判断视频有效性的标准是该视频推动的转化率。例如，在注册页上的一个解说型视频对注册量的转化推动效果到底如何。这类测试特别适合那些只用文字无法解释清楚的产品。云存储服务商 Dropbox 曾开展过一次轰动一时的产品演示视频 MVP 测试。Dropbox 的创始人德鲁·休斯顿（Drew Houston）发现，当他尝试着说明是公司独特的文件同步方式，使得 Dropbox 优于同期市场上其他基于云计算的文件存储产品时，人们总是听不明白。为此他制作了一个视频，通过这个视频边展示边讲解 Dropbox 的工作原理。这段视频迅速在用户中刮起一阵 Dropbox 旋风，因为视频中展现出的功能实打实地解决了用户在多个设备上管理还有共享文件的真正痛点。于是这个视频吸引了大量用户注册,让不少用户加入到 Dropbox 内测版本等待名单中。

7.5.4 广告宣传

为了进行落地页测试,你需要以某种方式把流量吸引到这里,其中一种方式就是广告宣传(Ad Campaign)。例如,Google AdWords 会在用户进行搜索操作时显示简短的文字广告。你可以试着用不同的搜索词和广告文案来提高点击率,并通过 AdWords 提供的定量反馈来了解哪些词语最能吸引用户。你还可以通过展示不同的广告来测试不同的宣传文案及图像。由于脸书的广告可以帮你精准定位用户群体,在脸书上投放广告就能帮你快速验证对目标市场的假设。而由于广告所占版面很小,没有足够的空间展示整个价值主张,只能局限于一个口号。因此,这类测试只适用于优化获客工作,不适用于验证 PMF。

例如,假设你正打算创建一个求职网站,你可能会投放三个口号不同的广告:"找好工作,就上 XX 求职网""最多的工作机会就在这里"和"最便捷浏览好工作"。然后比较三个广告的点击率,看看哪一个表现最好。

7.5.5 营销端的 A/B 测试

A/B 测试(A/B Testing)也称为分割测试(Split Testing),是一种可以同时测试两种备选设计,以比较它们在关键指标(如转换率)上表现的定量方法。我们可以用 A/B 测试来对比不同版本的营销物料,看看哪个表现更好。例如,我们可以测试两个版本的落地页,它们包括不同的文字信息、定价、图像、色彩或其他设计元素,看看哪个版本的效果更好。我们还可以通过这种方式测试其他线上营销物料,如广告、视频和电子邮件。

我们可以挑选两个以上的备选方案进行测试,如 A/B/C 测试。在真正的

A/B 测试中，测试的不同版本是同时并行的。例如，把 50% 的访问流量导向版本 A，同时把另外 50% 的访问流量导向版本 B。依次测试不同版本的做法并不可取，即先以 100% 的访问流量测试版本 A，一段时间后，再以 100% 的访问流量对版本 B 进行测试。同时运行两种方案，你可以避免因外部因素（如季节因素或促销水平）的变动而影响结果。

通常在几轮针对产品功能优化的 A/B 测试后，效果最好的版本就被称为最佳方案。有的时候，你还可能会测试新的方案，看看是否有比现有最佳方案还要好的选择。A/B 测试还有很重要的一点，就是统计显著性，它取决于功能和样本量的差异性。有的公式和在线工具还能帮你计算某特定测试的统计置信水平。然而，要知道，只有在功能和样本数量差异明显的时候，统计显著性才会比较高。如果你的样本量太小，获得的结果就不具备任何统计意义。如果两个备选方案的功能非常相近，那可能就需要非常大的样本量来辨别任何统计显著性的差异。

常用的 A/B 测试工具包括 Optimizely、Unbounce、KISS-metrics、Visual Website Optimizer 和谷歌内容实验（Google Content Experiments）[谷歌分析（Google Analytics）的一部分]。这些 A/B 测试工具能让你指定多个变量，然后在变量之间随机分配流量。这些工具还会跟踪指定变量的转化效果，并具体展示每个变量的表现及相应的统计置信水平。

多变量测试（Multivariate Testing）和 A/B 测试很相似，但它并不是测试一个页面的不同版本，而是测试页面元素变量。每个可更改的页面元素都是一个变量。假如，你正在制作一个落地页，对该页面上可能的标题、主图各有三种不同的想法。多变量测试将对九种可能的标题和图像的组合全部进行测试，以判断哪种表现最好。

7.5.6 众筹

像 Kickstarter 和 Indiegogo 这样的众筹（Crowdfunding）平台是测试人们是否愿意为你的产品付费并量化需求的一个好方法。产品生产者可以在这些众筹平台上推销产品，并且从部分用户那里提前获得资金，这些种子用户对产品很感兴趣，想要在产品上市时进行购买。你可以为你的产品设定一个筹款目标，并且只有在达到这个目标后，才按承诺开始生产产品。这种让用户在你开始生产之前就预付款的做法符合精益原则，因为它消除了你对产品上市后是否有人买单的顾虑。

Pebble Watch 是众筹平台 Kickstarter 的一个成功案例。创始人埃里克·米基科夫斯基（Eric Migicovsky）通过 Y Combinator 孵化器创业后，无法从风险投资公司那里筹集到足够的资金。走投无路之下，他在 Kickstarter 上发起了一场众筹，最初的资金目标是 10 万美元。用户只需花 115 美元进行预购，即可在产品上市时获得一块全价 150 美元的 Pebble 智能表。该众筹项目在两小时内就达到了一开始的目标，而且众筹金额还在持续增长。当 Pebble Watch 在一个多月后结束了 Kickstarter 上的这场筹款活动时，它已获得 68 000 多人的预购，从中筹集到了 1 000 多万美元。

如今，Kickstarter 已经成为让众多初创公司为之兴奋的新融资渠道。虚拟现实头戴设备初创公司 Oculus Rift 于 2012 年 8 月启动了以 25 万美元为目标的资金筹集计划。不到 1 个月，他们就筹集到近 250 万美元，几乎是目标金额的 10 倍。不到两年，脸书就以 20 亿美元收购了 Oculus Rift。

想创业的上班族，可以在最终裸辞创业之前先利用众筹降低风险。众筹尤其适合销售消费品，因为它提供了直接面向消费者的电子商务销售渠道。但是，由于没有实际产品供人试用，因此你必须对产品及其价值进行极其详尽的描述。很多众筹活动都有高质量的宣传视频和大量的常见问题解答。你还应该通过其他途径（如社交媒体）向潜在用户推销，让他们了解你的产品营销活动。

众筹网站是与你的产品早期采用者建立联系的好方法。你可以随时与他们讨论他们的需求和偏好，这是推动产品优化的重要建议来源。成功的众筹页面将是初创公司与其用户之间长期有效的沟通枢纽。

7.6 定性的产品 MVP 测试

在前文中，我已经介绍了营销端的 MVP 测试，它可用于检验你的营销信息是否准确触达了目标用户，同时还可以帮助量化营销关键指标的预期值，如转化率。而产品测试则能帮助用户发现你真实产品的价值。当要开发一个全新的产品、重新设计一个产品或开发一个新的特性时，定性的产品 MVP 测试在评估和提升 PMF 方面，往往是最有价值的。在开发产品之前或产品开发完成之后，你都可以做定性产品测试。这两个时间点的测试都同样有意义。

在开发产品之前，你可以与目标用户一起测试你的产品设计。典型的产品设计交付物包括线框图、视觉稿和可交互原型，所有这些都用于展示你的产品，而不需要等到把真实的产品开发出来。如果能在开发之前验证你的设计，就可以减少很多时间和成本。因为通常修改设计图比修改代码要快得多，成本也低得多。设计交付物的保真度（Fidelity）是不同的，这取决于它们有多接近真实的产品，这一点我将在后文中进一步讨论。

产品开发完成后，你可以邀请用户一起测试——这样做的好处是它有 100% 的保真度。因此，你可能会发现一些在之前的交付物测试中无法注意到的东西。举例来说，在早期交付物测试时，从一个网页原型得来的反馈可能包括信息展示的布局有多好、文案有多清晰，以及视觉设计有多引人注目。但是你很难注意到网页加载的速度很慢，或者它在某个浏览器中无法正常运作。使用已上线的产品做产品测试的这种做法，基本没有啥缺点。只不过要等到你的产品上线才能让目标用户测试，这就不必要地承担了巨大风险。最好的做法是，在开发的早期就向用户展示一些设计交付物，以确保花费了开发人员宝贵时间研发的产品对用户而言确实有价值。

你可以向用户展示各种设计交付物来征求反馈意见。如图 7-3 所示，横轴代表保真度，纵轴代表交互度，从这两个维度对这些设计交付物进行归类。重申一下，保真度指的是设计交付物与最终产品的相似程度，而交互度指的是与最终上线的、真实运行的产品相比，用户可以与设计交付物交互的程度。

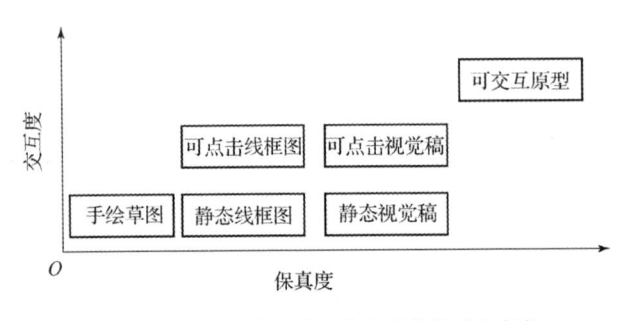

图 7-3 以保真度和交互度分类的设计交付物

图 7-4 是一个关于低保真与高保真的说明。图中所示的两个设计交付物都展示了同一个产品，即 iOS 应用 Pointedly。（https://itunes.apple.com/us/app/pointedly-simple-score-keeper/id933257819）这款应用出自天才设计师本·诺里斯（Ben Norris）之手，用它可以代替纸笔，更简单地记录游戏中的比分（如拼字游戏）。左侧是低保真的线框图，没有任何颜色（灰度模式），只展示了界面元素和对应的位置，除此之外没有任何视觉设计细节。而右侧的高保真原型更接近真实的产品，APP 的产品界面上也用了一些专门的颜色、字体和图片。

图 7-4 低保真线框图 vs 高保真视觉稿

7.6.1 手绘草图

在图 7-3 的左下方，保真度和交互度均为最低的原型是手绘草图（Hand Sketches）。手绘草图是把想法初步可视化的好方法，尤其是在要把你的想法和团队成员或其他内部的相关方分享和探讨时。通过在白板或纸上画草图，你能对产品设计快速迭代。我本人就是白板的忠实粉丝，尤其是在产品设计的早期阶段。事实上，在我看来，白板或许是最好的精益工具，因为它能让团队快速迭代想法。尽管手绘草图在团队内部是很有用的，但他们的保真度和交互性都太低了，无法向目标用户展示并获得有效的反馈（这也是他们没有出现在 MVP 验证矩阵中的原因）。

7.6.2 线框图

保真度再高一点的设计交付物就是线框图。线框图拥有低到中等的保真度，能够让人直截了当地看清楚产品的模块和布局。线框图没有达到像素级的完美，只是大致展示相对的尺寸大小和位置摆放。它通常不涉及任何视觉设计的细节，如颜色、图像和字体。一般来说，线框图都是黑白的，并且在需要插图的地方只使用占位符而不是真实的图片，这样可以避免视觉设计元素过多，分散审查者注意力的情况出现。有的线框图还会使用文本的占位符，如"这是一段占位的文字"来代替最终的文案，不过这种情况也越来越少见了。我建议你从一开始就使用真实的文案内容，即使是初稿也行，因为这样可以尽早发现潜在的布局问题。

你可以手绘线框图，但是最好还是用软件来描画数字化的交付物——用设计 UI 的通用设计软件或者专门用于设计线框图的软件都可以。设计师主要使用 Illustrator 和 Sketch 之类的平面设计应用。OmniGraffle 和 Visio 的通用性则更强，普通人也能轻松上手。还有一些非设计人员常用的工具，如 PowerPoint 或 Keynote。我建议在设计网页产品时，使用专门用于制作线框图的工具，如 Balsamiq、Axure 和 UXPin。

由于移动端产品无论是原生应用还是移动端的网页，与传统的网页应用相比，用户体验往往大不相同，因此现在也出现了专门用于移动端的线框图工具。我在这里向设计师推荐专门用于制作移动端线框图的工具 Flinto 和 Marve，而设计人员则可以试试线框图工具 POP 和 Dapp。

时代一直在进步，每隔一段时间就会有更强大的线框图设计工具问世。如果你已经有一段时间没有尝试过最新的工具了，我强烈建议你去尝试一下。我已经见过太多设计师和产品经理，因为固守自己熟悉精通的旧工具，错过了创新的绝佳时机。工作效率是很重要，学习使用新的工具也确实需要投入时间和精力，但是这些尝试是值得的，因为一旦你掌握了这些新能力，你的效率就会像坐火箭一般直线上升。

如果你发现自己有以下这些迹象，就说明你需要尝试使用新的线框图工具了：

- 你没有预先设计好的组件库，每次都是从基础的页面元素，如从简单的形状和线条，开始绘制你的线框图。
- 你绘制的线框图是无法交互的。
- 你绘制的线框图难以分享给其他人。
- 你要绘制移动端的线框图，却在用不是专门针对移动端产品的绘图软件。
- 你绘制线框图的时间比你预期的时间更长。
- 你根本就不绘制线框图。

现在绝大多数的工具都能让小白轻松上手绘制线框图，所以每一个参与到产品研发当中的小伙伴都可以放心大胆地尝试。如果你的团队中有专门的交互设计师，那么大部分的线框图设计都会由他们负责完成。即使如此，制作线框图仍然是一项非常有用的技能，你可以借此迅速呈现自己的想法，并与其他人分享。当然了，如果你的团队中还没有专门绘制线框图的人，那你就得赶紧行动起来了。

现有的线框图设计工具中通常有一个有着各种常用用户界面元素的组件库。打个比方，假如你想设计一款 iOS 产品，就没必要自己慢慢描画 iOS 的控件或其他的通用控件。你使用的设计工具一般自带一套通用的 iOS 用户界面元素，这些元素可以在组件库中找到。

而且，产品团队发现，既然线框图已经展现了用户的操作界面，那么在旁边加一些解释性的说明文字会很有帮助。因为这样的注释能够传达一些重要的细节，如在下拉菜单中应该显示的选项列表，允许用户在表格字段中输入的最大字符数或报错信息（Error Message）的措辞，等等。这种带注释的线框图可以成为强大的设计工具，能提供开发所需的绝大多数产品需求细节说明。当然了，展示给用户的线框图版本就不用加上这些注释了。

几年前的线框图基本都是静态的，没有点击之类的交互。但是，现在的线框图设计工具能够让设计师轻松地创建可交互的线框图，你可以把不同页面的线框图连接成用户能够直接体验到的页面路径。一般只要让指定的界面控件是可点击的就足够了——如与产品设计直接相关的关键功能，以及你想从用户测试中获得反馈的功能。这种操作路径也叫作"满意路径"——你希望用户能够按你设计的页面操作路径进行交互。

现如今，可交互线框图已经基本取代了静态线框图，成为时下主流。静态线框图测试需要让用户告诉你"我会点击这个按钮"，然后你才会展示下一个页面。而可交互线框图则给用户提供了一个更加沉浸式的体验——用户可以自主探索你的产品。另外，由于可点击的线框图通常是在产品将要使用的设备上测试的（如计算机、平板电脑或手机），这种体验感就会更加真实。

7.6.3 视觉稿

如图 7-3 所示，保真度再高一级的设计交付物是视觉稿（Mockup），它看起来比线框图更接近最终的产品。视觉稿传达了视觉设计的细节，如颜色、字体和图片。有些能够达到近乎"像素级的完美"，而有些可能只能呈现设计元素的大致尺寸和位置。视觉稿也被称作"高保真原型"，通常用 Illustrator、Photoshop 或 Sketch 等平面设计软件绘制。

与线框图类似，视觉稿既可以是静态的也可以是可交互的。使用平面设计工具制作的视觉稿通常是 JPG、GIF 或 PNG 等格式的静态图片，本身是无法交互的。但是，你可以通过其他工具把这些图片组合起来——通过定义"热区"，组成一系列可交互的视觉稿。"热区"指的是当点击特定位置时，可以从一张视觉稿跳转到另一张视觉稿。

原型设计工具 InVision 就能很好地实现这一点。你可以在 InVision 中上传图片，并且通过可点击的热区将他们连接起来。Balsamiq 也有类似的功能。与可交互的线框图类似，可交互的视觉稿可以把多个页面组成用户路径供用户体验。用户看到的不再是中—低保真的线框图，而是高保真的视觉稿。重申一下，在可交互原型中，满意路径往往是可交互的，而其他路径则是不可交互的。因为可点击的视觉稿无论看起来还是用起来都与真实的产品非常接近，所以能够从用户那里获得很多十分有价值的反馈。有些团队擅于通过可点击的视觉稿来进行用户测试。他们通常会在制作视觉稿前先起草线框图，但并不会通过直接展示线框图来收集用户反馈（User Feedback）。

7.6.4 可交互原型

比可交互视觉稿在保真度和交互度方面还要更高一级的，是可交互原型。原型这个词本身就可以用来描述任何可交互的设计交付物。这简要表明了原型既不是一个功能完整的产品，也不是一个最终成品的复制品。可交互原型的可交互程度远超可交互视觉稿。例如，一个可交互原型可以包括许多功能性的用户交互界面，如下拉菜单、悬停效果、输入表单和音频及视频播放器等。

可交互原型可以通过很多种开发工具来创建。网页原型通常使用 HTML、CSS 和 JavaScript 构建。如果使用流行的前端框架，如 jQuery 和 Bootstrap，往往可以实现更快速的开发。如果你想拥有一些轻量级的服务器端功能，可以使用 Ruby on Rails 或其他快速开发框架来构建原型。诸如 Axure 这样强大的工具可以让你把原型导出为 HTML、CSS 和 JavaScript——让你能够在不写代码的情况下制作可交互原型。其他移动端原型也可以用 HTML 或原生代码构建，如 iOS 或 Android。

7.6.5 绿野仙踪式 MVP 和管家式 MVP

前面所讨论的定性产品测试都还不适用于已经上线运作了的产品或服务。接下来要谈的绿野仙踪式 MVP 和管家式 MVP（Concierge MVP）则可以做到这一点，然而它们针对的也不是最终版本的上线产品，你需要手动让产品运作起来。我把这类 MVP 称为"手动黑客"MVP，因为它们效率不高，不适合长期使用。管家式 MVP 的意图是让你深入一小拨早期目标用户中，真正了解目标市场，了解目标用户的需求和偏好，以及如何设计你的产品以最大程度地满足这些需求。这样做可以让你在产品实际上线之前，及早验证你应该提供什么样的产品或服务。管家式 MVP 对服务来说测试效果最好，尤其是那些需要与用户进行许多交互、同时需要用户输入很多信息的服务。

7.6.6 管家式 MVP 案例：爱彼迎

民宿租赁网站爱彼迎（Airbnb）就是利用管家式 MVP 来迭代他们的服务内容。在西南偏南（SXSW）音乐节的一次演讲中，其产品总监乔·扎德（Joe Zadeh）讲述了爱彼迎团队的猜想和验证：配有专业拍摄照片的房源列表会带来更多的预定量。因此，他们先人工招募了一批房东，再付费聘请一批摄影师，上门拍摄专业的房源展示图。完成拍摄后，摄影师会将照片上传到 Dropbox，爱彼迎员工再将图片上传到对应的房源列表。爱彼迎团队最终证实了他们的假设是对的：有专业照片的房源的预订量是市场平均水平的 2~3 倍。

在证实了他们的假设后，爱彼迎用自动化的方案取代了大部分人工流程。为了节省人工，爱彼迎系统会自动邀请房东采用专业摄影，并提供签约摄影师，让他们用新拍摄的照片更新房源信息。爱彼迎在投资搭建一个自动化解决方案之前，通常会先验证他们的假设以减少风险和潜在浪费。

绿野仙踪式MVP与管家式MVP类似，它们都可以在短期内手动执行某些步骤。然而不同的是，绿野仙踪式MVP的用户并不知道你是在手动执行这些步骤；就像电影《绿野仙踪》一样，它们被隐藏在幕布后面。绿野仙踪式MVP在用户看来是真正的产品。产品团队的目标同样是先人工操作验证流程，再考虑投资搭建一个自动化的解决方案。

7.6.7　已上线的产品

你也可以和用户一起测试已经上线了的产品（Live Product）。理想情况下，在你正式建立MVP之前，你应该和用户一起测试这些保真度越来越高的交付物以验证产品设计效果。当你迭代到有足够的信心验证PMF时，就可以着手开发一个真正的MVP。在第12章，我们会着重讨论如何使用敏捷开发来搭建你的产品。

尽管这一路上你已经测试了许多设计交付物，但是如果你的真实产品的MVP完成了，还是需要再测试一下。从设计到开发阶段，需求经常发生变化。因为真实产品是保真度最高的，你可能会从用户那里得到在低保真度测试中没有发现的新反馈。例如，一个网页应用在不同尺寸的屏幕和浏览器上的视觉效果和交互体验。

你可以通过两种方式测试你的实际产品：引导式测试（Moderated Testing）或无引导式测试（Unmoderated Testing）。在引导式测试中，你向用户展示你的产品，并让他们使用。无引导式测试则是让用户一个人体验。（测试记录会被记录下来，方便后续研究）

引导式测试可以当面进行，或者通过远程屏幕共享软件如Skype、WebEX

或 Join.Me 进行。对此，我会在第 9 章进一步展开讨论。

7.7 定量的产品 MVP 测试

当你的产品上线积累一定的使用量之后，就可以进行定量的产品 MVP 测试了。定性的产品 MVP 测试只需要少量用户给出建议即可，然而定量的产品 MVP 测试则需要让正在使用这个产品的用户来完成测试（通常需要较大的样本数据量）。

7.7.1 假门/404 空白页测试

假门或 404 空白页测试是用于验证正在考虑搭建的新特性的好方法。它会在页面上展现一个为新特性设计的链接或按钮，看看有多少用户会点击它。这样就能在投入资源开发这个特性之前，先判断清楚用户是否真的想要这个特性。当用户出于兴趣点击按钮或链接时，他们看到的往往是一个感谢用户到来以及解释当前特性为什么还没完工的页面，因为这时新特性还没开发好。这时候还可以增加一个表单，让用户填写为什么觉得此特性有价值。

在做此类测试时，极端情况下甚至不需要构建落地页，因为在技术上能够做到即使没有落地页也能跟踪点击数。在这种情况下，点击链接或按钮之后就会跳转到网站自动生成的 404 页面（404 是"空白页"的 HTTP 错误代码）。在定量产品测试方面享有盛誉的星佳游戏公司就常常使用假按钮。在斯坦福科技风险投资计划的一次演讲中，星佳游戏公司联合创始人马克·平卡斯（Mark Pincus）描述了他的团队如何通过为每个想法提出五个字的宣传语来测试新的游戏创意。他们会在一段时间内，在游戏中发布宣传链接，然后看有多少用户感兴趣。当然，定量产品测试也要注意进行假门测试的时间和频率，以免影响用户体验。最好只在达到理想样本量所需的时间内展示假门，避免长时间展示，带来不好的用户体验。

7.7.2 产品分析和 A/B 测试

产品分析本身并不是一项测试，但它们能够让你深入了解用户实际上是如何使用你的产品的。例如，你可以查看他们最常使用哪些功能以及他们使用时间最多的特性。当你的产品在迭代时，还可以通过关键产品指标的变化来验证你的假设。产品分析用于验证假设结果，也是 A/B 测试的基础。在这方面做得不错的解决方案服务商包括 Google Analytics、KISSmetrics、Mixpanel 和 Flurry。

产品 A/B 测试（或分割测试）用于比较产品中两种不同的用户体验（A 和 B）的性能。打个比方，假设你为你的 Web 应用程序设计了一个新的注册流程，你认为该流程的用户完成度会高于当前的注册流程。比起简单粗暴地用新注册流程替换旧注册流程，你还可以对流程进行 A/B 测试：随机将 50% 的流量分别引导到旧注册流程（A）和新注册流程（B），并比较完成率。目前有几种流行的产品 A/B 测试工具，如 Optimizely、KISSmetrics、Visual Website Optimizer 和 Google Content Experiments（Google Analytics 的一部分）。

大多数公司会使用第三方工具进行营销端的 A/B 测试。但当谈到产品端的 A/B 测试时，很多人最终选择与业务代码紧密结合，以构建自己的测试基础架构，从而实现更大的灵活性。造成这种情况的主要成因之一，就是大多数 A/B 测试工具都使用 JavaScript 的解决方案。这些解决方案只适用于测试前端（用户端）产品形态，却并不适用于复杂的后端（服务端）产品。即便如此，KISSmetrics 等领先的 A/B 测试工具也提供了与内部服务器端 A/B 平台集成的方法。

A/B 测试不必在 A 和 B 两种产品形态之间平均分配流量。只要少量用户的变化能够产生足够的数据来支撑统计显著性，那么 A/B 测试就有效果。很多公司都在不断尝试，让一小部分用户试用数十或数百种替代特性或设计。你可能会时不时地注意到谷歌、亚马逊（Amazon）或其他大型网站上出现的一个新按钮、特性或设计。如果你将看到的内容与其他用户进行比较，结果有所不同，那么你们当中的某个人很可能就是"被选中的"A/B 测试对象。

数据分析和 A/B 测试是强大的经验型工具，能够帮助你了解用户的行为并优化产品。拥有使用这些工具的能力可以实现产品的快速迭代并使你的产品团队脱颖而出。鉴于数据分析和 A/B 测试的重要性，我将在第 13 章和第 14 章更详细地讨论这些主题。

本章涵盖了各种 MVP 测试类型，并阐明了定性与定量、产品与营销测试之间的区别。当你选定了想要开展的 MVP 测试，就需要设计 UI 页面或其他的用户体验交付物来测试。良好的 UX 设计很重要，它能够使本章所讨论的 MVP 测试更加成功。所以在开始讨论如何测试你的 MVP 之前，我想先讨论一下优秀的 UX 设计需要遵循哪些原则，这对你会很有帮助。

第 8 章

应用优秀用户体验设计的原则

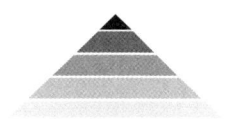

到目前为止，在精益产品开发流程中，你已经很清楚自己 MVP 的特性集范围了。用户想要感受到产品的特性和利益点，就离不开位于 PMF 金字塔顶层的用户体验。即使你在金字塔的其他四层做出了很多不错的决策，一旦用户体验不佳，你的产品也没办法实现 PMF。

与本书第二部分的其他章节不同，本章不能作为精益产品开发流程中的一个独立步骤存在。然而，本章内容适用于第 7 章提及的第 5 步"创建 MVP 原型"。本章聚焦于如何打造优秀的 UX 设计。因为好的 UX 对实现 PMF 至关重要，你在设计 MVP 原型时就会用上本章的指导。

读完这一章的内容并不会让你摇身一变成为世界顶级的 UX 设计师，但能够让你对 UX 设计有一个整体的认识，理解一些核心概念。这些内容尤其会让产品经理、开发人员以及其他与设计师密切合作的人受益良多。这些有趣的知识能让你和 UX 设计师之间产生更精彩的思维碰撞，而这十分有助于推进产品设计，并最终创造更好的产品。

8.1 好的 UX 有哪些要素

我们都用过用户体验相当好或非常差的产品。用户体验很差的产品常常让人捉摸不透，难以使用：你会找不到想要的东西，也不清楚下一步应该做什么。用着用着就进入一个无法退出的页面，或者收到一条乱码报错信息。页面文字难以读懂，或者页面设计不怎么美观，这些问题都是糟糕的 UX 设计的表现。

相比之下，好的 UX 设计让产品更好用，让你不费吹灰之力就能找到想要的东西，清楚下一步要做什么。你甚至没留意到用户界面的切换就能轻松完成手头上的任务。这样的产品使用起来让人心情舒畅，甚至能传达某种积极情感，譬如对能力的自信，抑或是内心的平静。优秀的设计能让你完全沉浸在产品的使用之中，这就是心理学家所说的"心流"状态。在这种状态下，你察觉不到其他事情，而是完全投入并享受产品的使用。无与伦比的 UX 可以让你的产品脱颖而出。

那么，一个好的 UX 需要具备哪些要素呢？无论这款产品有多易用或美观，如果用户并不觉得产品提供的利益点有价值，那么它就无法带来一个好的用户体验。在 PMF 金字塔中，产品要提供的利益点位于价值主张层，它比用户体验层低两个层次。产品团队在方案空间选择的产品特性集，体现出与其对应的客户利益。因此，评估用户体验的一个方法就是考虑它在传达预期的客户利益方面，对功能的帮助程度或阻碍程度。糟糕的UX是用户感知其利益路上的"拦路虎"。优秀的UX很容易就能让用户感知到产品功能所带来的好处。除了能凸显产品的客户利益外，优秀的UX在可用性和愉悦性上都有着极高的"造诣"。

8.1.1 可用性

优秀UX的第一个核心要素是可用性，可用性表示用户使用产品的难易程度。可用性聚焦在客户使用产品的目的，以及他们为实现这些目的需要完成的任务上。完成每一项任务的用户比例有多少，其中又有多少比例的用户在完成过程中遇到了问题？你可以通过可用性测试（Usability Testing）找到这些问题的答案。在测试中，用户需要完成你指定的核心任务，而你在一旁观察记录即可。

检验产品可用性既考量任务的成功完成率，也考量完成的效率。如果用户几经周折才弄明白应该如何使用某个特性，那就表示产品的可用性很差。完成效率可以通过用户的工作量来简单评估。例如，在某些交互中，统计用户完成任务所需的鼠标点击次数、屏幕点击次数、键盘敲击次数或其他操作的次数。同理，你也可以统计用户完成每个任务所用的时长。不过在评估不同的交互设计或尝试优化现有交互时，你可以综合运用上述方法。

除了点击鼠标和敲击键盘这类体力上的付出外，用户在感知上的付出同样重要。你应该留意UX设计是否会给用户造成认知负担。在产品中展示过多的页面信息或过多选择会让用户"应接不暇"，这也是在加重他们的认知和记忆负担。好的UX设计要带给用户"傻瓜式"的使用体验——尽可能做到避免无谓的操作和思考。

用户成功完成任务的可能性与他的使用成本直接相关。在做了一系列产品可用性测试观察和产品指标使用分析后，我自创了一个名叫"奥尔森可用性定律"（Olsen's law of usability）的通用原则：

- 用户的产品使用成本越高，他们的使用意愿越低。
- 用户的产品使用成本越低，他们的使用意愿越高。

在评估产品的用户体验时，我反复验证了这个原则的适用性。记住此原则不仅对实现更好的产品可用性很有价值，也在提高核心业务指标——用户转化率上有很大帮助。例如，用户转化的动作就包括了提交注册表单和完成支付流程这两点。

除了我提到对用户行为的客观统计外，用户对你产品易用性的感知也很重要。例如，你可以问用户"产品使用起来的难易程度如何？"，然后让他们在七分量表上进行打分：

- 非常难用。
- 难用。
- 有点难用。
- 一般，既不难用也不易用。
- 有点好用。
- 好用。
- 非常好用。

在可用性测试结束时，你还可以接着问客户其他问题，如"产品在多大程度上满足了你的需求？""你对产品的满意度是多少？"。他们不会根据你的预期价值主张或特性集来回答。相反，他们会基于使用产品时的实际体验。如果用户在使用中找不到或不知道如何使用具体的特性，那么你就没有提供一个有价值的功能。

产品的可用性也与特定的用户特征相关。你的目标客户可能具备不同的知识或技能水平。而不同目标客户在科技技术和其他领域知识的掌握程度上会有所不同，服务专业技术人员的产品与服务主流消费者的产品在可用性预期上也十分不同。产品的用户画像会诠释这一点，你可以在第 3 章和本章靠后的部分去了解用户画像。

易学性也是产品可用性的一个重要表现。需要多少时间和精力才能从入门到精通？这对新用户而言尤其重要。用户会迅速判断一款产品是否适合自己，易学性则在整个评估中至关重要。很多用户体验较好的产品会提供"新手教程"功能，来帮助新用户上手。新手教程通常会在完成指引后自动消失或者当用户不再需要的时候可手动关闭。

8.1.2 愉悦性

优秀 UX 的第二个核心要素是愉悦性。较强的可用性能够避免糟糕的用户体验，但这仅仅是不出错而已，对于完美的用户体验还是不够的。产品可用性解答了"客户是否能使用产品"的问题，而产品愉悦性则解答了"客户是否喜欢使用产品"的问题。愉悦性不仅降低了用户的受挫感，还能唤起用户的积极情绪。那些能够带来愉悦感的产品，能让用户在使用时乐趣无穷。

愉悦性的第一个层面是美感，这保证了产品在视觉上有足够的吸引力。客户在开始使用你的产品时会先建立视觉联系，而视觉吸引力有助于创造一个积极的第一印象。一个令人愉快的设计可以向用户传达一种高质量的感受，使产品看起来更可信，并使用户感到轻松。美感带来的积极情绪可以使客户在体验产品时享受更高层次的乐趣。

愉悦性的另一个层面是简约化。在 UX 设计中，少即是多——消除视觉上的杂乱，减少认知负荷，能帮助用户专注于重要的事情。你可以联想一下谷歌主页的极简设计：整个页面只有一个搜索框，没有任何多余的设计。

懂用户也会增加产品愉悦性。为用户勾选恰好的默认选项或主动解决首要问题，这样的产品会让用户感觉自己得到了理解，而且感觉产品富有人性化。第 5 章描述的 Google Suggest 就是一个产品懂用户的好例子。

产品可以传达个性，唤起用户的情感。通常，产品会通过界面语言传达出不同的"产品调性"。用文案和有趣的图片表现出幽默感，也是一种增加产品愉悦性的好办法。

产品对用户行为的动态响应（Dynamic Response）也常常表现出愉悦性。iOS 界面中的"橡皮筋"效果就是一个很好的例子——当用户试图把屏幕滚动到超过文档或网页底部时就会出现这个效果。无论用户自己是否意识到，他们中的大多数人都会忍不住去摆弄这个有趣的交互效果。动画和音效也有助于提高产品愉悦性。很多 Quicken 用户特别喜欢在完成一笔交易后听到那类似收银机到账的"咔嚓声"。苹果电脑的开机音乐也是另一种能唤起许多用户积极情绪的声音。

惊喜感也是产品愉悦性很重要的一点。你可以给你的产品加一些意想不到的东西来"逗"一下用户。在推特的早期，平台服务出现过宕机故障。当这种情况发生时，用户看到的不是一个典型的、不起眼的错误页面，而是带有推特臭名昭著的"失败鲸"[①] 图形的页面。

记得在使用 MailChimp[②] 时，我遇到了一个亮眼的设计。在你写完准备发出的营销邮件后，你可以在不同宽度的屏幕下预览邮件。当你改变宽度时，预览界面会出现一只猩猩伸出手臂指向标尺上的像素数。这个提示会提醒你邮件

[①] 失败鲸图片被著名微博网站推特用作超载故障时的图片，当推特超载时，用户登录推特无法看到主页，显示的就是这张图片。这张有点搞笑的图片能有效缓解用户急切的心情。在推特的传播下，这张图片在全球流行起来，有了许多的周边和恶搞改版。——译者注

[②] MailChimp 网称"邮件猩猩"，是一款提供邮件营销推广服务的产品，其吉祥物为一只猩猩。——译者注

宽度不能超过某个像素值。当你把宽度增加到超过某个值时，猩猩脸上的表情会从高兴变成痛苦，并出现"太宽了！"和"住手！"的超限警告。如果你继续将宽度增加到推荐的最大值以上，就会出现猩猩手臂脱落的动效，并配一张表示"啪，断了！"的图。这个设计很有趣，令人眼前一亮，以至于多年后我仍然对它记忆犹新。

8.2　UX 设计中的冰山模型

那么，你要如何创造出让客户觉得有用并且感到愉快的用户体验呢？你需要几个不同领域的技能，我们统称为用户体验设计。我的用户体验设计框架就是图 8-1 所示的冰山模型。像一座真正的冰山一样，只有一小部分概念在用户体验设计是直观可见的，但在表面之下还有更多概念支撑着整个冰山。从底部到顶层，冰山模型分为概念设计（Conceptual Design）、信息架构（Information Architecture）、交互设计（Interaction Design）和视觉设计（Visual Design）四层。

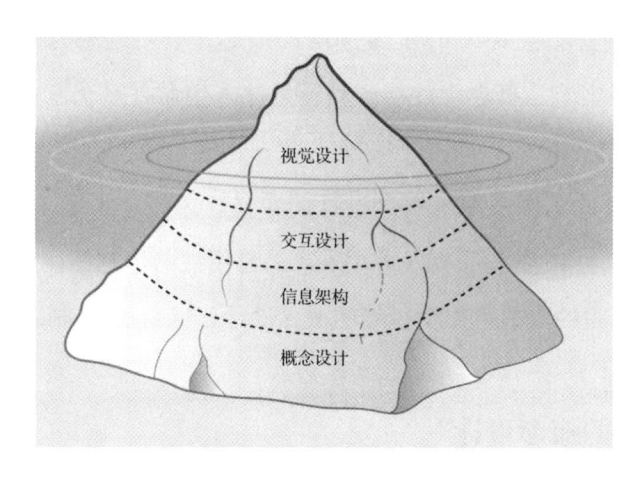

图 8-1　UX 设计中的冰山模型

在详细描述每一层之前，我们先来大致了解下这四层分别指什么。概念设计，即冰山模型的底层，是构成用户体验本质的基本概念；上一层是信息架构，它决定了你如何构建产品的信息和功能；再上一层是交互设计，它定义了用户和你的产品是如何交互和响应的；顶层是视觉设计，这也是"冰山"中用户直观可见的那部分，它决定了产品的视觉展现。

人类是视觉动物，大脑主要通过视觉输入获取信息。然而，只是视觉效果好，还不足以创造优秀的 UX 设计，你需要关注冰山中所有的层面并掌握相应技能，还要熟知从底层到顶层的标准设计流程。

8.3 概念设计

UX 设计冰山模型（简称冰山模型）的底层——概念设计，与你设计产品的核心概念关联。理想情况下，你的概念模型应该与目标客户的想法产生共鸣。一个基于良好概念设计的产品会让人感受直观并且易于使用。

概念设计这一层通常可以极大地促进产品创新。你能预想到为什么冰山模型所在的用户体验层会处在 PMF 金字塔的顶部，事实是因为概念设计层刚好在特性集这一层之上。概念设计给产品特性注入生命并赋予它们形态，不过我不是指特性的观感细节，而是它们如何为用户创造价值的本质。

我们可以通过实例来理解概念设计的含义。回想一下第 1 章，Quicken 的团队是如何比其他 46 个竞品更好地实现产品易用性的。它的巨大成功正是因为采用了人人都会写的支票簿作为隐喻的概念设计，这对用户来说更容易理解。

8.3.1 优步的概念设计

我们以优步为例讨论一下概念设计。优步是一款很受欢迎的出行应用，用户可以通过这款应用轻松地约车出行。那么该公司采用了什么样的概念设计呢？优步的应用以地图为中心展开设计。虽然以地图为中心的设计比较常见，但优步概念设计的创新之处在于向用户实时显示附近车辆的位置：在你下单之前就显示可约车辆的位置，随后显示你最终下单的车辆位置。值得一提的是，实现这一设计需要一定的技术创新，使得你能够实时追踪优步司机的车辆位置。优步公司清楚用户会因为司机出现迟到或取消订单的情况而不满。因此，在其制定价值主张时，优步认为让用户了解他们约的车何时到达是至关重要的。所以优步创新性地设计出用户预估等车时间，以及显示预约车辆实时位置的功能，这让用户一目了然。优步为其 UX 所选择的概念设计让用户在第一次使用产品时，就能迅速认清产品的价值主张，瞬间感受到优步的服务与传统的招手打车、约车模式在体验上有着本质的不同。

8.3.2 用户调研

当你深入理解目标用户及他们的需求时，就能更轻松地想出一个不错的概念设计。UX 中十分重要但常常被忽视的部分是"U"：用户（User）。回顾一下，PMF 金字塔也是从目标用户开始，他们就是你要为之设计体验的人。

想要了解用户，你可以通过用户调研（User Research）来实现，这是 UX 设计中的一个专业领域。用户调研人员可以通过一系列如探索式用户访谈、可用性测试及问卷调查等用户调研方法来了解用户。有关探索式用户访谈的介绍，你可以在以下几个章节找到：第 4 章——探索式用户访谈的一些基本理念；第 9 章——如何通过探索式用户访谈收集对 UX 设计具有价值的反馈；第 13 章——UX 研究方法的框架（以及除访谈外的其他用户调研方法）。用户调研为冰山模型的所有层面都提供了参考信息。你在用户提出体验上的反馈后，应分析反馈并提炼建议，再将建议映射到冰山模型相关层中，这么做对你的产品设计会有很大的帮助。

在进行用户调研时，至关重要的一点是，确保不仅有 UX 研究员深度参与和总结，产品团队成员也尽可能地参与其中。身体力行的用户调研比只阅读研究报告更有效，感受更强烈。这就像你在前排座位上现场观看一场体育赛事与你在第二天阅读相关文章的区别。进行用户调研后，要立刻向团队汇报，团队的每个人都要分享并讨论他们的观察结果，这有助于团队获得对用户及其需求最大程度的理解。别忘了把总结纪要和关键信息文档化，这有助于聚焦用户调研结论，便于他人直观地理解。用户调研中最为常见且有用的一个产出正是接下来要介绍的用户画像。

8.3.3 用户画像

想要设计出优秀的用户体验，就要足够了解你的用户，为此，我们就要用到"用户画像"这个 UX 设计工具。我在第 3 章"确定你的目标用户"中首次提到这个工具（见图 3.1）。我们快速回顾一下：用户画像是真实用户的原型。好的用户画像能够传达目标用户的期望及与之相关的心理、行为和人口统计属性。当你设计产品时，用户画像能帮你提供决策信息，这有助于交付对用户有价值的产品利益点，更好地实现产品价值主张。

除了用户的目标之外，用户画像的其他方面也和 UX 设计相关。第一个方面是用户对科技的熟悉程度。对"科技小白"用户，他们需要的是极其简单的界面，这些界面将重点放在最重要的任务上，并且需要提供清晰的指示和良好的帮助系统。然而，如果用户是"科技达人"，那他就不怎么在乎以上那些东西，反而更偏好灵活性强、效率高的工具。所以当你要用单一产品来满足两类不同用户的需求时，UX 设计往往会变得别扭，从而产生矛盾。

另一个能催生优秀 UX 设计的方面是用户的产品使用场景。如果用户的时间紧张，那么你需要让用户不费吹灰之力就能获取重要信息并使用常用功能。如果用户的时间宽裕，那么产品设计就要趋向于沉浸式体验，如界面控件要置于内容信息的底层，尽可能地降低可见度，这样用户就能沉浸式地关注主体内容。如果用户在声音嘈杂的场景中使用产品，那么你就不应该设计语音指令功能。

在 UX 设计的过程中，用户画像时刻提醒着团队里的每个人，产品的设计初衷是为了谁。这就是为什么定义用户画像这么重要。当团队要在不同的设计中做出选择时，可以这样问自己："哪一个设计最能满足用户张三的需求？"很多团队甚至在工作区放上他们制作的用户画像剪贴画，以提醒自己在设计中要时刻考虑到目标用户。

一旦你的概念设计对用户直观且有价值，符合用户画像，那么接下来就要进入概念设计的上一层——信息构架，来定义产品的抽象模块，以及它们应该怎样被组织起来。

8.4 信息架构

UX 设计冰山模型的倒数第二层是信息架构，简称 IA。IA 是指一种设计原则，用来定义软件产品的信息和功能结构。软件产品通常包含多个页面或屏幕，它们之间的组织方式有很多种。用户可以用产品的导航系统来访问不同模块。当需要查找某个页面时，用户可以依靠导航标签来判断产品的组织方式，并猜出目标页面的大体位置。你可以使用用户调研中的卡片分类法（Card Sorting）来了解用户如何理解产品的不同部分以及它们之间的关系，以确定符合他们预期的组织方案。好的 IA，产品结构清晰、标签明确，能给用户带来良好的可用性和易检索性。

易检索性指的是用户在产品中检索目标信息或功能的难易程度。要衡量该属性，你可以要求一组测试用户在产品中查找特定页面或屏幕，并查看成功的百分比。你也可以通过分析工具检测用户的访问路径来评估。用户是否通过最短路径来访问每个页面？还是他们迷失了方向，走了更长的路？或者点击了浏览器的返回键？

请注意，IA 是在一个较高层级上对产品特性集进行处理：特性是什么，它们应该如何被组织以及如何被标示。此时，你还无须考虑用户流程、页面布局或界面外观。信息架构会通过为用户提供直观的产品结构，为一个优秀的 UX 设计奠定基础，其主要交付物是站点地图（Sitemap）。

站点地图

站点地图用于定义产品的结构。尽管这个词来源于网站（Website）中的"站点"概念，但它可以指代任何软件产品（包括移动应用程序）的结构设计交付物。站点地图会显示所有页面或屏幕，并且展示出把它们划分成产品模块和高级路径导航模式的逻辑。站点地图上还标注了页面标题和产品模块标签。你应当和用户一起测试你的站点地图，以确保标签传达了预期的含义，看看用户是否能够通过站点地图发现你让他们找的功能页面。图 8-2 是一个支持视频广告宣传的网页站点地图示例。

在这个站点地图中，每个框代表一个页面。连接框的线条表示页面间的导航路径。在少数情况下，导航路径是单向的，用一个箭头表示（参考左侧的图例）。全局导航中的页面元素也被明确地标识出来，用户可以从任意页面跳转到这些页面中去。全局导航展示出产品的主要模块，与你在网站顶部看到的主链接相对应。而站点地图则展示出用户点击全局导航链接后会跳转到的页面。它以层级的形式，清晰地展示出每个网站模块中主页面下的子页面。站点地图中还标明了页面打开的不同方式——在弹窗中打开或在浏览器的新建标签页中打开。

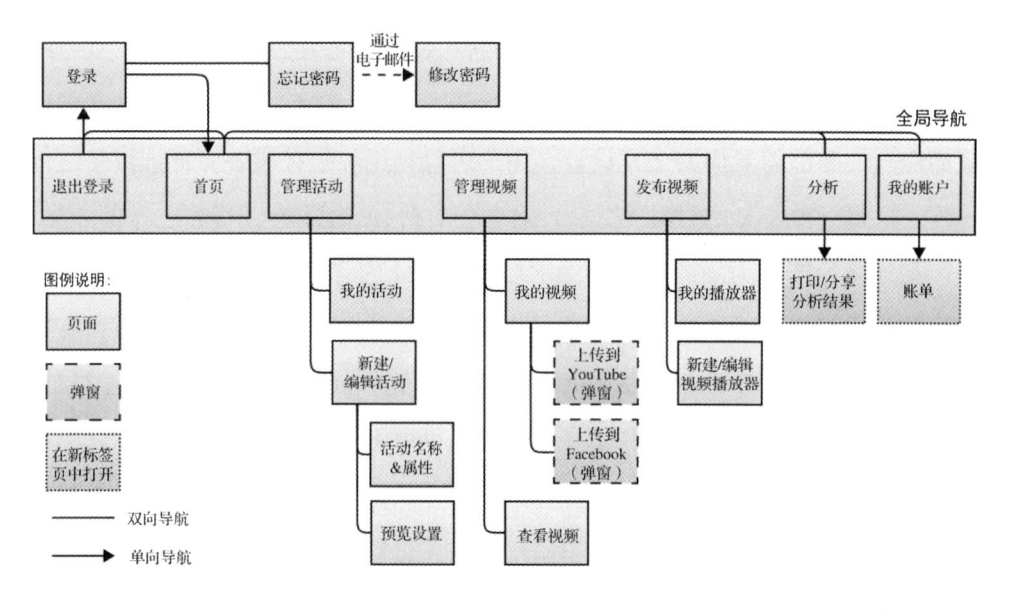

图 8-2 站点地图示例

一旦你通过站点地图来定义你的产品页面以及它们是如何组织的，下一步就是确定用户体验将如何在这些页面中流转，也就是说，用户将如何与产品交互。

8.5 交互设计

冰山模型再往上一层是交互设计，它决定了你的产品与用户如何交互。交互设计定义了用户流程，即用户在每一步可以采取什么行动，产品将如何响应。它还控制着用户输入信息的方式，如在表单填写信息。用户可以交互的任何用户界面控件或链接（鼠标点击、悬停、拖动、键入、屏幕点击、移动等）都属于交互设计的范畴。

举个例子，假设你的产品有一个注册表单，要求用户提供什么信息、如何

第 8 章 应用优秀用户体验设计的原则

设计表单中的字段、如何判定哪些输入是有效还是无效的、用户点击"注册"按钮后系统如何响应，这些都是交互设计的一部分。任何由多个页面或步骤组成的用户任务都需要用到交互设计。用户可以利用导航控件在页面或屏幕之间跳转。这是一种最常见的用户交互，它也会受到 IA 的影响。

如果你的产品为用户提供了除常规操作以外的"操作模式"，如编辑模式或预览模式，这也属于交互设计的一部分。类似的，如果你的设计涉及一些影响用户能做什么和不能做什么的不同状态，那这些状态同样也属于交互设计。举个例子，一个在电子商务网站待售的商品可以有多种状态：有货或缺货，已加入购物车或已下单。你的交互设计必须遵守状态转化流程。例如，商品必须有货才能添加到购物车中，且处于购物车中才可以下单。你的交互设计必须遵守这个流程。好的设计能在整个用户使用流程中清楚呈现这些状态。状态对交互设计来说很重要，通常也与你的概念设计（冰山模型的最底层）密切相关。在上述示例中，概念设计是基于现实购物车虚拟出的网络购物车。优步 APP 的概念设计和用户行程状态间也有一个基本联系。在你开始约车时，APP 会显示出你附近的所有可用车辆；当你约完车后，它就只显示你当前乘坐的车辆。

交互设计的另一个重要体现是产品给用户的反馈。产品反馈也可以看作用户采取某种行动时，系统如何进行响应。报错信息就属于这一类。举个例子，如果你在网站上填写注册信息时输入了无效的电子邮件地址（比如，由于你的手误），网站应当向你显示一条报错信息，提醒你检查并确保电子邮件地址是否有效。报错信息应该书写规范、解释清晰，让用户知道为什么发生错误以及如何修正。

响应时间（Response Time）也属于产品反馈的一个方面。如果用户点击了一个按钮，但没有获得任何响应结果反馈，他们会以为点击行为没有触发注册或者系统没有正常工作。响应过慢会导致糟糕的交互设计。用户需要及时收到对应操作的系统反馈，即使遇到明显延迟，用户也应该收到一些反馈以确认他们的点击或触击是生效了的。展示加载动画是一种常见的解决方案，不过你也可以展示一条消息说明产品正在做什么（如"正在数千个航班中搜索最符合您要求的航班"）。

如果产品需要一段时间才能完成用户请求，让用户感知到进度和剩余时间是很重要的。进度条就是一个非常好的工具，就像你下载或上传大文件时看到的那样。还比如，在较长的用户使用流程中，"多页向导"这样的功能可以让用户很好地知晓全部所需步骤，并在每次完成步骤时显示"您现在处在哪一步"的进度标记，对用户很有帮助。

8.5.1 TurboTax 的交互设计

现在让我们来看一款报税产品，它的报税流程很复杂，有很多步骤，但优秀的交互设计可以让用户轻松搞定这些复杂的步骤。很少有事情像申报个人所得税那样复杂。用户要填报无数个表格，回答无数个问题来完成他们的年度纳税申报表填写。但是 TurboTax[①] 的产品团队通过产品引导，让报税新手一步一步地自主完成纳税申报，这种 UX 设计可绝不是一件简单的事情。

该产品提供了两种模式：第一种是"简易模式"（Easystep）。它的概念设计基于结构化访谈模式：系统抛出一两个问题，用户一次性作答，通过一问一答的形式来引导用户完成报税过程。产品会根据用户的历史回答，动态调整下一个问题。这种方式将问题与问题之间复杂的依赖关系隐藏在系统背后，让用户能够一次只专注于一件事情。

简易模式主要的用户交互是先回答出现在向导界面中的当前问题，然后单

---

① TurboTax 是一款个人报税软件。——译者注

击"继续"按钮。TurboTax 在这个漫长的过程中耐心地一步步引导用户，直至完成纳税申报。在简易模式下，如果你精通报税，你也可以选择跳过某些步骤，无须根据产品给定的流程，可以自由地进行报税信息的填写。简易模式是产品的主要模式，也是默认模式。

第二种模式是"表单模式"，在这种模式下，产品会提供真实的税务表单和工作表，里面储存了你在简易模式下回答问题时填写的数据。如果需要更改，你可以直接进行编辑。TurboTax 用户不进入表单模式也能完成报税，他们也可以随意切换模式。很多用户甚至从未见过"表单模式"下给报税老手使用的税务表单。通过两种不同模式的交互式设计，TurboTax 用一种产品有效地满足了报税新手和老手两种不同用户的需求。

8.5.2　流程图

假如让你简化准备报税单这种复杂的流程，你会怎么设计？我推荐你首选流程图（Flowcharts）这个设计工具。流程图详细列出了用户体验流程中所有可能的关键任务，展示出了用户和产品触发的任务处理和逻辑判断。任务处理用矩形块表示，逻辑判断用菱形块（也称为条件块）表示。通过箭头线把这些块连接起来，形成流程。

图 8-3 展示的是 CarMax APP 的用户流程图示例。这款软件由才华横溢的 UX 设计师克里斯汀·刘设计（http://christineliu.info）。产品目标是帮助用户找到他们想要购买的汽车，然后通过 CarMax 经销商实现交易。该软件基于用户脸书上的个人信息数据来进行汽车购买的个性推荐，用户可以浏览推荐的汽车，并查看每辆汽车的详细配置，直到找到他们喜欢的汽车。选好汽车后，用户可以通过邮件、在线聊天及电话联系 CarMax 经销商预约看车。我们再来看下 CarMax 的用户体验流程图，从用户下载并打开应用程序开始，然后用户再

进入几个关于选车的页面，最后到流程结束，用户预约咨询。值得注意的是，流程图从高层级定义了 UX，却没有涉及任何页面设计细节（如页面布局或视觉设计）。

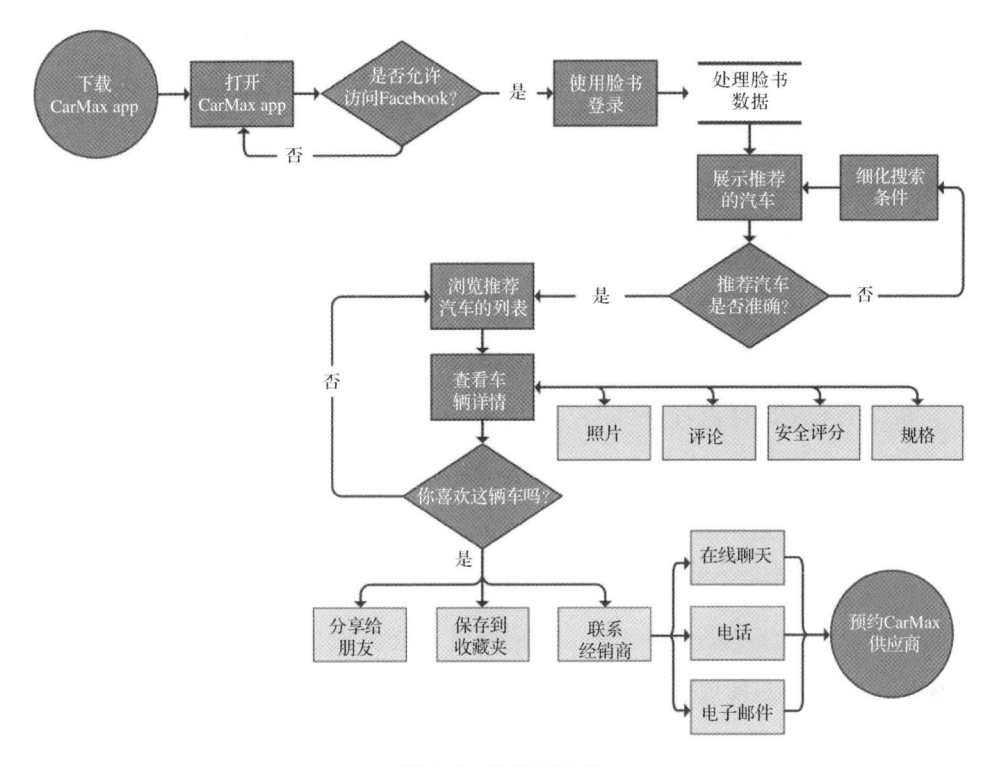

图 8-3 流程图示例

除了在 UX 设计中发挥作用之外，流程图还可以帮助产品团队中的每个人理解产品会提供哪些完整的功能服务。这对将要部署和测试产品的团队成员来说很有价值。

对于简单的流程，许多团队会跳过流程图，直接画线框图。由于线框图比流程图更具视觉性和交互性，可交互的线框图通常能够更有效地传达预期的交互效果。线框图把用户流程和交互视觉化，很好地展示了用户体验的"满意路径"——用户按照你的设计路径去使用产品。如果想标注出流程中的错误状态或点出其他重要信息，你可以在线框图里加入注释。不过，如果用户流程中有许多不同的分支，并且需要指定许多可能的状态，那么流程图就比线框图更有助于描述和解释这种复杂性。

8.5.3 线框图

在清楚了产品的用户流程之后，就要创建线框图了。我在第 7 章谈过线框图，它是精益产品开发流程中的一个重要门槛。到现在为止，你已经花了很多时间来思考客户需求、产品价值主张、特性集、信息架构和用户流程。那么接下来就是你第一次具象化地把页面或屏幕内容详细地展示给用户了。

在当前 UX 设计流程节点上，你无须考虑像素级的精度或视觉设计（如颜色）。在线框图设计中，你要关注的是每个页面或屏幕的布局：哪些组件应该被用在页面里，它们应该如何排布。你应该多问自己，"这个页面应该分一列还是两列？""在这个页面中，我应该把图像放在左边，表单放在右边，还是反之？"以前，线框图是静态的，只需关注布局。现在，可点击的线框图越来越普遍，它能动态地展示用户体验流程。而且，现在的设计软件也使得创建可点击的线框图变得简单又快速。

在任何重要的产品面前，你都不可能一口气设计完线框图之后就不管不问了。线框图也需要迭代，没有"一劳永逸"的线框图。你知道问题空间中的目标需求是什么，你也正努力寻找不同的方案空间来满足需求。与其专注于你想出的第一个设计方向，不如利用发散思维思考一下，尽可能多地提出不同的设计方向。这就像头脑风暴：此时此刻，你需要专注于产生想法，而不是评估想法。因为后面你有很多机会来做筛选。在设计流程靠后的节点上，你要对头脑风暴产生的想法进行评估，并通过收敛思维来聚焦你的评估结果。但是，如果你过早进行收敛，就如管中窥豹，无法站在方案空间内足够高的角度，从而错过最优解。

优秀的设计师不会一开始就动手设计每个页面或屏幕的线框图，而是会纵览整个产品，确定有哪些类似的页面或屏幕，并将它们分组。每组应用一种布局模板。例如，你可以为所有双列页面创建一个通用模板。在整个产品中，应用一组标准页面或屏幕布局模板能够保证设计的一致性。除此之外，应用在多个页面上的同一组件也应该被标准化统一设计。

一旦你完成了初期产品线框图组的创建，你就首次拥有了一个来自方案空间的、能够进行用户测试的原始工具。第9章和第10章描述了如何通过用户对线框图的反馈来进行设计迭代。如果你倾向于一开始就用静态线框图来做测试，那也没什么问题，不过你也应该创建并测试可点击的动态线框图。除了布局，这些功能能够帮助你测试用户流程，并为用户提供更真实的交互体验。一旦目标用户确认线框图易于使用并实现了你的价值主张，你就应该进入冰山模型的最后一层：视觉设计。

8.6 视觉设计

视觉设计位于冰山模型的顶层，也是用户感知最明显的部分。它也被称为平面设计（Graphic Design）、界面外观设计（Look And Feel）或UI视图设计（Chrome）。与汽车上的铬合金类似，它不能决定产品的用途，也不能决定你如何使用它，但它确实会影响外观视觉。除了创造一个有美感的产品外，好的视觉设计还能提升视觉层次（会在本章后面讨论）和产品易用性。它还可以传达你的品牌个性，给用户带来愉悦，让你的产品与众不同。视觉设计的三个主要组成部分是色彩、排版（Typography）和图形。

8.6.1 色彩

色彩是视觉设计的一个关键要素。虽然你可以用黑白色设计冰山模型其他层的设计产物，这也没什么大问题。但是，当你需要创建高保真视觉稿来细化视觉设计时，你就要用上更多的色彩。

色彩有助于增强美感，使得页面上的某些元素比其他元素更突出。色彩也可以用来表达某种属性或传递某种情感，像红色、橙色和黄色这样的暖色，更有活力和激情，而柔和的冷色，如绿色、蓝色和紫色，则更冷静和内敛。很多应用程序和网站使用蓝色为主色调，因为蓝色代表了信任和稳定。绿色使人联想到自然、成长和金钱。紫色意味着奢华和创造力。而红色则代表着侵略、激情、力量和危险。橙色是活力和生动的象征。黄色传达快乐和阳光。棕色与温暖和大地相关联。黑色暗示着成熟、优雅和神秘。白色则表达纯洁、干净和简约。这些都是色彩含义的泛化概括。不过世界各地的色彩含义可能会有所差异。因此，如果你的目标用户来自某种特定的文化区域，你应该在设计中留意在他们文化区域中的色彩含义有哪些不同。

一个好的视觉设计不会随意使用色彩，而是有一个特定的调色板（Color Palette），即产品使用的色彩组合。调色板的理念是选择一组搭配起来协调的色彩，并在设计中只使用这些色彩。色彩一致性可以呈现出一种很和谐的视觉设计。调色板中通常有一两种主色和背景色，也可以有一两种衬托主色的强调色。完整的调色板还包括主色的补充色——通常是同色调的浅色或低饱和色。

色彩的使用可能增加也可能减少页面的可读性（Readability）和可用性。为了确保文本的可读性，文本色和背景色之间的对比度要强烈。"白纸黑字"的对比度很高，但浅灰色背景和浅蓝色文本之间的对比度就不高，会使文本难以阅读。为了具有更好的可用性，在按钮和主导航等关键控件的颜色使用上，应使其明显突出。黑色背景上的橙色按钮会很突出，但深蓝背景上的蓝色按钮就不突出。

8.6.2 排版

　　排版定义了文本的排列和外观，是影响视觉设计的另一个关键要素。在网络早期，浏览器只支持少量字体，如 Arial、Georgia 和 Verdana。但是随着 CSS3 网页字体的广泛传播，出现了其他大量浏览器字体可供选择。

　　不同的字体表达出不同的特质：正式与非正式、经典与现代、简约与夸张。你应该选择能增强产品风格的字体。字体有一个关键区别是有衬线（Serif）与无衬线（Sans Serif）。衬线是从字母边缘延伸出来的细线，起到装饰作用。传统的设计建议是，衬线字体更适合分辨率非常高的印刷材料，而无衬线字体更适合分辨率较低的网页。然而，随着网络字体种类的增多，你会看到网络上使用有衬线字体的场景越来越多。小字号的有衬线字体在屏幕上的阅读性较差，所以它们通常用于标题和其他大号文本。比起颜色更需要注意的是，在产品中不要使用过多不同的字体。常见的方法是选择两种字体：一种用于正文，一种用于大号文本，如标题。网站和 APP 通常会在正文中使用无衬线字体，在标题中使用有衬线字体。

　　字号对排版也非常重要。正文的字体大小通常最小，但是也不能太小，要保证可读性。标题则需要使用大字号。与色彩和字体一样，字号最好也不要出现过多类型，在整个产品中要保持统一。字体也可以有不同的粗细和样式，如粗体、斜体或带下划线。

　　排版在视觉层次设计（稍后会讨论）中也至关重要，你应该认真地设计页面上文本的色彩和字号、粗细和位置，这样才能做出想要的视觉层次。

8.6.3 图形

视觉设计也经常用到照片或插图。对某些类型的产品，如电商产品来说，合理使用图片至关重要。以爱彼迎为例，为了让用户方便挑选民宿，产品会提供民宿的参考图片。我们在第 7 章介绍了爱彼迎是如何通过更高质量的民宿照片把转化率提高了一倍多。图片经常用于落地页和其他营销页面。首页横幅（Hero Images）是其常见的一种使用方式。它的最上方通常是一张重要的大图，用来突出展示你的产品、一个典型用户，或者其他一些艺术性或富有激情的物品或场景。例如，奈飞（Netflix）经常使用大图来展示用户观看的节目。

插图通常用于解释你的产品是如何工作的。你也可以使用视觉设计中的其他图形元素，如线条、形状、纹理、渐变和阴影。这些小元素可以通过增加结构、深度和活力来实现你想要的产品界面风格。

图标（Icon）是用来表示对象或概念的小符号。它们最常用于按钮或其他 UI 交互控件，尤其是在空间有限的情况下。在很多应用中，图标是用户使用产品的主要方式。浏览器使用图标作为页面的后退、前进和刷新按钮。Adobe Photoshop 软件工具栏中的图标是用户使用其功能的主要方式。Microsoft Office 软件也与其类似，它的条状工具栏中也布满了图标。除了 UI 交互控件，图标还被用于营销页面以丰富和补充文本。视觉设计中还有一种特别的像素图标（Iconog Raphy），这是一种可手动调节像素的图标，用来创建精彩的个性化图标。随着移动设备的普及，图标设计也变得越来越重要。小尺寸设备的屏幕空间变得非常宝贵，所以移动应用程序中的大多数控件都是图标。

对用户而言，他们需要在看到图标时，就能够立即理解它的意思。然而，由于图标太小，只是一个没有文字辅助的符号，想要精准表达含义是很有挑战性的。如果你的设计中已经有了一个标准化的图标，那我强烈建议你在后面的设计中继续沿用它，而不是试图发明一个新的图标。假设你正在设计一个音频播放 APP，因为用户都知道指向右边的三角形表示"播放"，两条垂直线表示"暂停"，所以完全没必要另外设计一套新图标。

大多数应用程序都只会使用一套图标。在这种情况下，图标之间的设计一致性就非常重要。当然，每个图标都需要有一个独特的符号，但是形状、颜色和风格应该保持一致。产品视觉设计的一致性对于创建一个好的用户体验非常重要，样式规范（Style Guides）和栅格布局（Layout Grids）就是两个很好用的工具。

8.6.4 样式规范

样式规范是视觉设计交付物之一，也是统一界面设计的指导手段，在多页或多屏产品设计中尤其重要。样式规范为常用元素指定了视觉设计细节规范，如颜色、尺寸、字体和图形等。特别是在多个设计师同时设计产品时，样式规范有助于保持设计一致性，并且还能减少 UI 设计人员的工作量。

8.6.5 栅格布局

栅格布局有助于对齐页面或屏幕上的设计元素。栅格长期以来一直用于印刷设计，应用在网页和移动应用设计中也有助于提供更好的用户体验。栅格由特定数量的相同大小的列组成，列中间用"空隙"或边距进行分隔。

你可以根据实际需求来选择栅格的大小。图 8-4 中的栅格布局示例由 12 列组成，每列 94 像素宽，栅格间被 18 像素宽的空隙分隔。对 1 366 像素宽的屏幕，总宽优化到 1 326 像素，这样用户不必水平滚动页面就能浏览整个屏幕。这个宽度允许浏览器或其他操作系统的垂直滚动条和其他视觉元素的最大高度为 40 像素。

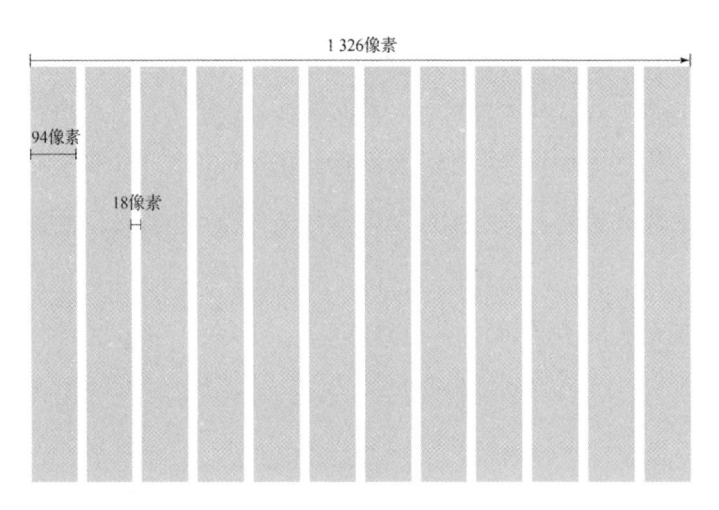

图 8-4 栅格布局示例

这种做法是为了在布局时把所有页面或屏幕元素与网格对齐，如文本块、图像或按钮等元素示例。元素可以跨越不止一列。关键是元素的左右水平边缘应该与栅格的起始位置对齐。图示的栅格有 12 列，能够被 2、3、4、6 均匀整除，可以兼容各种宽度的设计元素。图 8-5 是一个使用栅格布局的线框图。

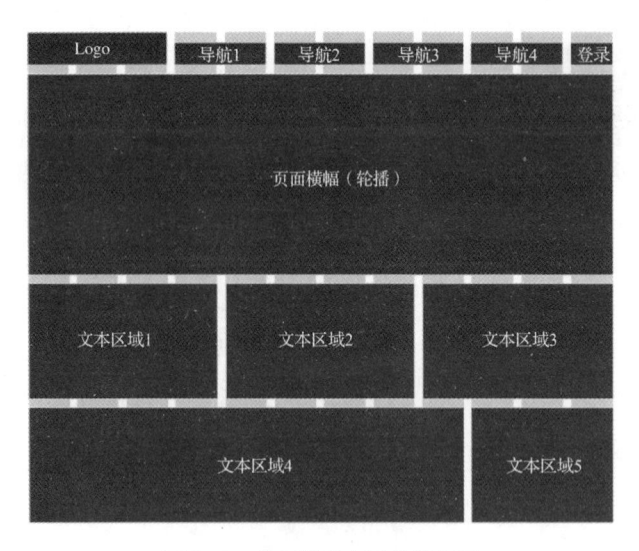

图 8-5 使用栅格布局的线框图

这两个图中显示的栅格仅将页面空间水平划分（成列）。印刷设计中使用的栅格通常也指定垂直分区（行）。由于屏幕高度千差万别，用于垂直定位的栅格线在网络页面上用得较少。此外，元素的确切垂直位置很难被控制，因为浏览器会根据屏幕宽度自适应调整。因此，数字化栅格往往只关注水平分割。随着响应式设计（稍后会讨论）的出现，设计师有足够的能力来控制网页设计中元素的垂直位置了。

回想一下，在线框图阶段，你通常只能通过元素的大致位置和相对大小来描述布局。而通过精确的像素级布局，栅格能实现低保真线框图到高保真视觉稿的转变。

8.6.6 视觉稿

第 7 章中讨论的视觉稿是基于视觉设计的高保真设计交付物。它们基于线框图，通过色彩、排版和图形设计呈现产品的界面外观。视觉稿通常由视觉设计师在 Adobe Illustrator 或 Sketch 等工具中创建，然后导出为图像文件（PNG、GIF 或 JPG 格式）。你可以用静态视觉稿来征求用户反馈，但向用户展示一组可交互视觉稿会更有价值。这样可以让用户更好地了解你的产品及其工作原理。使用 InVision 等工具可以让你以用户使用流程的顺序把一组静态视觉稿串联在一起。此类工具可以让你识别出视觉稿上的可点击区域（如按钮或链接），并指定跳转到其他视觉稿上。第 9 章和第 10 章描述了如何征求用户对视觉稿的反馈，并通过反馈来迭代改进设计。只要有了一套得到用户易用性认可且能传达你的价值主张的可交互视觉稿，你就完成了 UX 设计。下一步就是开发产品以贯彻你的 UX 设计思想。第 12 章会讨论如何使用敏捷开发来实现这一点。

我已经解释了 UX 设计冰山模型，以及如何通过它的四个层面把你的特性创意落地。我还描述了过程中几个关键设计交付成果，包括通过用户测试来评估你的 UX 和 PMF。在下一节中，我将分享几个重要的设计原则，这些原则将帮助你创建一个优秀的 UX。

8.7　设计原则

设计是精益产品开发流程中一个非常奇妙的部分。在这个环节中，关于产品利益点和特性的无形想法会转化为实际的用户体验。在很多方面，设计与其说是科学，不如说是艺术，下面谈到的几个设计原则可以帮助你创造更好的用户体验。

8.7.1　格式塔原则

格式塔原则（Gestalt Principles）是一套实用理论，它描述了人类如何在视觉上感知物体。格式塔这个词的意思是"一个有组织的整体，不能被简单地认为是其他各部分的总和"。我们的视觉处理系统就是这样处理我们看到的东西的。格式塔有几大基本原则，但我只主要展开谈谈邻近原则和相似原则（Proximity）。

根据格式塔邻近原则，相对于距离更远的物体，大脑会把距离更近的物体视为一个相关的整体。因此，在设计中，你应该让相关的物体彼此靠近，当你确定线框图的布局时，也应该应用这个原则。这既适用于内容排布，也适用于用户界面控件排布。例如，在图 8-5 中你可以看到，所有的主要导航链接都排在了一起。如果产品的用户界面上有三个表示处理的选择控件，那么这三个按钮或链接就应该摆在一起。你应该避免将不相关的条目放在彼此靠近的地方，否则用户可能会认为它们是相关联的。例如，在同一页面上，将一个特性的

"取消"按钮放在离另一个特性太近的地方可能会让用户有误解——因为客户不确定"取消"按钮是控制哪个特性的。

格式塔相似原则主张大脑认为具有相似特性的物体比不具有这些特性的物体更有相关性。因此，在你的设计中，相似或相关的物体应该具有相同的形状、大小或颜色上的视觉相似性，你应该避免让不相关的物体看起来相似。所以当你在进行视觉设计时，要记得应用相似原则。例如，你可以要求所有超链接样式都为蓝色并添加下划线，或者所有操作按钮都是相同的圆角矩形。

因为这些原则描述了我们的视觉感知是如何工作的，由此格式塔原则引出了下一个设计原则：视觉层次原则。

8.7.2 视觉层次原则

视觉层次（Visual Hierarchy）原则是一个很重要的设计原则，它决定了用户认为设计中最重要的元素是哪些。这种重要性左右着用户的注意力，影响他们看各种元素的先后次序。

元素的大小和颜色是创建视觉层次结构的两个主要属性。大脑认为较大的物体比起较小的物体更重要，还认为具有高对比度的元素更重要，如使元素显眼或"突出"的颜色。显眼的图像可以有同样的效果。人像照就很显眼，我们的眼睛很自然地就被它吸引，尤其是人脸照。

元素的位置也会影响视觉层次，因为用户是从页面顶部开始阅读页面内容的，在英语和其他从左到右阅读的语言中，用户会从页面左侧开始阅读。因此，在所有其他条件相同的情况下，人的视线会先落在屏幕左上角附近的元素上。

要快速确定一个页面或屏幕的视觉层次，有一个很好的方法：眯起眼睛。虽然这样做无法阅读文本或看到细节，但你会注意到主要设计元素的位置、大小和颜色。另外一种可以达到同样效果的方法是，将截屏图片进行模糊处理

（使用平面设计应用程序）。当你在视觉层次结构很强的产品上尝试这个方法时，你将会识别出最重要的设计元素。

设计者应该遵循人类视觉处理的原理来加强所需信息的视觉层次。要创建视觉层次结构，首先需要确定页面上不同组件的相对重要性，然后确定组件的位置、大小和颜色，以此加强优先级排布。具有良好视觉层次结构的页面设计会把用户的注意力吸引到最重要的元素上，让用户的注意力按照优先级顺序从一个元素流向另一个元素，通常是跟着直觉沿着从上到下、从左到右的路径移动。这有助于用户找到他们想要的东西并顺利完成任务，从而使得关键用户活动的转化率大幅提高。良好的视觉层次结构是良好用户体验的关键构成。

8.7.3 构图原则

除了格式塔原则和视觉层次原则之外，在创建和评估你的设计时还应该考虑这些构图原则：

- 统一原则（Unity）：页面或屏幕看起来是一个统一整体还是一堆分散元素的堆砌？
- 差异原则（Contrast）：颜色、大小和排列等是否有足够多的变化来打造差异化的页面视觉效果？
- 平衡原则（Balance）：你是否在设计中平均分配了元素的视觉权重（如位置、大小和颜色等）？
- 空间利用原则（Use Of Space）：你的页面设计让用户感觉是杂乱无序还是宽松稀疏？要想避免这些现象的发生，你一定要确保设计中有足够的留白——那些你不会在页面或屏幕上使用的空间，这对用户体验是很重要的。

8.7.4 响应式设计

当你在进行页面或屏幕上设计元素的排列时,你必须要对设计画布的大小做个初步假设(显性假设或者隐性假设)。在传统印刷设计中,纸张有明确的宽度和高度,你设计的印刷范围也有明确的规范边界。但是,对数字化设计来说事情就不那么简单了。用户会在各种屏幕尺寸的设备上使用你的产品,所以画布的尺寸就没有那么标准化。

智能手机的屏幕尺寸显然要比笔记本电脑和桌面显示器的小得多。例如,第一代 iPhone 手机的屏幕尺寸比较小,它的分辨率为 360×480 像素。不过现在智能手机的尺寸普遍要比以前的大很多。平板电脑的出现弥补了智能手机和桌面显示器之间的屏幕尺寸差距,而平板手机则弥补了智能手机和平板电脑之间的差距。在高分辨率产品系列中,高分辨率的桌面显示器已经变得受欢迎起来。随着苹果手表(Apple Watch)等小屏可穿戴设备的出现,屏幕分辨率也在变得越来越多样化。

不同屏幕有着不同的分辨率,它们之间并没有明显的比例对应逻辑可言。对这种情况,你的产品团队该怎么办?这时候,你应该试试基于 Web 产品的响应式设计(Responsive Design)。响应式设计不是给所有用户适配一套单一的界面设计,而是用不同版本的用户界面去适配用户不同的屏幕尺寸,用户在不同设备上也会有不同的界面体验。响应式设计主要是对用户屏幕宽度进行适配调整。

首先你需要选出要在设计中用到的屏幕"断点"(也叫宽度类别),然后基于每个"断点"添加你想要的不同样式。通常我们会在电脑屏幕上采用值较大的"断点",在手机屏幕上采用值较小的。在平板电脑上大多采用中间值的"断点"。

在响应式设计下,随着屏幕宽度从宽变窄,一些页面元素会出现"折行"

的现象，可以理解为部分元素被挤到下一行。甚至在一些较小的屏幕上，某些界面元素会变得更小，或者干脆隐藏起来了。响应式设计提供了动态的用户体验，而且成本较低，不需要复杂的代码开发工作。

8.7.5　多屏幕适配设计

适配多种屏幕尺寸是当下软件设计的现实需求。对基于 Web 设计的产品来说，响应式设计是一个成本不高、简单直接的方法。对原生移动应用程序来说，也面临同样的多屏适配问题，但可以通过一些 SDK（移动应用开发工具包）来解决这些问题。

那么你应该基于大屏尺寸还是小屏尺寸开始 UX 设计呢？如果最初就以适配大屏尺寸来设计你的产品，那么要改成适配小屏尺寸会费点功夫。同样的界面内容，大屏容得下，小屏就不行，这会让你很难做出取舍。你可能不得不改变你的导航设计，重新思考布局设计，换掉那些对小屏幕来说太宽的内容。

通常，处于这种情况的团队最终会再重新编码，再开发一个独立的产品，但这种处理方式并不理想。首先，开发人员要分别维护两段不同的代码，这样无疑会降低开发效率，增加产生 BUG（系统错误）的可能性。由于移动应用和非移动应用不是同时设计的，它们往往在视觉和体验上非常不同，这就会导致不一致的用户体验，可能会让用户感到迷惑。

由于屏幕空间大小的限制，在设计时你就需要在内容和功能之间做出权衡，适配小屏的设计也会变得更加费力。因此，许多团队采用"移动设备优先"的方法——以最小的屏幕尺寸作为设计基准，这样团队就会集中所有精力优先考虑最核心的那一部分。在适配小屏设计差不多时，再去适配更大的屏幕，这样通常能够兼容额外新增的内容和功能。注意这不是说要分别做两套不同的设计，它们应该并行完成，只是小屏适配设计在流程中先行。通常，移动产品不仅仅是全尺寸产品的缩小版，它还与 Web 产品功能互补。移动产品可能具备 Web 产品没有的特有功能（如支持地理定位或其他物理传感器），或者它也会提供基于 Web 产品完整功能中一个更聚焦的功能子集。大小屏适配并行设计有利于两者之间的兼容性，因此能提供更符合 PMF 的用户体验。

8.8　文案也是 UX 设计的一部分

在结束本章之前，我们来谈谈用户体验中一个常常被忽视的部分：文案（Copy）。文案既包括用户在营销宣传页面看到的文字，也包括用户在产品中看到的文字。

营销宣传页面上的文案质量很大程度上会影响用户的转化率。而你在产品中使用的文案——标签、说明、描述和报错信息，则会真实地影响到产品的可用性。使用产品时用户往往只能通过按钮或链接上极少的文字说明获得引导，因此这些文案一定要写得清晰易懂。

假如用户在进行一个重要的操作，却不知道按哪个按钮，一个典型的产品可用性问题就出现了。对特性和说明的描述应该使用对用户来说通俗易懂的简单文字，而不是内部语言或行业术语。报错信息应该是解释问题原因并对用户操作有帮助的，而不是留下一串神秘的错误代码。

不过，找出并修复这些有问题的文案相对而言是比较容易的，这些问题可以在进行产品可用性测试中被发现。在测试中，如果用户看不懂文案中某个特定的单词或短语时，你可以问问用户会如何表述，他们通常会有一些不错的建议。

8.9 产品界的"天龙特工队"[①]

正如本章所讨论的主题，UX 设计是一门跨越几种不同技能领域的学问。很多公司都有"设计角色空缺"的现象，由此造成优秀 UX 设计越来越少的局面。很多团队没有 UX 设计师，即使有，那个人也不太可能在 UX 设计上做到全能。有的只擅长视觉设计（产品外观设计），有的只擅长交互设计（操作流程设计）。要打造优秀的 UX 设计，你的团队需要在这两个领域都极具天赋的人才。你还需要一位能够熟练实现这些设计的前端开发工程师，以及一位能力很强的产品经理。除了每个人都拥有必要的技能之外，团队之间的高效合作也至关重要，这样才有利于打造出优秀的 UX 设计。我喜欢称一个拥有四项核心技能——产品管理、交互设计、视觉设计和前端开发人才的团队为产品界的"天龙特工队"。除此之外，其他角色或技能对于开发一个优秀产品也必不可少，如后端开发工程师、测试工程师（QA）、运维开发工程师等。总而言之，一个合作默契且人才济济的团队对打造优秀的 UX 设计至关重要。

8.10 用户眼里出体验

归根结底，用户是产品体验好坏的最终评判者，而用户的评价将影响你的 PMF。回想一下第 3 章提到的"技术采用生命周期"，创新者可能会愿意为了一个具有前沿技术优势的突破性产品容忍一个不合格的用户体验。但是当"技

[①]《天龙特工队》(The A-Team) 是由乔·卡纳汉执导，连姆·尼森、布莱德利·库珀等主演的动作片，改编自 20 世纪 80 年代同名电视剧，于 2010 年 6 月 11 日在美国上映。影片讲述了 4 名曾驻扎在中东的特种兵被指违抗军令而受到军事法庭不公正的审讯，不甘心的他们逃出监狱并隐藏于洛杉矶。他们向往自由自在的冒险生涯，不愿受到拘束，只要价钱合适，谁都可以请他们去卖命，但是他们也常毫无代价地为正义而战斗。——译者注

术采用生命周期"模型渗透到其他细分市场时，这些市场中的客户可能就变得没那么宽容了。用户体验对 PMF 来说极为重要。

尽管优秀的 UX 设计需要大量技能和精力投入，但这不是用户体验差的理由，差就是差，不需要任何理由去解释。像我之前提到的，你应该给用户展示你的产品设计，与用户一起发现并解决设计上的问题。这也是下一章要说的内容：如何与用户一起测试你的 MVP 原型。

第 9 章

与用户一起测试 MVP
（第 6 步）

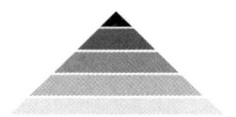

根据 UX 设计原则创建了候选 MVP 原型之后，精益产品开发流程的下一步就是用其进行用户测试。这正是"启程上路"[①]的时刻。回想一下，本书第 7 章介绍过两种完全不同的用户测试方法：定性测试与定量测试。也就是说，你可以着重研究从少量用户那里获得的细节数据（定性），也可以选择分析来自大量用户的总体结果（定量）。

组织定量测试（如 A/B 测试和落地页测试等）以及分析其测试结果是相对容易的。因为定量测试不会涉及与用户的交谈，它关注的仅仅是数据。你需要做的是跟踪 MVP 测试的转化率（或其他指标），将其与代表成功结果的目标值

---

① 原文直译为"橡胶遇上道路"，指筹备已久的事物进入测试阶段。——译者注

（或其他备选方案的值）进行对比，分析它们之间有何对应关系。同时，样本量对测试结果的置信度有很大影响，这需要特别留意一下。

本章将重点介绍如何对MVP进行定性用户测试（Qualitative User Testing）。用户反馈通常是很有价值的，因为它能帮助你发现自己忽视的地方。你离自己的产品是如此之近，以致很难（通常是不可能）像一个新用户那样去感受它。你比任何一个新用户都熟悉你的产品。因此，对你而言会存在"产品盲点"：无视新用户使用产品几分钟内就会遇到的一些问题。

用户测试往往是克服"产品盲点"的灵丹妙药。你可以提出或明确或隐含的假设，再通过用户测试来验证或否定它们。由于存在产品盲点，首次用户测试往往会让你受益匪浅。我为"云协作"初创公司Box第一次组织用户反馈会话的场景就令人大开眼界。Box的产品团队在会议中学到了很多新东西，当即发现了用户测试的价值，并希望在之后多加使用。

定性用户测试要求你向客户展示产品实物或其他可交付的设计成果（如线框图、视觉稿或原型等），并征求他们的反馈。成功地设计并执行用户测试是需要技巧的。接下来我将分享很多建议（包括该做什么和不该做什么），以帮助你从定性用户测试中获得最大价值。

9.1 我应该测试多少个用户

为了获得最佳的测试效果，我建议每次只对一个用户进行用户测试。一次与多个用户交谈也是可行的，但用户之间会互相影响从而引发群体动力学效应[1]，因此通常只能得到次优的结果。这种负面影响在一次性包含了6~12个人

---

[1] 群体动力学效应是试图通过对群体现象的动态分析发现其一般规律的理论。其基本观点是，在群体中，只要有别人在场，一个人的思想行为就同他单独一个人时有所不同，会受到其他人的影响。——译者注

的焦点小组中尤其突出。某些参与者可能因为担心自己的观点被评判或被批评而选择不公开说出自己的真实想法。通常出现的情况是，有 1~2 个直言不讳的人主导了讨论过程，淹没了其他的声音。参与者还时常会经历群体迷思，即所有或大多数参与者下意识地趋向于相同的意见，这将导致测试所获得的数据不够准确。

而如果每次只与一位用户交谈就不会出现任何上述的负面群体动力学效应，并且能够与用户进行更加丰富、更加深入的对话。用户也更有可能说出自己的真实感受——尤其是只有引导员在场时。根据我的经验，观察者越多，用户就越担心自己被评判。很多引导员喜欢在测试现场配备一名记录员，以便专注于用户测试，这很好。但我个人更喜欢自己做记录——这样的话，就可以确保自己的见解被捕捉到，而这才是真正意义上的一对一采访。假如你希望观察者也能实时看到测试过程，那么使用网络摄像头把测试视频投放到其他房间的显示器上是个不错的选择。如果远程进行用户测试，观察者们也能通过屏幕共享参与其中。

我曾经同时对 2~3 个用户进行用户测试。测试非常顺利，纸质视觉稿的呈现获得了很多反馈。我和用户们坐在一张桌子旁，可以对着桌子上的视觉稿展开讨论交流。如果在测试过程中，用户们都在笔记本电脑上查看视觉稿的话，可能根本无法达到相同的测试效果。我之所以采取这种方法而不是一对一的会话，是因为我的委托方希望能够迅速得到研究结果，而这种方法能让我每天和更多的用户交谈。有些时候受访对象无法赴约——这是用户调研中真实出现过的情况。因此每次会话安排 2~3 人的另一个益处是，如果有受访对象没有及时出现，我不至于完全无法开展工作。

产品团队经常问："我应该测试多少个用户？"如果用户数量太少，有可能无法收集到需要解决的所有问题，而且可能获得的意见并不真正具有代表性，自己却又没有意识到。与之相反，和过多的人交谈需要更多的时间和资源，可能会陷入收益递减效应之中，只是不断听到同样的反馈，而没有学到任何新东西。我发现，每次对 5~8 个用户进行测试，可以取得良好的平衡。这个数量的测试足以发现主要的问题，并识别用户的普遍意见模式。在每一轮测试之后，根据所学到的东西修改产品或设计交付物，然后对新一轮的用户进行测试，直到确认已经实现 PMF。

你应该为某些测试者可能会爽约做好计划。通常，这种"爽约率"大约是 10%。从实际角度看，我会安排比我想要的样本量多一位的测试者。如果我所期望的样本数量为 7 个人，那么我会安排 8 个人参与测试，以防有人缺席。

9.2 面对面、远程的，以及无引导式的用户测试

你可以选择面对面或远程进行用户测试研究。面对面测试是直截了当的：引导员和用户同处一个房间。远程测试则使用屏幕共享或视频录制技术。在远程测试中，你可以选择引导式测试或无引导式测试。引导式测试意味着研究者在场，与用户共同完成测试。无引导式测试则意味着没有引导员在场，而是把需要测试的设计交付物或产品以及操作指南提供给用户。这些会话将会被记录下来，以便产品团队之后观看。大多数工具都会捕获用户的屏幕（例如，你可以看到他们在产品中的点击位置）；许多工具还会录制音频，以便听取用户的想法；一些工具还能捕获用户的面部表情（例如，使用网络摄像头）。

在面对面测试、引导式远程测试以及无引导式远程测试这三种定性测试方法中，我的建议是，尽可能采用面对面的测试方式。相对于共享电脑屏幕，在测试过程中坐在用户身边可以让你收集到更丰富的数据。当你在用户身边时，你可以看到他（或她）的屏幕和脸，并且可以捕捉到一些细节，如叹息声、面

部表情和其他细微的线索。你可以看到用户在注视什么。在面对面测试中，你更可能与用户建立良好的关系，这通常会带来更准确的数据，因为用户可以更自在地与你交谈。

当然，有时要想就近寻找目标客户会很困难。在这种情况下，引导式远程测试便是一种与他们建立联系的良好方式。这虽然比不上面对面测试，但你仍然可以得到有价值的信息。你需要使用一个屏幕共享应用程序，如 GoToMeeting、WebEx、Skype、Screenleap 或 join.me 等来获取客户的电脑屏幕。和任何其他类似的情况一样，你应该做好遇到技术问题的准备。当你准备开始一个远程会话时，常常会发现客户没有安装共享屏幕所需的软件，或者因为无法正常运行该软件而希望获得帮助。此外，屏幕共享程序还可能妨碍测试，如造成客户的困惑或者缩小所展示的设计交付物的尺寸。当你在屏幕上看到用户的行动和操作时，往往也会有一些滞后。而且，防火墙也会造成一些问题。但无论如何，如果没有技术问题出现的话，引导式远程测试可以从用户那里获得很多有价值的信息。

第三类测试是无引导式远程测试，你可以使用 UserTesting 或 Validately 这样的在线服务来完成它。这类服务可以让用户访问设计交付物，辅助用户完成测试，并捕获和记录他们所做的操作。多数服务还会安排一组用户来测试产品。这种方法有一个好处，那就是你可以更快得到测试结果。这通常不需要花费任何时间来招募用户或安排用户测试，而且多个用户可以在同一时间进行测试，无须受有无引导员的限制。然而，你无法到现场指导用户完成测试。在测试过程中，用户需要遵循书面指示。所以你必须在测试流程及用户指示方面花更多的心思。在大规模招募用户前，最好先在 1~2 人中开展测试。此外，如果你在测试中产生疑问（如"你为什么点击那个按钮？"），不在现场意味着你不能及时提问。你必须提前准备好希望用户回答的所有问题，因此，与引导式远程测试相比，你需要更多地关注和考虑问题措辞等方面的细节。

大多数无引导式远程测试工具专注于记录用户在屏幕前的行为，捕捉他们的鼠标移动和点击操作。观察用户的屏幕很有用，但听到用户的声音能够提供更多的价值。某些工具甚至通过视频记录了用户的面部表情。还有些工具不会记录用户或屏幕，而是只捕捉用户的点击行为并计算点击率。一旦数据达到了一定规模，那么这种类型的定量信息将是有用的，你可以从分析包中得到它。但是，当你试图用无引导式远程测试工具来分析 PMF 时，最好采用同时拥有屏幕录制和录音功能的工具——主流的用户测试工具都能提供这些功能。

与引导式测试相比，无引导式测试的一个优点是规避了引导员影响测试结果的风险。在现实中，客户会自己评估、注册和使用产品，并没有人在他们身边。这使得无引导式测试的过程更好地模拟了客户的真实情况。与独自一人时相比，大多数用户在与引导员并排而坐时，会表现得更加专注和更加努力。

那么应该如何选择测试方法呢？当你处于定义和验证 MVP 的早期阶段时，引导式测试可以确保你及时提出相关问题并当场获得大量的用户反馈。正如我所强调的，面对面测试是最理想的选择——除非找到目标客户对你而言是一项挑战，而远程测试则更加可行。当你在产品开发的路上走得更远，对 MVP 更有信心时，无引导式测试是对引导式测试的有力补充，因为它花费的时间更少，成本更低。如果你没有足够的资源进行引导式测试，那么无引导式测试也是一个不错的选择。

9.3 如何在目标市场招募用户

你一定会希望受邀参与测试的用户都来自目标市场。否则，他们的反馈很可能会将你之后的迭代改善工作引入歧途。你可以选择一种筛选规则来确保两者间的良好契合度——用一系列问题，如一份简短的调查，向潜在的参与者进行提问。例如，如果目标客户是年轻男性，问卷当中的问题肯定会涉及性别和年龄。你可以针对每个问题预设多种选项，通过他们的回答来判断参与者是否符合目标市场。第 3 章我们讨论了不同类型的用户属性，这时候可以用它们来明确目标客户。

除了人口统计属性外，行为属性也非常有效。举例来说，如果目标客户是电子游戏的硬核玩家，你可能会问"你玩电子游戏吗"，并过滤掉那些给出否定答案的人。然后你可能会接着问那些给出肯定答案的人，"一般来说，你每周会花多少时间去玩电子游戏呢"，受访者将从一个列表中选择下列答案，比如"每周少于 5 小时""每周 5 至 10 小时""每周 10 至 20 小时""每周 20 小时至 30 小时""每周 30 小时以上"。你可以选定每周游戏时间为 20 小时及以上的玩家作为目标客户，因此只有选择最后两个选项的人会成为调研对象。

用户的观点和感受等心理属性也可能成为非常有用的筛选条件。如果继续向上述目标客户提问，一个可能的心理统计问题可以是"你认为自己是硬核玩家吗"，你也可以问"你有多喜欢玩电子游戏呢"，并提供一个相关的量表让用户去选择。

另外，在拟定筛选问题时，还应该参考为目标市场所创造的用户画像。和其他事情一样，筛选问题作为假设同样需要测试和迭代。如果在最初的用户测试中，你发现所设置的第一组筛选问题并没有匹配到对的用户，就得在下一轮测试中尝试对它们进行调整。

在首次测试后，你常常会发现在筛选问题中还需要添加一些额外条件。例如，假设我们有一个针对投资者的投资组合管理应用程序。我们首次设置的筛选条件可能会问到关于交易频率和投资组合价值的问题。在进行第一组用户测试后会发现有两种不同类型的投资者：一种是喜欢自己做投资决定的人，另一种则是喜欢把决定权委托给专业顾问的人。而我们产品的价值主张瞄准的是第一类投资者，对第二类投资者而言并不具备吸引力。所以在随后的用户测试中，我们会新增一个筛选问题，用以甄别那些自我决策的投资者，并过滤掉那些期望委托专业顾问的投资者。与此同时，我们也会相应更新之前的用户画像。

当筛选问题帮你找到了那些你想获得反馈的用户时，下一步要做的就是招募这些目标客户。对那些对精益用户测试感兴趣的人来说，这或许是最具挑战性的一步。如果你需要改进现有的产品，那么你通常可以和现有的用户进行沟通；如果不是，你就得想方设法寻找目标客户。除非你足够幸运，手上有一份可以联系的潜在用户名单，否则你就得去寻找他们。

一种方法是尝试通过在 Craigslist、TaskRabbit 等网站上发布在线信息来招募本地参与者。其中最好的做法是在发布的消息中加入在线问卷的链接，这个在线问卷可以放在 SurveyMonkey、Google Forms 这样的调查网站上。但收集到的反馈信息的数量可能会有显著的差异，这取决于消息的发布位置、内容描述以及提供的奖励大小。

如果招募过程反响平平，那么使用远程测试方案可以把测试范围从当地市场延伸至网上的任何人。一些企业会选择使用亚马逊的 Mechanical Turk（简称 MTurk）作为一种经济的方式来招募远程测试者，MTurk 之上还有一些服务，使得这种远程测试更加简单易行。许多远程测试服务，如 UserTesting，都拥有大量的潜在对象可以参加测试。在这些服务中，你对筛选问题的可控制程度各不相同，有的只允许你通过预设的条件进行筛选，如性别、年龄、就业情况等，有的允许你自定义问题。在选择远程测试服务时，要确保筛选问题的可控制程度能达到你的要求。因为你得到的反馈信息若不是源于目标市场，不但会浪费时间和金钱，还会将你引向错误的方向。

当目标客户并非普通的消费者时，要找到他们的难度也会更大，如当你尝试寻找营销主管或者把医生作为目标客户时。一种有创造性的方式是利用专题峰会、集体聚会或是他们会聚集参与的其他活动来进行有效的实地测试。我的一个客户曾经有一个关于购买碳补偿的产品创意。他原本打算建立一个网站应用程序，但这会花费大量的时间和金钱。我向他解释了为什么我认为在Kickstarter网站进行MVP用户测试会更有效果，并告诉他这样就可以在正式投资之前验证产品的价值主张。他很认同我的观点，并找到了当地召开的一次有关可替代能源的会议，带上他的iPad直奔会场。在和参与者进行了一番沟通之后，他找到了一些符合他目标市场的客户，并向他们展示了他在Kickstarter上的页面。通过这种方式，他在短时间内收集到了大量有价值的反馈信息。

诸如此类的活动是集中收集反馈意见的一种良好途径。但遗憾的是，恰巧在你附近就有相关活动举办，并能让你有机会去快速进行产品测试与迭代的概率实在太小了。远程测试服务便成了一个很好的选择，这能帮你在短时间内招募到许多测试者。

对于面对面测试，采用用户调研公司的服务是另一种可行方式。许多调研企业在本地就可以招募到许多参与者。这类公司通常会提供一整套完整的服务，包括测试设施和引导员，只需要付费便可招募到他们。招募每位参与者的价格可能有所不同，价格区间一般在75美元~150美元。如果目标客户比较小众或者时间十分宝贵，如心脏外科医生或首席执行官，那么就要花上更多的成本，但也可能根本召集不到。以我个人的经验来看，采用调研公司的服务是募集当地用户进行面对面测试的一个好方法，其主要缺点就是成本大幅提高，但这种方式往往也能得到更有价值的反馈意见，尤其是当你筛选问题和测试环节做得比较好时，收益会更加明显。

9.3.1 如何避免计划困局

我遇到过很多希望进行用户测试的企业，但它们因该环节的具体安排等流程问题难以处置妥帖而放弃尝试。一般来说，产品团队会花费大量时间埋头工作，定义产品的价值主张、编写用户故事及设计线框图。直到准备和用户一起测试所设计的线框图时，他们才如梦初醒，匆匆忙忙投入招募用户的工作中，以免耽误时间。但这种"临时抱佛脚"的状态往往很难找到合适的用户。此时，大多数团队甚至还没想好他们筛选用户的问题或测试脚本。如果产品团队没有任何资源来帮助招募用户，这项工作便会落在产品经理或设计师的肩上，然而他们早就已经不堪重负了。安排第一次的用户测试往往需要一到两周（甚至更长时间），到那个时候，团队可能正面临着巨大的压力，疲于未解决的工作，为完成高保真设计而努力，或者是开始了具体的编码工作。当他们消化完用户测试的反馈信息时，再来改进产品就为时已晚了。在他们完成了针对产品开发的一两次迭代和改善后，这种令人沮丧的状况还会重复发生，许多团队会因此减少用户测试的频次，甚至完全取消测试。那么一个精益产品开发团队究竟应该怎么去做呢？

避免这种困局的最好方法就是采用定期机制，通过盲测的方式安排用户测试。例如，你可以做出计划，固定在每周二下午安排 3 名用户，或者邀请 5 名用户隔周周三参与测试。我使用"盲测"这个词是因为当你安排用户时，你可能不知道将要和他们进行测试的具体内容。与其等到产品或设计交付物准备好了再去邀请用户，不如寄希望于在指定重复时间内有空的用户。这种做法打破了原本只有在测试准备好之后才开始规划用户测试的被动性，提高了测试频率，又减少了工作负担。我还建议产品团队应该有额外的人力资源来协助测试用户的招募工作和测试安排。资历较浅的员工或实习生是这方面很好的选择，或者临时员工也很不错。他们只需要一份列清楚了的筛选条件便可以开始工作。

9.3.2 星巴克用户测试

如果你想采取游击战术,那么另一个选择便是我称之为"星巴克用户测试"的方法,即花费时间在咖啡馆里寻找招募对象,并和他们一起进行现场测试。这种方法的好处在于成本低和即时性强,缺点则是你很难严格控制受访者的类型。如果产品是一款类似于谷歌或脸书这样的主流消费类产品,在那儿寻找目标客户是完全可行的。但如果你有非常具体的目标客户,那么这种方法可能就行不通了。你可以尝试对人们进行视觉上的筛选,从他们的外表进行推断(如性别、年龄、穿着等),并做好不断被拒绝的准备,因为很多人不愿意与陌生人接触,或者因十分忙碌而不愿参与测试。就我个人而言,我发现商场是除咖啡馆之外一个很好的选择,因为那里的人似乎不那么忙,而且心态也更为开放。开场白对成功率至关重要。记住要很快让对方知道你想了解一些什么问题,以及你会提供什么样的利益来换取他们宝贵的时间。例如,你可以这样说:"嗨,先生,你能抽出 10 分钟的时间来分享你对一个新网站的看法吗?参与调研后我们会提供一张价值 25 美元的星巴克礼券。"

9.3.3 给测试用户补偿

说到成本,你应该为测试人员的时间补偿多少钱?典型的补偿费用是每小时 75 美元~125 美元,但这取决于目标客户和他们的时间价值。与心脏外科医生交谈的费用可能会比这高得多,而与高中生交谈的费用则会低得多。许多聪明的初创企业能够通过寻找对其产品类别有足够兴趣的人,无偿招募测试人员。和其他公司一样,我也把参加独家内测版作为福利。如果你的公司有不错的礼品(如 T 恤、连帽衫或运动夹克),这些礼品也可以发挥作用。

有几种不同的付款方式可供选择。礼品卡对双方都很方便,因为它们容易购买，也容易使用。一般用途的礼品卡，如 Visa 或 MasterCard，比特定的礼品卡更有吸引力。如果你在进行星巴克用户测试，星巴克卡很好用。现金也可以，但从公司账户中获取现金会很麻烦。有些公司从财务操作角度更喜欢签发支票。银行本票是一个很好的选择，因为回答者不必担心支票因无法兑换而被退回。如果你在对现有用户进行测试，那么除了给他们钱之外，还有一个办法，就是给他们提供积分以兑换服务或抵扣后续的购买金额。

9.4 Intuit 的用户测试

我在 Intuit 第一次接触到了用户测试。作为用户测试领域的领军者，在其开发的财务管理工具 Quicken 的每一个新版本推出后，公司的产品经理都会执行"跟我回家"计划。他们会在销售 Quicken 的商店里等候用户，当他们遇到购买 Quicken 的用户时，就会询问是否可以跟着用户回家，从而观察用户安装和使用该产品的过程。在真实环境中观察用户使用产品的情况，可以为我们提供许多有价值的洞察。你可能听说过两种用户体验研究的方法：一种是"情境调查"，另一种是"民族志研究"，它们都强调在现实生活情境下去观察用户的行为。

但实地观察用户行为从经济或其他方面考虑并不总是具有可行性，有的时候邀请他们来公司也许会更合理。Intuit 采用最先进的技术创立了一个可用性实验室，其中包含数间可用于测试的房间。我们会邀请用户来到实验室测试公司开发的软件。房间里只有引导员和用户，但会通过一面单向镜让隔壁房间的人也可以观察到测试的情况。实验室的摄像头不但可以捕捉到电脑屏幕，同时也可以记录用户的面部表情变化，并把视频传输到后面房间的显示器上。

9.5 "拉面"用户测试

对当时作为产品经理的我来说，Intuit 的可用性实验室给人留下了相当深刻的印象，而且它使用起来十分有趣。但在现实情况下，我们并不需要为了用户测试而进行如此复杂的布置。我离开 Intuit 后在一些初创公司工作过，那些公司通常需要利用有限的资源让自己先活下来。因此我帮他们实施了"拉面用户测试"，这种方法只保留了用户测试最基本的组成部分。你不需要专门的场地，只要一间普通的会议室即可；也不需要聘请专门的引导员，而是由团队成员担任这一角色，通常由产品经理或设计师负责。如果你从来没有组织过用户测试，我建议你试一试。我发现，最初被用户测试概念吓倒的许多人，需要的只是一丁点儿的鼓励。和生活中大部分的事情一样，用户测试并没有那么高深，不断练习就能提高水平。但是，做会议引导员的同时还做笔记可能会有点难度，因此我建议安排一个记录员专门负责记录工作。

如果可能的话，尽量让用户带着他们的笔记本电脑或其他设备来参与测试。因为这样的测试效果往往会比让用户使用他们不熟悉的设备要好很多。我曾经看到过因为不同的操作系统（Windows 或 Mac）、键盘、鼠标或浏览器，而让用户感到困惑，同时还干扰了测试。观察用户在工作中或日常使用的实际设备上使用你们的产品是件好事，因为你总可以发现一些在产品团队内部讨论和测试中没有发现的新东西。

进入房间后，我习惯让用户带着他们的笔记本电脑或移动设备先坐下，再让引导员和记录员分坐在用户的两侧。这样就可以保证自己与用户同一朝向，同时还能看到设备的屏幕。此外，坐在用户身旁便于观察他们面部表情的变化，以及一些不易察觉的线索。

我也鼓励团队中的其他成员一起来观看用户测试，多人同时观察同一位用户的反馈是非常有效的方法。在找寻 PMF 的过程中，问题空间与方案空间可能并不十分清晰，这可能会让团队成员产生各自不同的假设和意见。一起观看用户测试将有助于团队成员达成共识。进行用户测试时，房间里的人太多会让用户不知所措，一般来说，最多只能有三个人与用户一起进行测试。除了要控制房间内的人数外，除引导员外的所有观察者都应保持安静，以免干扰测试。如果其他人也想观看测试过程，可以通过设置网络摄像头，将视频传输到另一个独立观察室的屏幕上，供他人观看。我曾经在一个较大的房间里做过这样的设置，首先将投影仪连接在用户的笔记本电脑上，让其他同事可以在屏幕上看到测试的全过程。然后将投影仪和观察者安排在用户视野的后方，这样既不会干扰用户操作，同时距离足够近，以便观察者可以听到用户所发出的声音。

团队中的某些成员可能会想，我可以把用户测试录下来以后再看，不需要去现场观看。我参与过大量的用户测试，但从未见过有人真的去翻看录制下来的测试视频。事实证明，如果他们没有足够的动力去参与测试，那么也不会有足够的动力去看录像。此外，很多用户并不喜欢自己的行为被别人录下来。如果你的团队真正认可录像的价值，并确实准备去翻看录下来的影音素材，那么只要用户不反对，当然可以对测试过程进行录制；否则，还是跳过录制，专注于现场观看吧。

9.6 如何组织用户测试

至此，你已经成功招募了一些目标客户，并让第一个用户与引导员一起进入房间。那么，现在该如何进行测试呢？首先，准备好一份测试脚本，列出计划向用户展示和询问的内容。它能帮助你提前规划，确保计划涵盖你所想到的内容，以及测试流程是合理的，时间也能够有效地得到利用。这份测试脚本应该明确列出如下计划并按照顺序执行：向用户展示的设计交付物和产品模块；用户需要完成的任务；用户需要回答的问题。

这个脚本能帮助团队成员先进行试点测试，以解决过程中可能遇到的任何问题，让测试流程更顺畅，尤其是当你对测试感到没有把握的时候。打印出测试脚本（或一个简短的大纲）放在身边，在测试的时候作为参考也会非常有帮助。

用户测试通常会持续1个小时左右，如果用户对产品很感兴趣并给出很多反馈，则需要更长时间。我建议，在测试的前10分钟~15分钟，先让用户热身，针对用户的需求和当前的解决方案进行讨论探索；然后，我喜欢用40分钟~45分钟的时间来获取用户对产品或设计交付物的反馈；最后，我会用5分钟~10分钟来总结，回答用户的任何问题，并进行结束性提问。

以正确的方式开展用户测试很重要。试着花一两分钟和用户聊天，了解一下这个人，会很有帮助。建立融洽的关系，让他们感到舒服，通常会让用户对你更诚实，并在测试中给出更多的反馈。同样重要的是，你需要提出一些你的期待，因为大多数人都很友善，不喜欢说批判的话，尤其是当着你的面。他们知道你可能是设计或产品团队中的一员，所以不想伤害你的感情。而且给用户补偿，可能也会使得测试结果过于乐观。为了消除这些倾向的影响，需要事先明确清楚地告诉用户，你希望获得他们的真实反馈，即使是负面的反馈，这非常重要。让他们知道，他们不会伤害任何人的感情。我喜欢向用户强调他们的批判性反馈能够帮助产品变得更好——这才是开展用户测试的目的所在。

在测试过程中，用户愿意说出他们的想法是很重要的，这样你才能够走进他们的心里。有些人天生倾向这样做，而有些人天生就比较安静或矜持。为了确保能收到足够的反馈，在整个用户测试过程中，要明确鼓励用户有任何想法就大声且毫无保留地分享出来，这被称为"放声思考法"（Think Aloud Protocol）。如果你发现用户在你给出这个提示之后仍然很安静，可以尝试再次提醒他们。

这些用户测试开始阶段的技巧有助于提高从用户那里获得有价值反馈的几率，但也不能保证完全奏效。无论怎样，有些人不会说出任何关于产品的批判性意见，而有些人也不会说那么多。你可能会发现大约10%的用户答复是"无用的"。如果在用户测试中你没有得到相当比例的有效反馈，那么你应该重新评估筛选规则、测试脚本、引导员——因为这表明其中一个或多个点需要做些改进。

9.7 如何提出好问题

探索式问题（Discovery Questions）对探索问题空间和用户的价值主张非常重要。首先，你可以询问他们目前的使用习惯，以及对产品计划提供的关键利益的感受。以优步为例，你可以先询问人们乘坐出租车的频率，他们在哪种出行场景中会叫出租车，以及当他们需要出租车时如何找到它。你还可以请他们向你介绍最近一次打车的完整细致的过程。然后可以接着问他们在出租车体验中喜欢什么、不喜欢什么，以及他们的总体满意程度。请注意，在交流中你甚至没有提到优步。因为你只是想了解用户的需求，他们目前的解决方案，他们喜欢什么、不喜欢什么，以及他们的满意度。你尝试从中不断获取定性信息，以便验证你对目标客户和价值主张的假设。探索式问题还可以在你向用户正式展示产品之前，帮助用户熟悉产品的背景。

在探索完成之后，你就进入了用户测试的产品反馈部分。引导员的工作是以有效的方式征求用户对产品的反馈,但不干扰结果。引导员干扰结果的方式通常是问一些引导性的问题,如"那个表格很容易填写,不是吗",或者"那么,你想不想点击'购买'按钮",提出这样反问或引导性问题的引导员,更关心的是确认产品的好坏,而不是获得实际的、真实的用户反馈。用户测试的重点不是让我们自己感觉良好,关键是要从真正的用户那里得到客观的反馈。这很依赖引导员来确保客观性。当你在测试一个自己付出那么多心血开发的产品时,很难保持公正中立,这是可以理解的——但这也是你必须努力去做到的。好的引导员会鼓励用户参与到产品中,并尽可能少地干预。他们不用做任何评论,只需要进行观察和提问就好。

如果用户在产品原型上进行了某项操作,但没有说出他们做了什么或为什么做,好的引导员可能会说:"我留意到你刚刚点击了那个按钮,能告诉我为什么这样做吗?"你会注意到,引导员不是直接问用户"为什么",而是先陈述他观察到的情况。这种"反馈"是一个高效的技巧,可以确保你理解用户,并进行更深入的探索。例如,如果用户回答说"我点击这个按钮是因为我在寻找……",引导员可能会问"你为什么要寻找……",这让人想起了"5个为什么"分析法。问用户"为什么"的次数太多,会让他们产生防备,所以最好是把它与其他短语结合起来表达,如"关于这一点,你能告诉我更多的想法吗?""你能帮助我理解……吗?"或者"当你做……时,你在想什么"?

在测试过程中,用户向引导员提问也很常见。例如,用户可能会问引导员"那么,我应该点击这里登录吗",好的引导员可能不会回答是或否,而是会问"如果你点击那里,你期望发生什么",或者可能会说:"做任何你想做的事情。"好的引导员经常使用"柔道式问答",用问题来回答问题。

9.8 提出开放式问题还是封闭式问题

开放式问题（Open Questions）与封闭式问题（Closed Questions）有很大区别。开放式问题给用户充分的回答自由度。它们通常以"为什么""怎么样"和"是什么"开头。相比之下，封闭式问题限制了用户答案的可能性（如"是"或"不是"）。例如，问封闭式问题"你是否根据价格来选择预订的航班？"不如问"你如何选择预订哪个航班"，封闭式问题通常包含"做""做了""是""都是"或"将会"。提出开放式问题还是封闭式问题，与其说是与引导员的偏见有关，不如说是与他的能力相关。当你没有引导用户测试的时候，在日常对话中提出封闭式问题是完全可以的。但作为用户测试的引导员，你必须慎之又慎。提前在测试脚本中记下想问的问题会很有帮助。但你也需要能够即兴提出开放式问题（如回应用户所做或所说的事情）。一个有用的习惯是，在问出下一个问题之前，先在脑中模拟一遍。这样，即使是封闭式问题，也可以以开放的形式向用户提出。

另一个要避免的错误是在问题中嵌入自己的偏好或可能的答案。这就把原本的开放式问题变成了封闭式问题。例如，我可能会问用户："你希望应用程序如何对你的事务进行排序？按日期吗？"有时候，没有经验的引导员会不自觉地急于提供他们认为可能的答案。即使这个答案并不是用户最可能告诉我们的答复，但用户仍有可能表示肯定，因为你刚刚就给出了这样的建议。有时出现这种情况是因为引导员觉得不自在，试图让用户"更容易"回答。因此，你要明白，长时间的停顿是会发生的，用户需要时间来处理你所展示的内容，并形成自己的想法。虽然在日常对话中，这样的沉默会让人感觉尴尬，但在用户测试中这是完全可以接受的。你应该避免给出建议的答案，而是在问完问题之后就不再说话，以保持问题的开放性，让用户能够自由回答。他们常常会给你带来惊喜，告诉你一些意料之外的答案。试图预测用户如何回答是可以的（而且可能很有趣），但请把预测放在脑子里，不要说出来。

同样地，你要尽可能少地干涉测试。一旦向用户充分展示了你希望得到反馈的产品或设计交付物，你就应该退居幕后了。他们可能会看一下第一个界面，然后问你："那么，我应该怎么做？"我喜欢回答："假装我不在这里。尽情地做任何你想做的事。想象现在是一位好友让你帮忙看看这个产品，而你现在正坐在家里，用着自己的电脑。"如果对方还是没有表达他的想法，你应该继续询问反馈，如"你对这个页面的印象如何"。

我喜欢让用户用尽可能自然的方式与产品进行互动（同样，没有引导员的干预）。但如果你想得到某一部分的反馈，用户却尚未发现，那么你可以引导他浏览那里。做完这些后，我会再次退到幕后。

随着用户与产品交互并做出评论，你应该在必要时提出探索性的问题。例如，用户在填写表单后评论："这很复杂。"你应该追问："你能跟我说说为什么你觉得这很复杂吗？"或者说："和我展开说说这方面吧。"

9.9 感受用户痛点

如果用户在理解或使用产品时有困难，记住，不要去帮助他们，即使这样会有点痛苦。你的目标是尽可能保持测试的真实性，因为你不可能在产品推出后手把手地指导用户，所以让产品能够独立运行非常重要。在反馈部分，不要打断用户的反馈过程。如果用户抱怨或提出问题，你应该避免向他们解释令人困惑的文字或用户界面，告诉他们应点击什么，或者抓住他们的鼠标替他们操作（是的，我见过引导员这样做）。你可以让用户知道，你会在测试结束后解决他们的问题。如果产品或设计交付物的质量或用户体验太差，以至于用户无法有效地与之交互，那么你应该停止用户测试，并解决这些问题。

虽然下面提到的情况并不常见，但我确实见过引导员在回应用户批评时采取防御措施，试图与用户争论，或者将测试不顺利的原因归咎于用户。这种行为毫无益处，也不专业。如果用户无法理解产品，这显然是公司做得不到位，而不是用户的错。

9.10 用户测试的收尾工作

总结环节一般在反馈环节结束后开始。这是让用户回顾他们所看到的一切并提供总体印象和反馈的好时机。你可能想让用户提供一些评分。例如，你可以问："在0~10的范围内，10是最好的，那你觉得这个产品值几分？"或者"根据你今天看到的，你有多大可能使用这个产品"，你也可以问："产品有多容易使用？"你可以口头询问，也可以给用户一个简短的表格让他填写，这样可以进一步减少结果上的误差。我把这称为"半定量测试"，因为尽管你要求的是数字评分，但数据的样本量不会很大。随着迭代改进候选MVP，应该会看到评分逐轮改善。

总结环节也包括回答任何在测试中出现的问题，或者用户在最后提出的问题。如果用户由于已知的错误或问题而在使用产品时遇到困难，你可以解释一下。同时这也是你给用户报偿并感谢他们的时候。我通常要求用户签署一份收据以确认收到付款。在那张表格上，如果用户愿意，我通常会加入提示，让他们写下自己的电子邮件和电话号码。我还喜欢附上两个问题："你是否愿意参与未来的调研"和"你是否愿意在本产品上市时得到通知"，这两个问题都是对用户是否感兴趣进行的更为真实的测试。如果一个用户在测试期间只有积极的反馈，并给产品很高的评价，但没有在这两个问题上圈出"是"，那么他们刚刚给出的良好反馈可能都是善意的谎言。

我曾经做过一个测试，在最后结束时没有给用户任何表格。在给了他们支票并向他们表示感谢后，有很高比例的人问我产品何时推出，并给了我他们的联系信息，还要求我在产品推出时通知他们，以便他们能够购买。产品的测试结果很好，而且这种额外的证据也为验证 PMF 带来了惊喜。

9.11 如何收集与整合用户反馈

在用户完成测试后，你就要着手去梳理相关数据，来支持或否决原先候选 MVP 所做出的假设：目标客户未被满足的需求，价值主张中的差异化因素等。对产品来说，用户会对三种要素提供反馈：功能、用户体验和信息传递。功能的反馈与 MVP 是否提供了恰当的利益有关。用户可能会抱怨缺少一个关键特性，或者告诉你，有的特性对他们来说并不重要。借助此类反馈来反思你的产品价值定位与客户收益是很重要的。你可能有正确的特性集，并提供了恰当利益，但用户体验十分糟糕，这同样会导致用户无法充分使用特性集。还有一种可能，你有正确的特性和用户体验，但你传递特性、利益和差异化特色的方式——信息传递——可能无法与用户产生共鸣。当你从用户那里收到批评或积极的反馈时，将其映射到功能、用户体验和信息传递这三个高层次的类别中会非常有帮助。在测试后以这种方式记录反馈，可以让你更清楚地了解其中的亮点和瑕疵。

让我们用一个用户反馈的例子来说明。表 9-1 显示了对 5 位用户进行一轮测试的反馈总结。我把每位用户的结果都记录在一列中，并把反馈分成了特性集、用户体验和信息传递三个部分。我还记录了在每次测试结束时要求的对价值和易用性的量化评分。每行是一个项目，积极和批评的反馈都包括在内。用

"Y"来表示每个项目都有哪些用户给出了反馈。这使得我们很容易看到不同的用户模式。在最右一列，我计算了5位用户的总体结果（百分比和评分中位数）。为了简单起见，我没有把少于40%用户提到的反馈放入这个表格中。

表 9-1　跟踪用户测试的主要结果

	Vanessa O.	Sofia D.	Xavier G.	John G.	Rich S.	总体
特性集						
＋认为 X 特性是有价值和独特的	Y	Y		Y	Y	80%
－抱怨缺少 Y 特性	Y	Y	Y		Y	80%
用户体验设计						
－没有看到"注册"链接		Y		Y	Y	60%
－注册时有困难	Y		Y	Y		60%
＋认为设计看起来很专业		Y		Y		40%
信息传递						
＋喜欢我们的首页横幅	Y		Y	Y		60%
－没有理解我们的标语		Y			Y	40%
有多大价值？（1~10）	7	7	6	8	7	7（中位数）
使用起来有多方便？（1~10）	5	7	5	4	7	5（中位数）

你可以看到，在第一轮中，我们收到了用户对特性 X、专业化设计及首页横幅的积极反馈。同时发现了以下4个问题。

- 80% 的用户抱怨 Y 特性缺失。
- 60% 的用户没有注意到"注册"链接。
- 60% 的用户在注册流程中遇到困难。
- 40%的用户不理解我们的宣传语。

根据这些反馈改进产品并进行第二轮用户测试之后,我们切实希望能够在以下三个方面取得进展以提高 PMF。首先,我们应该从更高比例的用户那里听到更多积极的反馈,特别是那些与我们的价值主张相关的反馈;其次,我们不应该再听到前几轮的那些负面反馈。记住,新一轮的用户从未见过产品的早期版本。所以没有一个新用户会告诉你"修复……问题的工作做得不错"。相反,你可以通过沉默来衡量这种进展——没有听到你在前几轮中听到的抱怨;再次,衡量进展的标准在关键评分之中。你应该看到用户对价值和易用性(以及任何其他关键指标)的评分在各轮测试后得以提升。

9.12 可用性与产品—市场匹配

在你进行用户测试时,区分可用性和 PMF 反馈至关重要。可用性反馈与用户理解和使用产品的难易程度有关,而关于 PMF 的反馈则与用户认为产品有多大价值有关。你会注意到,在表 9-1 的底部,我为这两个属性各设计了一个评分问题。

在 MVP 的设计初期,你可能会收到很多用户的反馈,说 UX 需要改进。在这种情况下,糟糕的可用性往往会让用户无法看到产品所提供的全部价值,有些 Bug 也会阻碍用户感知产品价值。此外,不能与用户产生共鸣的市场宣传信息也会招致不满。

当你消除了这些不满意的因素之后,产品价值就能更好地体现出来,你就能更准确地了解 PMF。产品改进可能会使用户很容易通过测试，且不会遇到任何可用性问题。然而，你不应该从这些结果中推断出你已经做到了 PMF。你仍然需要通过询问他们对产品的价值感知来明确地评估 PMF。

我参与打造过一个为用户实时推送定制化新闻的产品，对这个过程深有体会。在对我们粗糙的线上产品 MVP 进行第一轮测试时，用户给出了许多关于可用性问题的反馈。我们也在测试中发现了一些错误和不明确的信息。在修复了这些问题之后，我们在第二轮测试中听到了较少的问题，当然我们也随即修复了。在第三轮测试中，用户测试进行得更顺利了。大多数用户流畅地通过了测试，没有任何问题，这让我对产品的进步感到十分兴奋。

我试着在每次测试结束时询问用户，问他们是否会选择使用我们的产品。尽管测试进行得很顺利，但还是有大约 20% 的用户说不会使用它。这个结果让我很吃惊，主要是因为测试进行得很顺利，没有太多的负面反馈。另外，我们测试的大多数用户都对个性化的新闻产品展现出了一定的兴趣，所以我认为他们很符合我们的目标客户特性。然后我问那 20% 的人为什么不愿意在未来继续使用我们的产品，我才发现原来有一部分细分用户对以某种特定方式获取新闻有强烈的偏好。这是一个至关重要却未被意识到的洞察，从此我开始在访谈开始时就先用探索式问题来询问人们喜欢如何获取感兴趣的新闻。我发现，人们有三种完全不同的方式来获取新闻，而我们的产品设计只与其中一种方式最能产生共鸣。知道了这一点，我们对市场就有了更多的理解。在线新闻是一个拥有大量受众的主流消费产品，因此，市场似乎自然会包含具有不同偏好的细分市场。团队一致认为，一个试图强调全部三种不同方式的设计是不切实际的，它只会使这三类用户都对我们感到失望。因此，我们用掌握到的信息再来完善我们的目标客户定义。

通过这个例子可以看出，可用性问题是怎样妨碍你去评估 PMF 的，以及良好的可用性并不意味着你有完美的 PMF。它还展示了用户测试如何帮助你验证和完善你之前的假设（在这个例子中是对目标客户是谁的假设）。

用户测试是精益产品工具箱中的一个强大工具。如果做得好，你就可以在 PMF 金字塔的多个层次上得到非常有价值的反馈：潜在需求、价值主张、MVP 特性集和用户体验。然而，更需要注意的是，用户测试在本质上是基于你与正确类型的用户进行交谈这一假设。你要确保与你交谈的用户在目标市场范围内，这一点非常重要。你可以很好地定义价值主张和 MVP 特性集，设计一套惊艳的可点击线框图，并完美地运行测试。然而，如果与错误的用户类型交谈，你将无法得到需要的数据。事实上，你可能会得到一些垃圾数据，这些数据与目标客户会告诉你的有很大的不同。根据错误的用户类型得到的数据来迭代 MVP，可能会将你指引到错误的方向——走向悬崖，而不是走向 PMF 的应许之地。

如果用户测试显示，虽然你克服了主要的可用性问题，但仍旧没有实现 PMF，你可能就需要重新审视你对价值主张、MVP 或 UX 设计的假设。同样，你也可能需要重新审视你对目标客户的假设，对这种可能性也要保持开放的态度。

下一章，我将讨论如何根据用户测试中获取的数据改进候选 MVP，以及如何通过快速迭代来实现 PMF。

第 10 章

通过迭代和转型来优化产品—市场匹配

上一章已经详细介绍了应该如何通过用户测试来评估 MVP 的 PMF。这一章则是关于每一轮测试之后应该做什么。精益方法的核心就是要快速地学习和迭代,这意味着每获得一轮反馈后就要对假设和 MVP 进行迭代,以便提供新版本给用户再次测试。这一章将指导你应该如何通过每一轮用户测试来不断提高 PMF。

10.1 "构建—评估—学习"循环

埃里克·莱斯在他的《精益创业》(Lean Startup)一书中介绍了关于迭代学习的概念。他的"构建—评估—学习"循环(Build-Measure-Learn Loop)帮助很多人理解了迭代和验证性学习的重要性。但是,在观察了一些对该循环的讨论和实践之后,我认为有一些细微之处值得商榷。

首先需要重点澄清的是:"构建"并不意味着你需要真正开发出一个产品,设计出一套可点击的线框图给用户测试也完全可行。简单点说,"构建"就是可以拿来给用户测试的东西,可以是一个已经上线的产品,也可以是设计稿,如线框图或视觉稿。"设计一些东西来测试"是一个更通用、更准确的描述,所以我更倾向用"设计"这个词来表述这个步骤。该步骤的目标是:识别出能让你验证假设的东西并以最少的资源设计出来。

"评估"意味着定量的数据,但需要注意,"评估"并非只能依赖定量。很多人喜欢通过定量数据进行验证,如果能做到这点当然很好,但A/B测试不是检验假设或获得洞察的唯一途径。所有通过洞察用户获得的信息都属于"评估"。即使定性测试没有统计显著性,但它的结果也属于"评估"。关键的一点是:要通过用户来测试你的假设。因此,用"测试"来概括这个步骤会更准确。

"学习"这一步很有意思,实际上这一步包含了两件事:第一,你会从每一轮的测试结果中获得新的东西;第二,你会用学到的东西来修正你测试过的假设。把"学习"拆分成"学习"和"假设"两个不同的步骤会让事情更加清晰。事实上,你停下来琢磨琢磨就会发现,这整个过程并不是从"构建"开始的,而是从提出一些假设开始的。如果没有假设,那么"构建"也就无从谈起。

10.2 "假设—设计—测试—学习"循环

基于上述原因，我把"构建—评估—学习"循环改进成"假设—设计—测试—学习"循环（Hypothesize-Design-Test-Learn Loop），如图 10-1 所示。

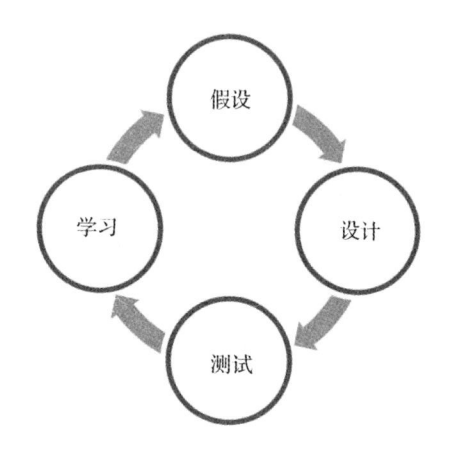

图 10-1 "假设—设计—测试—学习"循环

在这个循环中，你会来回穿梭于问题空间和方案空间。先从"假设"开始，提出关于问题空间的假设；在"设计"步骤中，你会确定测试假设的最佳方式，然后根据假设创造设计原型或产品，这样我们就从问题空间来到了方案空间；在"测试"步骤中，你会将产品或原型展示给用户，并进行观察，这样我们就开始验证性学习了（"学习"步骤）。验证性学习会帮助你修改和优化假设，从而完成这个循环。优化后的假设会给下一轮迭代指明方向。总结一下：向用户演示在方案空间产出的产品或设计原型，并寻求他们的反馈，可以测试并改进你对问题空间的认知。

学习速度越快，就越能快速地提供新的用户价值，并提升 PMF。但是，学习只是这个过程中的一步。为了获得新的洞察,你必须不断重复整个循环。如果把这个循环想象成大富翁游戏板,那"学习"就是每次都会通过的起点位置。在游戏中,每次通过起点都可以获得 200 美元;而在精益产品开发流程中,你获得的是有效洞察。"学习"和"假设"的步骤往往能很快完成,所以完成整个循环的速度通常受制于设计和测试的速度。

建议你参照 PMF 金字塔(如图 10-2 所示)去不断验证、推翻假设,并形成新的假设。你需要把每一条假设和金字塔中的层级对应起来。每一层假设都基于其下一层的假设。修改金字塔塔尖的假设比较容易,而修改金字塔塔基的假设就可能会对塔尖的假设产生重大影响。例如,优化一个页面的 UX 设计、提高其易用性,影响不会太大。相反,如果你的价值主张认为某项客户利益并不重要,但从用户调研中了解到,该客户利益实际上非常重要。这时就需要改动你的价值主张,而价值主张的变动将影响到 MVP 特性集和 UX 设计。因此,在用户测试之后,需要先着手解决位于金字塔塔基的问题。如果能证实这些问题已经解决,那么就可以专注于金字塔上层问题的处理了。

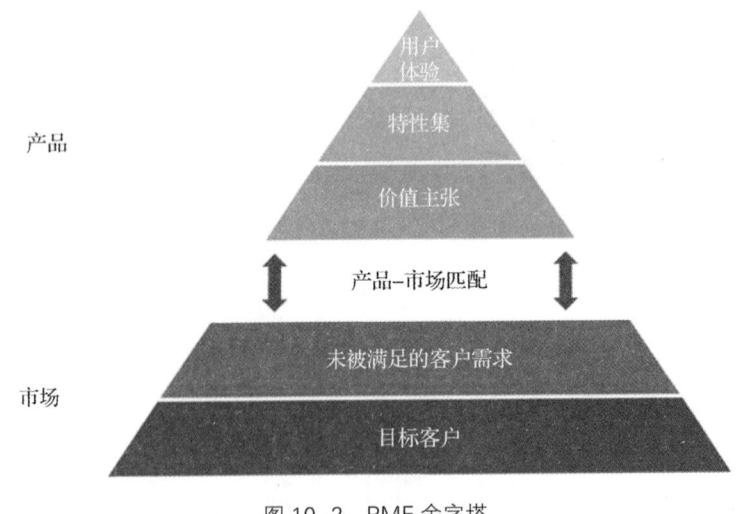

图 10-2 PMF 金字塔

10.3 迭代用户测试（Iterative User Testing）

正如第 9 章所提到的，每轮用户测试都会为你提供关于 MVP 的宝贵信息。每轮测试结束后，产品团队一起及时总结并分享洞察成果是非常有益的。我建议使用表 9-1 这样的表格来记录每轮用户测试的关键结果。

每轮测试结束后，你都要查看所有的用户反馈，看看有多少人给出了相同的反馈，可以用百分比的方式表达正面或负面的反馈，这可以帮助你确定 MVP 迭代的优先级。如果全部或大部分用户都提出了同一个问题，那么这个问题就应该被优先解决；如果只有一两个用户提到同一个问题，那么该问题的优先级就相对较低。你需要确认在下一轮测试前应该解决哪些问题。

10.3.1 第一轮测试

让我们继续第 9 章介绍的例子。首先，我们将第一轮测试中 5 位用户的测试结果汇总到一列中，结果如表 10-1 中的"第一轮"这一列所示。为了简化示例，我删掉了正面的反馈。第一轮测试中出现了四个问题：

- 80% 的用户抱怨 Y 特性缺失。
- 60% 的用户没有注意到"注册"链接。
- 60% 的用户在注册流程中遇到困难。
- 40% 的用户不理解我们的宣传语。

表 10-1　多轮用户测试的跟踪结果

特性集	第一轮	第二轮	第三轮	第四轮
－抱怨缺少 Y 特性	0.8	0	0	0

续表

	第一轮	第二轮	第三轮	第四轮
– 认为X特性和Y特性应该一起使用	N/A	0.8	0	0
用户体验设计				
– 没有看到"注册"链接	0.6	0	0	0
– 注册流程有困难	0.6	0.4	0	0
– Y特性非常难使用	N/A	0.8	0.4	0
信息传递				
– 不理解我们的宣传语	0.4	0	0	0
有多大价值？（1~10）	7	8	9	9
使用起来有多方便？（1~10）	5	6	7	9

让我们来看看第一轮测试中的问题。Y特性的缺失属于MVP特性集选择方面的问题。事实上，我们之前已经认为Y特性很有价值，并准备在后续的版本中添加它，却没有意识到它在MVP中是不可或缺的。既然已经从用户那里了解到他们很看重这个特性，我们决定把它加入到MVP中。我们的设计师对Y特性进行了设计，并把它加入到了设计原型当中。

相当一部分用户没有注意到"注册"链接，这是一个视觉设计问题。为了解决这个问题，我们的视觉设计师把"注册"链接放到了一个更显眼的位置，并将其放大，做成了按钮的模样，同时使用鲜明的颜色加以凸显，并对设计原型做了相应的修改。

注册流程中的困难属于交互设计问题。我们的交互设计师对注册流程进行了调整，以解决用户遇到的问题，同时更新了设计原型。

而大部分用户无法理解我们的宣传语则是信息传递问题。这说明措辞并没有表达出我们想要表达的意思，宣传语也没能传达我们能给用户带来的与众不同的价值。经过一番头脑风暴后，我们集思广益，确定了新的宣传语，并相应地更新了我们的设计原型。

10.3.2 第二轮测试

现在我们已经解决了第一轮测试中发现的 4 个问题，接下来就要进入第二轮测试了。我们通过另外 5 位用户来测试新线框图，结果见表 10-1 中的"第二轮"列。在添加了 Y 特性之后，我们可以看到抱怨 Y 特性缺失的声音不再出现了，这表明产品有进步了。我们还发现，第二轮测试中的 5 位用户都注意到了"注册"链接，这是另一个很大的优化成果。

然而，仍然有 40% 的用户抱怨注册流程很复杂，尽管我们已经对其进行了重新设计。这种情况是正常的，因为当你第一次根据用户的反馈修改产品时，不一定能做到尽善尽美。在第二轮测试中，我们看到用户不再遇到第一轮测试中的一些用户体验问题，但我们对之前的一个用户体验问题的修复并没有想象中那么好。另外，我们看到几个新的设计元素也存在一些小问题。基于此，我们决定召开一次跨职能的团队会议，分享在注册流程中看到的问题。大家集思广益，找出可能的解决办法，并确定最佳方案。最终，我们提出了一种更简易的注册流程，并将其纳入新版本的设计原型中。

我们还看到，新的宣传语没有出现第一轮测试时发现的问题，这让我们为之振奋！亲眼看着一个问题基于新的洞察改进后，用户反馈的频率由高变为零，这种感觉真的太棒了！这通常意味着你已经充分解决了这个问题，可以转而专注其他问题。

问题解决之后，你可能会在更新后的 MVP 中发现新的问题。例如，第二轮测试的用户对我们的 MVP 中有 Y 特性感到满意，但 80% 的用户认为这个特性很难用。我们讨论了用户具体遇到的可用性问题，并提出了一个改进 Y 特性的设计方案，也相应地更新了设计原型。

我们还惊讶地发现，80%的用户都希望Y特性与X特性能够一起使用——因为我们是把Y作为一个独立的新特性来添加的。事后看来，我们从用户那里获得的这两个特性应该协同工作的反馈是非常有意义的，这让每一个特性都变得更有价值了。我们修改了这两个特性的设计，并更新了设计原型。

我们应该看到，随着迭代的进行，用户反馈问题的严重性和数量都在降低。在这个案例中，从第一轮测试到第二轮测试，我们成功地解决了三个问题（Y特性、"注册"链接和宣传语）。我们试图解决注册流程的问题，但还没有完全成功。我们还发现了两个新的问题：Y特性难以使用，且它应当与X特性一起使用。

我们还应看到，产品总体的评分随着迭代有所提高。在这个案例中可以看到，我们的价值评分从7分上升到8分——很可能是由于Y特性的增加；而易用性评分从5分上升到6分，可能是因为我们优化了"注册"链接，以及改进了部分注册流程。

10.3.3 第三轮测试

基于从第二轮测试中获得的洞察和更新后的设计原型，我们准备开始第三轮测试了。我们对另外5位用户进行了测试并得到了表10-1中"第三轮"这一列。因为没有收到任何关于X特性和Y特性不能一起使用的负面反馈，所以在这方面我们达成了目标。我们看到，在第二次尝试重新设计注册流程后，5位用户都完成了该流程，且没有抱怨遇到困难，这表明我们取得了重大的进展。而对Y特性，即使重新进行了设计，仍有40%的用户认为它很难使用。对比之前的80%已经好一些了，但我们仍需对其改进，因为这是一个重要的特性。

随着对产品的改进，我们的价值评分增加到了9分，易用性评分也升到了7分。与最初的MVP相比，我们已经取得了很大的进步，不再收到关于特性缺失的反馈，并且所传递的信息也更加有感染力。我们得到的主要反馈是需要改进UX设计，这在产品的早期是很常见的。为了让例子更容易理解，我只列举了少量的主要反馈问题。当我们进行用户测试时，也会收到大量的次要问题反馈。我们也应该把它们加入到改进列表中。通过"假设—设计—测试—学习"的循环迭代，我们将会看到PMF能够更好地实现。

10.3.4　第四轮测试

我们决定进一步改进Y特性的设计，让它更容易使用，并进行了第四轮测试。从表10-1的"第四轮"这一列中看到，在这一轮测试中没有人抱怨Y特性难以使用，也没有发现任何新的大问题。我们的价值评分保持在9分，易用性评分也提高到了9分。

到目前为止，我们对MVP设计已经比较满意了，这时候就可以进入产品流程的下一个步骤了。如果用户测试的产品是高保真的（如用InVision制作的可点击视觉稿），我们将进一步构建MVP。如果测试的原型是低保真的（如可点击的线框图），我们则可以进一步做可点击的视觉稿。某些情况下，如果对设计非常有信心，并且认为在视觉设计之后跳过用户测试不会有太大的风险，我们可能会选择跳过高保真设计而直接进行开发。如果是在现有的产品上增加新的特性，并且已经有了一个便于参考的视觉样式规范，这种情况下我们就可以跳过高保真设计步骤了。

没有什么硬性规则来确定你是否已经"足够充分"地验证了MVP。总会有到达边际效用递减的临界点而成为过度测试的风险。你应该避免过度测试。相反，如果你在进行足够多的验证之前就发布产品，可能会让设计师和程序员在后续痛苦地返工。因此，你要做好平衡。然而，某些时候，小鸟也需要离巢历练；也就是说，你需要停止测试设计原型，建立 MVP。这是一个令人兴奋的过渡，你能通过实物产品为用户提供更真实的价值，同时你也能够进入产品测试的下一阶段。

用设计原型进行测试对验证你的假设和确保实现 PMF 是很有价值的。如果能用实物产品进行测试就更好了。当你测试设计原型时，用户会告诉你如果产品上线了他们会如何做。但是，用户说他们会做什么和他们实际做什么可能是完全不同的——用户行为在任何时候都胜过用户意见。此外，实物产品拥有最高的保真度。低保真原型会缺失一些最终产品所包含的细节。而构建产品的过程，也可能会导致产品与设计原型有偏差。

打造了实物产品后，最好再进行一轮测试去验证你的想法。与上一次的设计原型相比，希望这次产品测试的 PMF 能够与前者一样甚至超越前者。否则，就需要继续通过"假设—设计—测试—学习"的循环来迭代已上线的产品，直至实现这一目标。许多公司在这个阶段会使用内测版本，以便在产品准备好进入市场之前，只有少量的用户能看到。

10.4　坚持还是转型

我们已经描绘了一幅相当美好的画面。当然，这需要一轮又一轮的迭代和努力，但你最终会实现 PMF，对吗？不幸的是，许多团队没有这种经历。当他们对用户进行测试时，并没有得到有用的反馈。他们尝试迭代，却苦于无法从用户那里获得所需的信息。

在我所描述的道路上，你也许会遇到许多麻烦。你的假设可能是不正确的，或者即使假设是正确的，但你在设计、创造或营销产品时的执行也可能不足。当你发现在迭代过程中难以取得进展时，最好停下来重新审视问题，与团队一起头脑风暴，讨论所有可能出现的问题。把每个问题都映射到图 10-2 中 PMF 金字塔的相应层后，你可能会发现，你正在一个比真正的问题更高的层面进行迭代。例如，如果你对目标客户的假设是错误的，迭代 UX 设计不会有太大的改变。你要从金字塔的底层开始向上思考，直到发现哪些假设是错误的。

改变一个主要假设的过程被称为转型（Pivot）。较之计划中的迭代而言，转型意味着更重大的变化，并且是方向上的转变。例如，换成完全不同的目标客户便是一种转型，改变价值主张中的差异化因素是一种转型，但对 UX 设计进行调整并不是转型。

市场上有很多成功转型的例子。照片分享网站 Flickr 起始于"无尽梦魇"（*Game Neverending*），这是一个网页版的大型多人在线角色扮演游戏，主打社交互动。在该公司增加了一个可以在网页上轻松分享照片的插件后，他们发现用户非常喜欢使用该插件。于是这家公司开始转型，在 2004 年 2 月推出了照片分享网站 Flickr，并取得了惊人的增长，最终在 2005 年 3 月被雅虎收购。

照片分享应用 Instagram 最初来自"Burbn"，这是一款用 HTML5 制作，结合了分享地理位置的应用 Foursquare 和游戏《血战黑手党》（*Mafia Wars*）元素的社交应用。将 Burbn 作为一个原生的 iPhone 应用重新开发后，联合创始人觉得它的功能太多，显得很杂乱。他们决定从头开始创建一个新的应用程序，除了照片、评论和点赞的功能外，砍掉了其他所有功能。他们在 2010 年 10 月推出 Instagram 后业绩斐然，并在 2012 年 4 月被脸书以大约 10 亿美元的价格收购。

精益产品开发流程中最困难的抉择是选择继续坚持原计划，还是转向新的机遇，或者是完全放弃。让我们先抛开最后一个选项。你没有足够的时间来实现 PMF，资源限制通常会导致你的时间受限。初创企业在盈利之前，都必须依赖外部投资。如果你没有实现PMF，或者没有朝着这个目标取得重大进展，那么要筹集下一轮的投资就会很困难。即使在一个成功企业内，新产品也有固定的预算以及取得进展的时间表。

我见过一些初创企业，它们似乎总是在调整方向。你不应该在每次遇到困难时就改变方向，也不应该朝三暮四地追逐某个突发奇想的点子而放弃正在做的事情，也就是所谓的新奇事物综合症。我经常开玩笑说，如果你已经转了三次，那么你的方向就与开始时相反了。另一种极端是那些不撞南墙不回头，不退一步重新评估的人。

如果还有预算和时间，你是决定坚持下去还是转型？如果在经过几轮迭代之后，还没有在PMF上取得进展，你就应该考虑转型。或者尽管你做了最大的努力，你的目标用户对MVP还是不感兴趣，就应该考虑转型。换句话说，如果你还没有找到一个对MVP非常兴奋的用户原型，那么就应该考虑转型。

转型的最佳方式有时会在你的测试中逐渐清晰起来。例如，你可能会发现价值主张中不太重要的部分是最能引起用户共鸣的。在这种情况下，你应该砍掉其他部分，把精力集中在这一部分。或者你可能发现你的目标市场由不同的细分市场组成，并了解到其中一个细分市场确实很适合你的某些价值主张。

图10-3用爬山的比喻来解释PMF和转型。你从第一座山的底部开始，它代表了基于目标市场和价值主张的假设所追求的市场机会。你爬得越高，产品与市场的匹配就越强。在第一轮测试之后，你得到了很多洞察并改进了产品。在第二轮测试中，你提高了PMF，但你此时获得的进展要小得多。你的产品比开始时好了很多，但还没有达到足够高的PMF。你在接下来的两轮测试中尝试了不同的方法，但似乎没有任何进展。

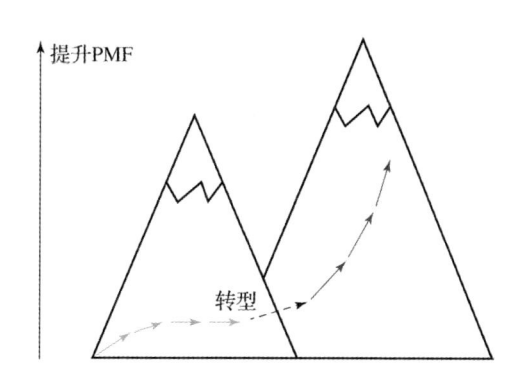

图 10-3　实现更高产品 – 市场契合度的转型

在用户测试过程中，你发现了隔壁第二座山所代表的市场机会。第二座山比第一座山更高，因为创造的市场价值更大。你决定修改假设，转而去追求这个新的市场机会。通过"假设—设计—测试—学习"的循环进行迭代后，你在第二座山能够达到更高程度的 PMF。

这个比喻提醒我们，在迭代过程中，要注意你正在攀登的山峰有多高（产品与市场匹配的程度）。试着在每一轮用户测试之后衡量提升率（产品与市场匹配度的提高）。如果感觉没有什么进展，试着寻找其他上山路径（重新审视和修改假设）。如果做完这些之后仍然没有取得明显的进展，那就停下来重新考虑你所在的山（目标客户和价值主张的假设），并在周围寻找其他可能更容易攀登的山（其他市场机会）。选择新的一座山（转型），并尝试爬上那座山（迭代到更高的 PMF）。

在结束本书第二部分之前，我将在下一章分享一个精益产品开发流程的详实案例，在这个案例中，我经历了第一轮用户测试后的转型。我将带你了解我的转型决定，并展示如何通过调整实现更高的 PMF。

第 11 章

一个完整的精益产品案例分析

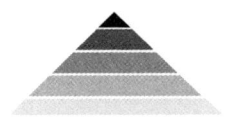

前面的章节已经详细描述了精益产品开发流程的六个步骤，接下来我会通过一个实战案例来进一步验证我的理论。我在很多演讲和研讨会上都分享过这个案例，很多观众听完都表示，这个完整的精益产品开发流程实战案例非常有帮助。

11.1　MarketingReport.com

我之前有个客户，想要我们帮助定义并评估他的新产品——MarketingReport.com。他们公司已经有了一个比较成功的消费类网站，现在想做一个新的网络服务，以探索潜在的市场机会。在这个项目中，我和公司的两位高管以及一位 UX 设计师进行了比较紧密的合作。

这项新服务的想法聚焦在产品推销、活动大促等直邮广告上，因为很多人都有这方面的困扰，如很多人都不喜欢收到一些没有实际意义的直邮广告。高管们对直邮广告行业也有一定了解，清楚地知道邮件是根据用户的营销数据库定向发送的，比如你可能会收到宠物连锁店的猫砂优惠券，这是因为数据库显示你有（或者可能有）一只猫。

新产品就旨在解决这个问题，让数据库对用户透明化，同时用户可以修正个人信息以使数据库更准确。这样一来，如果我养的是狗，而不是猫，我就可以自行更正数据库信息，这样就会收到狗粮优惠券而不是猫砂优惠券了。高管们发现这个过程其实和信贷行业非常类似。每一天，很多与信用相关的决定都是基于人们的信用评分做出的。但是在信用报告服务出现以前，很少有人知道信用分是怎么算出来的，只知道信用价值与自己信贷历史的"后台数据"有关。他们可能在申请贷款的时候惨遭拒绝，却不知道其中的原因。不准确的历史支付数据就可能会给申请贷款的客户带来负面影响，比如一笔贷款实际已偿还，但"后台"数据却仍记录为未偿还。信用报告服务做的就是把信息透明化，让用户能够看到信用分背后的数据，去更正不准确的地方。MarketingReport.com 对个人营销数据的作用也是如此。

这项服务最初的设想是免费提供服务，然后利用服务所产生的营销数据变现。要创建一个丰富又准确的个人资料库需要让用户能访问数据，可以更正数据，同时还要提供给用户一些额外信息。所以，关键的一点就是要定义一项服务，并让用户愿意使用。

11.2　步骤 1：确定你的目标客户

回想一下，精益产品开发流程的第一步就是确定你的目标客户。大家早有共识，这就是一个面向主流消费者的产品。由于步骤 1（目标客户）和步骤 2（客户需求）密切相关，所以我们没有再缩小目标市场假设，而是直接将主流消费者作为目标人群。等到后续对客户利益的传递有更多了解之后，再进一步完善目标客户假设。

11.3　步骤 2：识别未被满足的客户需求

接着我们开始第二步：识别未被满足的客户需求。关于这项服务的核心价值，两位高管已达成共识，即让客户清楚数据库知道自己多少信息。但除此之外，对服务具体还应该有什么内容，大家的意见各不相同。所以，我们进行了头脑风暴，列出了一长串不同的潜在客户利益，其中包括以下五条：

- 推送感兴趣的优惠活动。
- 减少无关的垃圾邮件数量。
- 洞察我的消费行为。
- 与消费偏好相似的用户进行互动。
- 通过我的授权营销数据变现。

为了确定聚焦到部分客户利益上，我们想出了一套评估标准，以此判断每个利益点的价值，其中有一些是正向评估标准，有一些是负向的：

- 客户需求强度（＋）。
- 所获得的营销数据的价值（＋）。
- 竞争程度（－）。
- 搭建第一版产品耗费的精力（－）。
- 规模化耗费的精力（－）。

- 与公司品牌的匹配度（+）。
- 团队人数依赖度（-）。

根据这套评估标准，我们对每一个客户利益点进行了打分，剔除掉一些不够打动人的点。最终，上面列举的第 1~4 条客户利益被纳入下一步考虑的范围。

11.4 步骤 3：定义产品价值主张

在这一步，需要确定在上述客户利益中，哪些在我们设想的产品范围内，哪些不在，从而巩固我们的价值主张。所以，我带着高管们进行了一项练习，为我们的产品绘制问题空间，如图 11-1 所示。

问题空间

- 减少垃圾邮件
- 保护树木
- 弄清楚数据库知道我多少信息
- 购物时更省钱
- 洞察个人消费行为
- 与消费偏好相似的用户进行互动

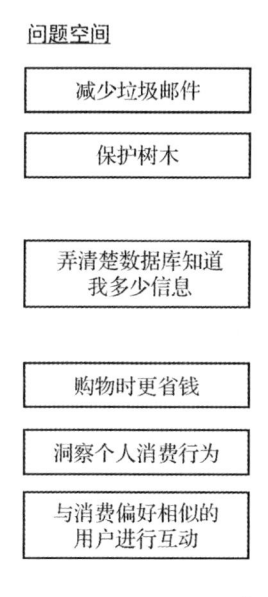

图 11-1　MarketingReport.com 最初的价值主张

我们把相关的利益组合在一起。其中，核心利益点是弄清楚数据库知道我多少信息；第二组利益（顶部）包括减少垃圾邮件和保护树木（保护环境）；第三组利益（底部）包括购物时更省钱、洞察个人消费行为以及与消费偏好相似的用户进行互动。

如果将问题空间图上的三组利益集中到一个产品中就未免过于贪大求全了。而且，由于顶部和底部利益组差异很大，就算把这些利益点集成在一个服务上，整体看起来也有些别扭。另外，两位高管的偏好也不一样，一位喜欢顶部利益组合，另一位更喜欢底部利益组合。但我觉得顶部和底部的组合都很好，所以我建议创建两个不同的产品概念，分别承载这两种不同的价值主张。第一个概念叫"营销盾牌"（Marketing Shield），由上面的两个利益组构成。另一个概念叫"营销储蓄"（Marketing Saver），由下面两个利益组构成。高管们也认同了这种方式，因为每一个概念里都囊括了核心利益点——让客户能够发现直接营销数据库是如何描述自己的，但范围又不会过于宽泛。

在第5章，我建议大家结合自身产品竞争力，用KANO模型去阐述产品价值主张，把每一个利益点归类为基本型、期望型或兴奋型。目前我们所提出的核心利益点——"弄清楚数据库知道我多少信息"在市场上是空缺的，所以将其视为兴奋型利益。而市场上已经有产品在提供优惠活动，所以视其为期望型利益。同样，虽然市场上有社交媒体类产品，但并没有完全聚焦于购物，所以也视其为期望型利益。由于市面上还没有产品帮消费者做财务比对，所以这一点视为兴奋型利益。在"营销盾牌"面前，减少垃圾邮件也是一种兴奋型利益。而市场上已经有很多保护环境的方式了，所以"保护树木"是一种期望型利益。

11.5 步骤4：明确MVP特性集

现在已经有了两种概念的价值主张，接下来讨论方案空间。我们在头脑风暴后列出了每个产品概念所确定的功能特性，如图11-2所示。

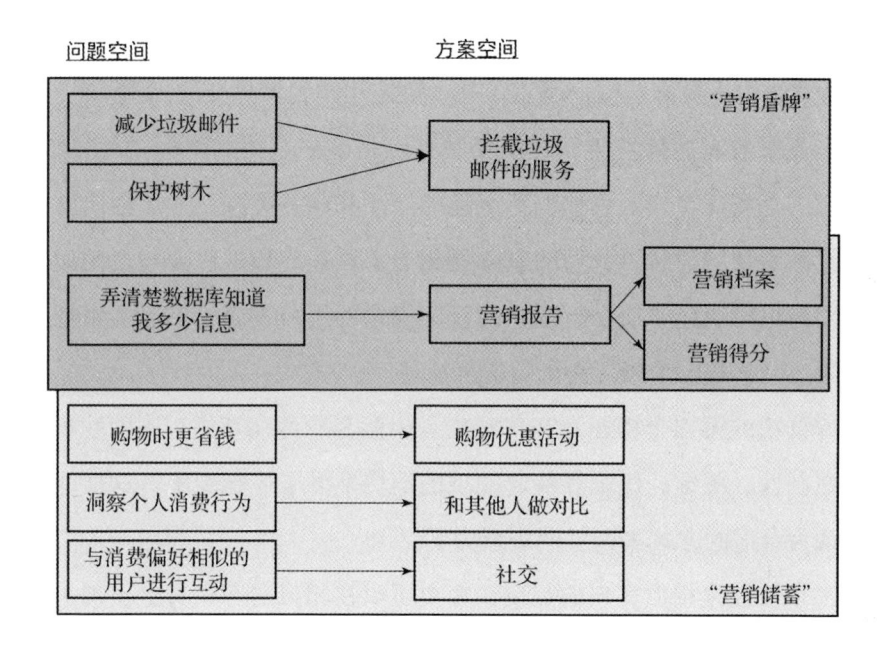

图 11-2 营销盾牌和营销储蓄的特性

对应"弄清楚数据库知道我多少信息"这一核心利益的主要特性是营销报告。随着时间的推移，与营销相关的客户信息逐渐积累，这些信息最后都会汇集在营销报告中。该报告来源于客户的消费数据和他们对问卷调查、邮件、电话的反馈数据。我们的想法就是让客户知道营销数据库中他们自己的信息。

我们所设想的营销报告包含两个关键部分：营销档案和营销得分。营销档案是根据直销公司所使用的消费者细分群组进行分组，每个群组都有一个醒目的描述性名称，如"年轻的计算机专家""足球和SUV""乡村退休人员"等，而且群组均根据核心人口统计数据进行划分，如年龄、婚姻状况、房屋所有权、子女以及邮政编码。营销人员将根据这些资料为人们提供对应服务。

在信用得分的概念中，一个数字即代表了一个人整体的信用价值。类似地，我们重新发明了一个营销得分的概念，用一个数字代表一个人对营销人员的整体吸引力。信用得分越高，能获得的利率越好；同理，营销得分越高，能获得的优惠也更多更好。我们确定了几个决定用户营销得分的因素。

我们先来看看底部群组，其主要利益点是客户获得购物折扣等省钱机会。我们的想法是先让客户设置他们感兴趣的产品和服务类型，然后他们就可以收到相关优惠活动的消息。我们的服务就相当于在客户和推广公司之间做一个媒介。底部群组将会包含以下特性：能设定偏好的用户界面、供应商市场、匹配逻辑、通过网站和电子邮件提供的优惠活动。

底部群组的第二个特性是客户对比。相似客户可以互相对比消费模式，看看自己在餐饮、服饰、娱乐等特定领域的消费是多了还是少了。这样他们就能按照自认为合适的方式去调整消费行为了。

第三个特性是相似客户的互动，客户可以在相似的客户身上发现一些新产品或超值优惠。社交网络在当时比较热门，所以我们也想尝试做一些与网购相关的社交功能。

顶部群组的特性主要是一项阻拦垃圾邮件的服务，这个特性解决了"抵制垃圾邮件"和"保护树木"这两个利益点。我们计划通过一款绿野仙踪式MVP，让客户手动填写并提交"不要邮寄"的请求。如果有必要，我们最终会过渡到一个更自动化的方案。

11.6　步骤 5：创建 MVP 原型

确定特性集后，就进入了第 5 步——设计一些组件来实现这些特性。我们希望在开发之前先和用户一起测试，所以决定使用中等保真度视觉稿。视觉稿在颜色、字体、图形和风格上都极具视觉设计感，可以有效向用户展示产品，但没必要追求视觉过于完美。

我们从思考并确定产品结构（信息架构）以及用户体验流程（交互设计）开始。客户会先收到一封电子邮件，邮件里阐述了我们的服务，并写着"查看您的营销报告"，上面附有一个落地页链接，进一步描述了该服务，另外，还有一个关键跳转按钮——查看报告。在电子邮件中，每个客户都会被分配到一个独立编号。点击"查看报告"后，跳转到"验证信息"页面，上面罗列了客户的姓名、地址、婚姻状况、家庭收入范围和其他关键人口统计信息。此页面向客户展示了营销数据库中的信息，并允许他们更正不准确的地方。点击"继续"后，跳转到营销报告页。

营销报告页是产品的主页，用户在完成新用户引导流程后便可进入。它实际上是一个控制面板，"营销盾牌"和"营销储蓄"两个产品概念共用一套页面设计，只需根据差异点更换几个不同的模块即可。在这两个产品概念中，控制面板上都包含了"营销档案"和"营销评分"这两个模块，因为这些是产品的核心特性。其他模块因产品概念而异："营销盾牌"版本有一个"拦截垃圾邮件"模块，"营销储蓄"版本则有省钱优惠、用户对比和社交网络模块。

营销报告页面也是用户导航页面，用户可以点击不同模块进入到更详细的页面。例如，省钱优惠的活动页上，用户可以选择感兴趣的产品和服务类型，像度假、电子产品等。"拦截垃圾邮件"页面上列出了很多邮件类别，用户可以选择他们不想收到的邮件类别。另外，用户还可以在这个页面追加"优质营销盾牌"付费服务，进一步减少垃圾邮件数量，加强营销档案数据保护。除了这个升级付费服务外，"营销储蓄"和"营销盾牌"的服务都是免费的。

11.7 步骤 6：与用户一起测试 MVP

视觉稿完成之后，接下来就到第 6 步了：与用户一起测试 MVP。需要注意的是，在招募测试用户之前，要先重新审视并完善目标客户的定义。由于我们设计了两个不同的 MVP，而每一个 MVP 都有自己的价值主张，所以要为这两个 MVP 定义各自的目标客户。"营销盾牌"的目标客户仍然是主流消费者，但在这里我们需要将其进一步细化为对隐私高度重视的群体。同时，尽管"营销储蓄"的目标客户也是主流消费者，但也需要细分成对省钱行为及优惠活动极其敏感的群体。

11.7.1 在目标市场招募用户

经过一番讨论之后，我们最终选择了面对面引导式用户测试的方式，主持人自然是我啦。为了能够更快收集到数据，我会同时跟两三个用户一起沟通，而不是以一对一的方式进行。当时，我选了一家本地用户调研公司帮我们招募用户，并利用我给出的筛选条件进行初选。接下来我们就来一起看看这些筛选条件及其背后的设计原理。

首先，我想研究的是全职人员这一群体，他们每周至少能工作 30 小时，这样就可以确保他们会落在我们的目标市场当中。之所以这样设计，是因为失业或退休人员能来参与市场调研只是因为他们有足够的空闲时间，但他们并不能代表我们的目标市场。其次，研究对象应该至少是高中学历，与主流消费者保持一致。此外，我还招募了一些家庭总收入 4 万美元以上的人。他们每个人家里必须有一台计算机,且至少每周都会上网几个小时,因为我们的服务需要联网。最后,还要确保他们最近进行过网购,这样他们最终才能顺利地为我们的服务付款。所有这些要求都是为了确保这个人是一个正在工作的成年人,是网络服务目标市场上的主流受众。

然后,还需要辨别这个人在目标市场中是"储蓄者"还是"盾牌者"。我最终选了历史行为作为参考指标,来匹配用户和我们的这两个目标市场。由于省钱是"营销储蓄"的独特价值点,我还问了该组用户关于省钱行为的几个问题:

- 在过去 3 个月里,您是否使用过 3 张或以上优惠券?
- 您是 Costco 的会员吗?
- 在过去 6 个月里,您在 eBay 上购物过吗?
- 购物时,您总会花时间研究优惠以确保您找到的是最低价吗?

当受访者对上述问题的回答有两次及以上为"是"的时候,我们认为其位于"营销储蓄"这个目标市场上。

同样地,由于"营销盾牌"侧重保护隐私和安全,于是我问了该组用户和下列与主题相关的几个问题:

- 您是否要求过将您列入"请勿来电"名单?
- 您是否曾设置去电号码隐藏?
- 您家里是否有碎纸机?
- 在过去 6 个月里,您是否购买过杀毒软件?

当受访者对上述问题的回答有两次及以上为"是"的时候,我们认为其位于"营销盾牌"这个目标市场上。

如果两个细分市场都不属于，那么这个用户就不属于我们的目标市场。少数受访者会同时属于两个细分市场，因为这两个细分市场的标准并不互斥，一个人完全可以同时关心省钱和隐私。

假如受访者满足参与测试的条件，后续就需要提供住址、年龄、婚姻状况、子女数量、房屋所有权、家庭收入、教育水平、职业等信息。我们会利用这些信息为用户创建个性化"验证信息"页面的视觉稿，并根据该用户所属的细分集群，为他们定制个人"营销档案"。与使用通用型页面，完全靠用户自己发挥想象力相比，这种定制化视觉稿能够让用户在测试中有更真实的使用体验。事实上，大部分用户第一次看到这个页面的时候都感到很惊讶："你们是怎么得到这些信息的？"由此，我们成功地让参加测试的用户意识到了营销数据库真的十分了解"我"。而这正是 MarketingReport.com 的核心价值主张。

接下来，我们确定了用户调研例会的具体日期和时间。由于是与全职工作的人沟通，所以我们选择了下班之后的时间（下午6点到8点），更便于他们前来参加例会。很多公司常常犯这样一个错误，那就是为求方便而将调研时间安排在工作时间，假如你的目标客户在那个时间点方便碰面，那倒没关系，但是对大多数已经工作的成年人来说，在工作时间碰面还是不太方便。这样的话，进行测试的客户就会偏离目标客户，以至于无法真正代表你的目标客户。

为了提高日程安排的效率，我们在筛选受访者时会要求他们提供自己能参会的所有时间段，这样就能为他们每个人都做出最恰当的时间安排。用户调研公司也非常顺利地为我们在规划的所有时间段内招募到了客户。

11.7.2 用户测试脚本

在招募用户的同时，我还准备了一个时长90分钟的脚本用于用户测试。以下是脚本概要和时间安排：

- 1.介绍和暖场。（5分钟）
- 2.一般探索式问题。（15分钟）
  - （a）直销邮件。
  - （b）企业已有的关于你的信息。
  - （c）对比你与他人的财务状况。
- 3.产品概念相关问题。（共45分钟）
  - （a）与概念主题相关的探索式问题。（10分钟）
  - （b）对概念视觉稿的反馈。（35分钟）
- 4.评论：关于这款产品你最喜欢以及最不喜欢什么？（5分钟）
- 5.头脑风暴：什么能让这款产品更有用或更有价值？（10分钟）
- 6.关于产品名称的反馈。（10分钟）
- 7.致谢与道别。

为了检验脚本和视觉稿的效果如何，在正式进行用户测试之前，我先和同事进行了一次预演。基于这次预演，我们对测试用到的问题和测试视觉稿做了相应的调整，接下来就可以正式开展用户测试了。

接下来3天，我每晚都主持2次测试，每次安排3个用户，一次关于"营销储蓄"，一次关于"营销盾牌"。这样针对两个产品概念各安排9个用户。由于有2个用户失约，所以最终我们针对每个产品概念只跟8个用户进行了测试。由于我们为每个用户的视觉稿都进行了个性化设置，测试时还没有可点击的视觉稿，所以我们把每个视觉稿都打印了出来，每页1张图，然后按顺序放在每个测试用户面前，方便他们翻看。当用户浏览视觉稿时，我会按照测试脚本推进，依次翻转页面。

11.7.3 我们从用户身上学到了什么

测试进行得很顺利。用户们积极地参与并乐于表达自己的想法，我们收到了很多不错的反馈，这些反馈多到让我记满了整整 8 页纸。虽然最终的结论是：这两个产品概念都还不够吸引用户，但是用户给予的反馈还是让我们收获颇丰。

这两个产品概念共同的价值主张核心在于——弄清楚数据库知道我多少信息，而这一点的吸引力远远不够。用户觉得"营销报告"和"营销档案"比较有趣，但还不够吸引眼球。而"营销得分"对大部分人来说都有点难以理解，并且吸引力很低。

"营销储蓄"概念中的用户对比和社交网络这类特性没有吸引力，但用户确实喜欢省钱类优惠，这也是"营销储蓄"概念中最有吸引力的一点。减少垃圾邮件在"营销盾牌"概念中吸引力很大，保护树木作为次要利益点也是。但需要明确的是，"吸引力大"离达到用户痛点还有很长的路要走。用户对这次展示的东西还有很多疑问和担忧，但我相信我们可以利用测试收集到的信息避开很多问题，这样我们的下一个版本就会做得更好。至少我发现用户对这些利益点还是有足够的潜在兴趣的。

测试结束后，我拿出问题空间和方案空间图，如图 11-2 所示，给每个框填上绿色、黄色和红色，分别代表强吸引力、中等吸引力和低吸引力。查看结果时，我看到两个独立的绿色区域，即"营销储蓄"目标客户喜欢省钱类优惠，而"营销盾牌"目标客户喜欢拦截垃圾邮件功能。对这两个产品概念来说，他们的下一步规划都是十分明确的，我们只需要从中挑选要转型为哪一个。

11.8 通过迭代和转型来优化 PMF

虽然这两个截然不同的产品概念都对用户有着潜在的吸引力，但"营销盾牌"的吸引力显然更大一些，因为已经有很多网站为"营销储蓄"提供了省钱服务，如 coupons.com。用户不太清楚我们的服务与市面上已有的服务有什么区别，而且也不太愿意为这个服务付费，如果需要付费，数额也必须低于因此节省下来的钱。此外，和提供服务的公司签署协议还需要费不少力气，而且这项服务与公司的品牌形象也不太相称。

所以相比之下，我们还是认为"营销盾牌"更适合潜在的市场，用户似乎更愿意为减少垃圾邮件的功能付费。我们引入了为"优质营销盾牌"付费的概念作为升级选项。部分用户反馈说，如果这项服务在最初免费试用期间真的像预期的那样有效，后面他们是愿意付费使用的。当问及他们愿意为这样的服务支付多少钱时，一部分人表示只愿意支付少数金额，但这样的反馈并不多。同时，这个功能也与公司的品牌形象更契合。

11.8.1 转型

基于从刚刚的用户测试中获得的信息，我们决定放弃之前的核心价值主张——弄清楚数据库知道我多少信息，而把焦点转向拦截垃圾邮件的服务，并且暂时将其命名为 JunkmailFreeze。对下一步如何开展，我们设计了三套方案。第一个方案是建立一套新的视觉稿，和用户一起测试，然后构建产品；第二个方案是用 HTML 和 CSS 开发一个保真度更高的原型和用户一起测试，然后构建产品；第三个方案是设计和构建产品，但不再进行用户测试。

我们选择了第一个方案，因为 JunkmailFreeze 与我们的核心概念相去甚远，而我们已经对如何改进垃圾邮件拦截服务有了足够多的了解。再者，建立一份新视觉稿并且获取另一批测试用户也不会花太多时间。为了节省时间和成本，我们这次决定只与少量用户进行沟通。

11.8.2　基于我们学到的东西进行迭代

我们放弃了旧视觉稿,并开始重新设计一款聚焦于减少垃圾邮件并保护树木的新产品。我们为这个新 MVP 原型设计了一个非常简单直白的用户体验。先从朋友发的一封电子邮件"推荐信"开始,上面带有一个主页链接,点进去就能看到 JunkmailFreeze 服务的好处的详细介绍,除此之外,还有一个很大的"开始"跳转按钮和"了解更多"链接。点击"开始"按钮,就会出现一个简单的注册页面,用户需要输入姓名、住址、电子邮箱和密码。点击"注册"按钮,进入"我的账号",就可以设置他们不希望收到的垃圾邮件类别。此前的其他页面都是在阐述 JunkmailFreeze 能给用户带来的利益,但这一页面才是用户与产品交互以获得这些利益的核心页面。

在第一轮用户测试之前,我们以为这项服务的利益点就是减少用户收到的垃圾邮件数量。而在与用户沟通后,我们了解到了更多关于问题空间的信息,几乎所有用户都讨厌某种类别的垃圾邮件,如预先批准的信用卡开户邀请和现金预付款支票。大部分用户都没有具有安全设置的(设置密保问题以增加安全性的)邮箱,所以担心有人会从他们的邮箱里窃取预先批准的信用卡开户邀请,并使用他们的信息申请新的信用卡,或者盗用现金预付支票。根据这些反馈,我们在新的设计中加入了相关内容。

总的来说,与钱相关的垃圾邮件最受关注,除了刚才提到的那一类,还有贷款和保险类。用户担心这些垃圾邮件会增加身份信息被盗用的风险。我们沟通过的每一个用户身边都出现过身份信息被盗用的事情。所以在信息传达的过程中,我们加入了降低身份信息盗用风险的利益点。

在测试过程中,我们发现很多注重隐私的用户都要花费大量的时间去销毁他们的垃圾邮件。一些用户告诉我们,他们下班回家后会专门把邮件从邮箱里拿出来，站在碎纸机旁边阅读，边读边粉碎。对一些人来说，这个每晚的例行事项需要花费五分钟，且随着时间的推移，时长还在增加。这样一来，我们便意识到减少垃圾邮件还有一个"节省时间"的好处，于是也将其加入到我们的设计当中。

我们还了解到，又大又笨重的产品目录也让用户感到困扰，因为用户要把无用的产品目录丢掉，这既麻烦又浪费纸张。然而，人们还是希望收到某些目录的，只是不同的用户对他们想要收到的目录类型有不同偏好。

此外，很多用户认为本地广告很是讨厌。例如，本地优惠券包，很多人还没有打开就直接扔掉了。类似的情况还有超市等当地企业的宣传广告。人们还抱怨说常常会收到一些并没有订阅的当地报纸。

显然，与用户交谈让我们对问题空间有了更深入的理解。我们了解到了很多新的信息，所以新的"我的账户"页面允许用户在 7 个类别中拦截多达 31 种不同类型的垃圾邮件。在用户选择他们想要屏蔽的垃圾邮件类型后，只需点击"继续"按钮来完成他们的注册。

"注册完成"页面会告诉用户接下来会发生什么：在接下来的几个月里，他们所选类别的垃圾邮件数量将大幅减少。在第一轮测试中，我们了解到用户认为这项服务需要一段时间才能"启动"，我们也知道，从操作上而言，用户需要等待一段时间才能看到服务成效。

该页面还会解释说，用户可以随时在 JunkmailFreeze 上更改他们希望屏蔽的垃圾邮件类型，这是因为我们从第一轮研究中了解到对用户来说，能够更改类型设置很重要，有些人担心会不小心把一些希望收到的邮件给屏蔽了。因为这个页面上的信息是符合用户期望的，所以大多数人在阅读时会频频点头，或者直接反馈说："听起来不错。"

除了对立即注册的用户提供了上述页面，我们还为不打算立即注册的用户提供了一个"了解更多"的页面。页面中阐明了JunkmailFreeze如何代表用户联系直邮公司，将用户从他们的邮件列表中删除；并向用户说明他们仍然能够收到认为重要的直邮邮件。因为人们对与垃圾邮件相关的身份信息盗用问题十分关注，我们还提供了一个页面说明了两者是如何联系在一起的。页面上用一张图片列举了各类易受攻击的邮箱，并解释了如何通过使用我们的服务来降低身份信息被盗用的风险。

因为用户在第一轮测试时就提出了很多关于谁在提供这项服务的问题，我们也增加了一个"关于我们"的页面。用户能够以此来了解我们的背景。

11.8.3 第二轮测试

由于第1轮测试很顺利，在JunkmailFreeze的视觉稿完成后，我们又用与之前相同的筛选问题重新招募了一组用户。在这轮测试中，我们把用户分成3组，每组2个人。我更新了调研脚本，使其更加聚焦在垃圾邮件上。第一轮定在下午6点开始，时长为90分钟，第二轮类似，但在晚上8点开始。因为我们在第一轮调研中已经有了相当多的发现，所以希望在第二轮中更专注产品细节，因此，我们在视觉稿上投入了更多的时间（45分钟，而不是之前的35分钟）。这次测试仍然由我来主导，在测试过程中，测试对象依然非常投入，且非常乐于表达他们的想法和建议。

11.8.4 攻坚"产品—市场匹配"问题

第二轮用户测试是我见过最爽快的事情之一——结果与第一轮大不相同。没有一个用户对产品有什么大的担忧或疑问。相反，他们对视觉稿频频点头称赞，还主动评价道："这真的是太赞了。"虽然他们也提出了一些小的问题和建议，但是因为我们在第一轮中已经了解了主要问题，且在第二轮测试的视觉稿中很好地解决了这些问题，所以每个人都对我们的产品表示满意。

话虽如此，我们这次展示的视觉稿还并不"完美"。这次测试让我们对用户想要从垃圾邮件拦截服务中获得什么有了更深的理解。例如，我们了解到，对信用卡和产品目录相关内容进行垃圾邮件拦截时，仅在类目级别进行控制是远远不够的。对这些内容，用户希望能从公司级别设定自己的偏好。我们还收到了关于消息模块和用户体验的反馈，这将帮助我们进一步改进产品。

这一次，当我们问用户愿意为这样的服务支付多少钱时，我们看到了比第一轮测试更强烈的支付意愿和支付更高金额的意愿。当你和用户讨论定价的时候，你要抱有怀疑精神。因为他们说的和他们到时候实际做的很可能是不同的。只有到了试用过真正的产品，他们不得不掏钱包时，你才真正知道他们愿意付多少钱。但是很显然，用户对我们第二轮测试的产品更感兴趣，我相信我们的产品已经达到了 PMF，可以进一步细化推进了。

我这么自信还有一个原因。每次测试结束之后，我都会感谢用户并给他们支付报酬。收到支票时，每个用户都会问我这项服务现在是否已经上线，他们是否可以注册。当我解释说还没有建成时，他们都会问我是否可以记下他们的电子邮箱，并在产品可用时通知他们，而第一轮测试用户中没有一个表现出这样的行为。这是完全真实、积极的客户反馈，所以我把它看作产品已经达到 PMF 的进一步证明。

11.9 回顾

在此项目之前，我曾在以用户为中心的团队进行过各类用户调研，以征求他们对产品或产品概念的反馈。

但是这个项目是我第一次以这样精益的方式去创建和测试一个产品创

意——以视觉稿为核心去推进，而不是代码开发，这让我们能够更快地迭代优化。

通过对目标客户的严格筛选，我们能够招募到给我们高质量反馈的客户。整个项目只花了不到两个月的时间就完成了，资源的利用十分有效。我很高兴可以在这么短的时间内——只需一轮迭代——我们的小团队就能极大地改进产品理念，并实现产品与市场的高度契合。

我之所以很喜欢和其他人分享这个案例，是因为我们并没有做其他额外的事情，只是遵从了精益产品开发流程而已。因此任何人都能获得我们取得的成果，甚至更多。只要照着我在这本书中阐述的流程，任何团队都应该能用他们的产品理念取得类似的结果，当然，在你遇到的情况中，最后实现的细节肯定会不太一样。你可能需要组织更多轮测试。你可能不需要改变方向，也可能需要不止一次地改变方向。虽然没有办法保证你提出的每一个产品想法都能与市场适配，但是你应该至少能够做到检验你的假设，并自信地去评估你的 PMF。

像我们之前讨论的一样，你可以使用设计交付物或已经上线的产品进行用户测试。为了最大限度地降低风险，加快进度并避免浪费，我强烈建议在进入开发之前先收集对设计交付物的反馈。这会让你在投入人力开发之前对自己的假设更有信心，一旦客户验证了视觉稿或线框图，就可以开始构建产品了。你在精益产品开发流程中获得的所有知识都将有助于定义将要构建的产品。在下一章中，我将给出如何构建产品的建议。

第三部分
创建并优化你的产品

Building and Optimizing
Your Product

第 12 章

使用敏捷开发打造你的产品

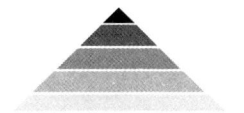

到目前为止，你已经明确了目标客户、他们未被满足的需求、价值主张、MVP 特性集，以及用户体验。因此，你肯定对自己一手打造出来的产品蓝图信心十足。有了产品蓝图之后，就要通过原型来验证 PMF 了，这一步极其重要。然而所有这一切都是为了接下来这一步做铺垫——把产品蓝图转化成客户能真正使用的产品。

把各个文档中的产品定义变成真实可用的产品是非常重要的一步，良好的执行力是成功的关键。当你基于蓝图打造产品时会遇到很多潜在的风险，比方说你可能会遇到技术可行性问题——不论手头资源是否充足，原先的设计无法实现或落地难度过大。退一步来说，你的产品设计也许可行，但是相对于手上的资源来说，产品范围太大、太过复杂，以至于需要投入的时间过多。然而，好的市场机会稍纵即逝，竞争对手很快就会推出一个足够完善的解决方案，让整个市场进入重要度与满意度框架的右上象限：竞争象限。在产品－市场匹配体系当中，在正确的时间推出正确的产品是非常重要的（可以回顾一下第5章的产品战略讨论）。即便有一个合适的产品范围，糟糕的执行过程也会导致实际产品与起初原型设计中给出的规划相去甚远。不用想，你肯定希望把这类风险降到最低，这样一来，产品开发过程就显得尤为重要了。本章将分享一些产品开发过程中的最佳实践，来帮助你以更小的风险、更快的速度交付出更出色的产品。

12.1　敏捷开发

你可以通过迭代的方式来打造产品。"敏捷开发"（Agile Development）是一个定义较为宽泛的术语，它通常用来描述各种迭代式和增量式的产品开发方法。在采用敏捷开发之前，大多数软件产品用的都是"瀑布式方法"（Waterfall Approach），这种方法会按顺序执行一系列的步骤。团队先把所有需求都定义好，然后再设计产品，实现产品，最后通过测试来验证产品能否按预期运行。瀑布式方法有一个核心特征，那就是在上一个步骤100%完成之前，团队绝对不会开始下一个步骤。换句话说，也就是在所有需求被定义好之前，团队不会开始设计；在整个产品被设计好之前，团队也不会直接开始开发。因此，瀑布式方法也被称为大设计前置法（Big Design Up Front，简称BDUF）。

相反，采用敏捷开发的团队通常会把产品拆解成更小的部分，它们会经历更短的需求定义、设计和开发周期。敏捷开发通常能带来以下几个好处：第一，由于是以较小的增量在做规划，你能迅速应对市场的变化，以及其他新出现的信息；第二，产品能更早交付到用户手中——这意味着你能更早收到用户对产品的反馈，而这对后续的产品开发工作有着极大的帮助；第三，团队可以通过更小批量的工作来降低他们在估算产品特性范围时的误差率。

我在第 6 章就提到过"小批量"这个精益概念，现在让我们来进一步看看，为什么它在软件开发中（或任何有着极高不确定性的开发工作中）会这么管用。当开发人员估算实现新功能所需的时间时，他们的估算值往往会有一定程度的不确定性。而这种不确定性就导致了估算误差（Estimation Error），即实际工期与预估工期不同。有一个比较实际工期和预估工期的好方法：计算前者与后者的比率。如果一个项目花费的时间是预期的 2 倍，这个比率就是 2；如果花费的时间是预期的一半，这个比率就是 0.5。

史蒂夫·麦康奈尔（Steve McConnell）曾经提出"不确定性锥"（Cone Of Uncertainty）这一理论，这个理论描述了在软件项目的整个生命周期中预期估算误差的范围。在麦康奈尔的理论中，估算误差的上下界是一对起始于 4 倍和 0.25 倍的对称曲线，误差在整个项目过程中会不断减少，直到项目结束时收敛为 0。这个理论生动地说明了项目初期的估算误差比项目末期的要大，这也和我们的经验判断相吻合。

不过，在实际工作中，我还没见过对称的估算误差。也就是说，我从没见过开发人员提前完成任务与延期完成任务的次数一样多。绝大多数时候，软件开发任务实际花费的时间都比预估的要长。有的时候任务真的能提前完成，但是这种惊喜发生的次数少得可怜。为什么会出现这种情况呢？为了更好地解释软件估算误差的不对称性，我将引用认知专家及美国前国防部长唐纳德·拉姆斯菲尔德（Donald Rumsfeld）的话：

在这个世界上，有一些已知的已知（Known Knowns），即有一些事物，我们知道它们的存在，并且将其认识清楚了。同时，我们还知道有另一类存在，已知的未知（Known Unknowns）。这指的是，我们知道这个世界上存在某些事物，而且我们还没有将其认识清楚。然而，还有未知的未知（Unknown Unknowns），即我们压根不知道自己没有意识到这些事物的存在。

当被要求评估一项任务的工作量时，开发人员会把"已知的已知"考虑进来。有经验的估算者也会在他们的估算中考虑到"已知的未知"。诚然，一些估算误差源于对"已知的已知"或"已知的未知"理解上的偏差。但我相信，工作量评估中最大的不确定因素是"未知的未知"，它们才是估算误差分布不对称的根本原因。

比方说，根据我的评估，任务 A 要花 5 分钟，而任务 B 要花 5 个月。这两项任务都可能存在"未知的未知"，但不确定性会随着任务范围的增加呈非线性的变化，正如不确定性锥体的顶部曲线所显示的那样。5 分钟任务失控的可能性相当低。相比之下，5 个月的任务在范围上大了 3 万多倍，这为"未知的未知"提供了更多藏身之处。

经过充分的思考和分析，产品团队能把一个大任务拆解成多个小任务，他们可以通过把这些小任务转换成"已知的未知"来减少"未知的未知"。尽管你不可能完全避开"未知的未知"，但通过小任务的批量作业，你就能够更好地控制它们，使其更易于管理，并使产品交付更具可预测性。相比之下，瀑布式项目，通常都有很大的范围，所以其实际花费的时间常常远超预期。

除了认为延期这一点值得诟病，一些敏捷方法的狂热爱好者还会抨击瀑布式开发过程的步骤对先后顺序要求太过严格。他们认为敏捷就意味着可以跳过设计步骤，直接开始开发。然而，这种观点太极端了。即使在敏捷开发当中，你也应该在开发之前就先做好设计；敏捷开发只是在更小的产品范围内这样做而已，该遵循的流程步骤一个都不能少。

然而，对于某些项目来说，瀑布式方法仍然是一种很好的方法。比方说，我们肯定不想用一艘最小可行的宇宙飞船将人类送入太空。之所以提到这个例子，是因为我的职业生涯正是以核动力潜艇设计开始的。在开始施工建造之前，我们必须仔细检查需求列表，并多次审查设计图稿。在这种极其特殊的项目当中，失败的风险非常大，稍有不慎就可能导致无辜的人丧命。而且，不同于网站可以随时根据需求快速修改代码，建成以后的飞船或潜艇要进行修改可困难得多。当失败风险或修改成本太高时，最好在开发之前就花费更多时间来精心设计。

2001年发布的《敏捷宣言》(*Agile Manifesto*) 提出了敏捷开发的核心原则（你可以在 http://agilemanifesto.org 查看宣言和原则）。敏捷开发提倡专注为用户创造价值，鼓励尽早并持续地交付可正常使用的软件。敏捷开发的一个关键点就是通过以用户为中心的方式来设计用户故事中的产品。正如第6章所讨论的，用户故事简单概括了某一功能应该提供的利益，其中包括利益是为谁提供的，以及用户为什么想要这个利益。一个好的用户故事通常遵循这样的模板：

- 作为 [某种类型的用户]。
- 我想 [做某件事情]。
- 这样我就可以获得 [期望的利益]。

敏捷开发还提倡进行深度的跨职能沟通与协作，它鼓励业务人员和开发人员每天都在一块儿工作，而且最好是面对面的工作。敏捷方法并不建议人们死板地遵守计划，而是强调灵活性，以快速应对变化。团队不需要在一开始就定好整套详细的需求，而是通过在更短的迭代周期内完成小批量工作，不断获得反馈，不断学习提升，大大提高灵活度。总结一下，敏捷开发就是通过反馈和实验不断改进你的产品开发过程的一种方法。

敏捷开发还衍生出了很多不同的具体方法，包括极限编程（Extreme Programming）和精益软件开发（Lean Software Development）。接下来，我将简单介绍一下两种最常用的敏捷方法：Scrum 和看板方法。

12.2 Scrum

Scrum 是当下最为时兴的敏捷框架。因为网络上有大量完善的文档指导人们应用实践，就使得 Scrum 十分易于上手。Scrum 的一个关键特征是，团队要在限定时间内交付增量工作（Time-boxed Increments）——也就是说，单次的开发和交付都被限定在一个特定的时间范围内完成。这段固定时间范围内的工作，被称为冲刺（Sprint）或迭代（Iteration）。两周的冲刺比较常见，但有的产品团队也会使用一周、三周和四周的冲刺。

团队要完成的所有工作都存放在用户故事的产品待办事项列表（Product Backlog）里。待办事项列表是一个排好优先次序的待办清单。作为 Scrum 中特有的三个角色之一，产品负责人（Product Owner, PO）负责收集用户和其他利益相关者的意见，编写用户故事，评定其优先级，并将其放入产品待办事项列表。在有产品经理带领的团队中，常常由产品经理兼任产品负责人。有些公司会配有专门的产品负责人，加上产品经理，两人紧密协作。而在一些较小的初创公司，连专门的产品经理都没有，通常只能由其中一位创始人来兼任产品负责人这一角色。

Scrum 中的第二个角色是"开发团队成员"。Scrum 指南认为，团队成员应该遍及不同领域，且具备完成工作所需的全部技能。Scrum 团队通常由数名开发人员组成，他们的工作是评估用户故事的大小并开发产品。其他三个重要的团队角色分别是用户体验设计师、视觉设计师和质量保证（QA）测试人员。传统的 Scrum 指南并不要求区分团队成员的角色，但是如果能明确不同的团队角色，那自然是最好的。设计师通过用户体验来实现用户故事，而良好的视觉设计能够为用户体验的顺利实现保驾护航。还有，好的用户故事自带验收标准，这样可以便于确认做到什么程度，用户故事才算完成了，以及用户故事是否如预期那样真的满足了客户的需求。而测试人员则负责检查产品是否满足了验收标准，以保证产品质量。

Scrum 团队的理想规模是 5~9 人。你可能听说过"两个披萨原则"（the Two Pizza Rule）：如果两个披萨都不足以喂饱项目团队，那这个团队的规模就太大了。当团队规模适中时，在每个冲刺当中都有足够的人力去完成一定的工作量。然而，小规模的团队会更有凝聚力，能够避免不少在大团队中经常出现的沟通问题。

第三个角色是敏捷教练，他的工作是帮助团队更好地实施 Scrum 流程并持续提高团队生产力。在大公司中，通常由开发负责人或开发经理来担任敏捷教练的角色，他需要负责指导一个或多个 Scrum 团队。然而，在实际工作中，这个角色要么被忽略，要么就由团队成员共同担任，而这根本就不符合 Scrum 指南中需要有专人担任敏捷教练的原则。

明确了以上三个角色的 Scrum 团队，会在下次冲刺开始前先开展一些准备工作。产品负责人会先梳理待办事项列表，确保那些即将被放入下轮冲刺的用户故事写得足够清楚，能让所有团队成员都正确理解。然后协同开发负责人或开发经理，组织待办事项列表梳理会议，来做好上述准备工作。

图 12-1 直观地描绘了 Scrum 的工作流程、会议和交付物。

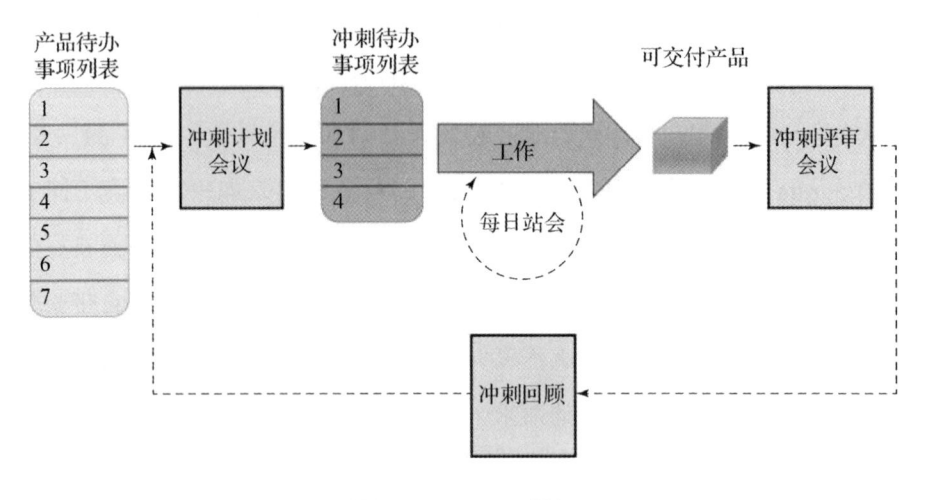

图 12-1　Scrum 框架

在每轮冲刺开始之前，团队都会召开冲刺计划会议（Sprint Planning Meeting），来决定在这次迭代中计划要完成的用户故事，并把它们从产品待办事项列表移至冲刺待办事项列表（Sprint Backlog）当中。在这个过程中，团队需要使用故事点来估算每个故事的大小，故事点是衡量工作量的相对标准。评估故事点通常更像是一门艺术而非科学。你可以在网上找到各种现有的故事点评估体系。在一些体系中，团队可以为一个用户故事分配任意点数，如 1、2、3、4、5、6 等。使用斐波那契数列（Fibonacci Series）来分配点数是一种比较常见的方式，有效的数值是 1、2、3、5、8、13 等，这种方式的好处是估算值之间存在着明显差异。另一种常见的故事点评估体系是"2 的幂次方"，即 1、2、4、8、16 等，使用这种方式，估算值之间的差异就会更大。T 恤尺码化（T-shirts Sizing）也是一种比较常见的体系，使用如"小""中""大""特大"来估算故事的大小。

我们在第 6 章提到过，那些在分值范围内故事点极高的用户故事，其大小和不确定性都太大了，要分解成更小的故事才行。范围太大，大到无法在一次迭代中完成的用户故事，则被称为史诗（Epics），必须经过拆解才能放进冲刺当中。现在很多敏捷跟踪工具都可以让用户通过史诗来组织相关的用户故事，并实现跨迭代管理。

如果故事点对你来说还是太抽象了，让你难以理解，那是因为这个概念确实会让人在刚接触时一头雾水。我们提出故事点就是为了能够跟踪团队在每个迭代中完成的故事点数量，以确定团队的工作能力，这个数值被称为团队的工作速度。当团队计算出他们的平均速度后，就可以用它来计划接下来的冲刺。虽然刚开始故事点这个概念有点抽象，但是它为抽象的经验值提供了一把具象的标尺，便于我们量化利用过往经验来预估未来。为了计算出团队速度，故事点的估算需要有一个数值，所以在使用 T 恤尺码化来估算故事点的例子中，团队必须把每个尺码都映射成相应的点数。

图 12-2 提供了一个如何在多次迭代中跟踪团队速度的示例。横轴代表每次迭代，按照时间顺序标号。纵轴表示完成的故事点。在这 12 次迭代中，团队的速度各不一样（在 22 到 40 个故事点之间），这是正常的。虽然团队速度一直在变化，但从趋势线中可以看出，随着时间的推移，团队速度一直都在稳步提升。

Scrum 团队会通过各种工具来减少故事点的估算误差，以获得更稳定的速度。团队通常会一起讨论和评估故事点，而不是让一个团队成员单独对这个用户故事进行评估。有的团队还会开发出一套能评估不同大小的用户故事的参考集，把新的用户故事和参考用户故事相比较可以帮他们更准确地评估新的用户故事的大小。

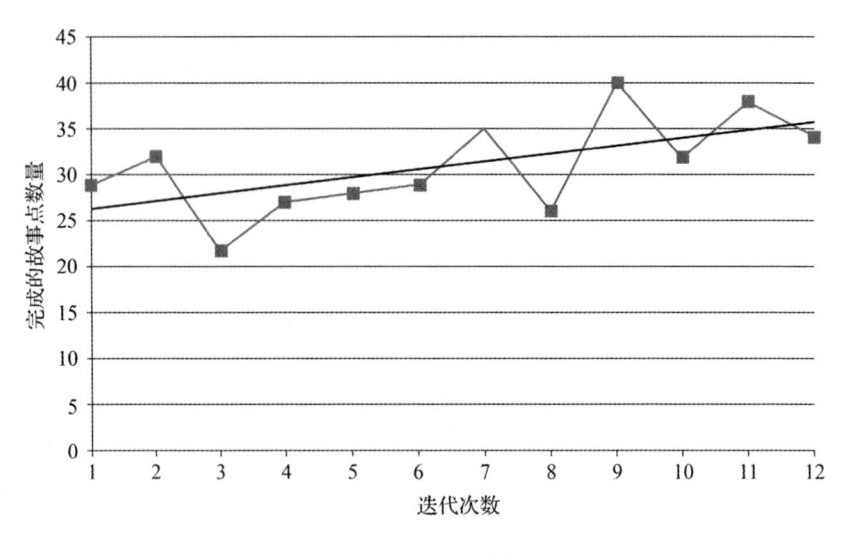

图 12-2 团队速度

计划扑克（Planning Poker）是团队快速估算出可靠故事点的一种常见技术。每个团队成员都会收到一组印着数字的卡片，每张卡片对应一个可能的分值：1、2、3、5 和 8。团队讨论完一个用户故事后，每位成员会各自选出自己为该用户故事估算的点数卡，然后所有人同时展示出来。当团队成员的预估值相对一致时，就可以认为这个预估是比较准确的。如果估算点数存在重大差异，团队成员将进一步讨论这个用户故事，以达到较为一致的估算。团队通常会把每个用户故事拆解成一系列后续需要实现的开发任务，这样就可以确保他们能够更全面地评估一个用户故事所需的工作量，避免忽略掉任何相关信息。另外，相较于评估整个用户故事的工作量，评估较小任务的工作量通常更容易些。有些团队喜欢用故事点来评估任务的大小，有些团队可能更喜欢使用小时来评估工作量。还有些团队在确定好计划完成的任务后，并不去估算任务大小，而是停留在评估用户故事大小的层面。

在制订好冲刺计划之前，所有团队成员都应该对本次冲刺将要完成的用户故事有一个清晰的认识。他们应该从产品待办事项列表中选择优先级最高的用户故事，而且其总故事点数会与这次迭代中预期的团队速度相匹配。当团队成员擅长的领域不一样时，可以尝试把每个用户故事分配给特定的开发成员，以确保团队整体在本次冲刺中保持合适的"负载均衡"。

团队在冲刺期间会举行每日 Scrum 会议，也被称为"站会"（Standup）。因为很多团队确实是站着开会的，这样能保证会议简短不拖沓。站会通常是团队每天早上要做的第一件事，团队可以在会上讨论他们当天的计划。站会时间通常限制在 15 分钟内。团队成员会简要描述前一天做了什么，今天打算做什么，以及工作过程中遇到了什么阻碍。

产品团队会从冲刺待办事项列表中优先级最高的用户故事开始做起，必要时会相互协作。有很多 Scrum 工具可以帮助团队管理并跟踪工作，如流行的 JIRA Agile、Rally、VersionOne 以及 Pivotal Tracker。这些工具可以帮助团队管理产品待办事项列表和冲刺待办事项列表并规划冲刺。团队成员通过这些工具来跟踪每个用户故事的状态，如团队成员可以在这些工具中把任务状态从"待处理"变更为"开发中""开发完成""已完成"，诸如此类。

产品团队还可以通过燃尽图（Burndown Chart）来展示本次迭代的待完成工作量，以此来跟踪迭代进展。燃尽图可以通过故事点或小时数来显示剩余工作，这取决于团队决定采用哪种跟踪单位。图 12-3 是一个每日燃尽图的示例，其中横轴表示冲刺的天数，纵轴表示冲刺剩余的故事点。从"第 0 天"用待完成的点数开始本次冲刺，这个例子一共需要完成 45 个故事点，这个图显示的是一个为期 10 个工作日，相当于 2 周的冲刺（仅显示工作日）。理想情况下，冲刺结束时，团队剩余故事点为 0。

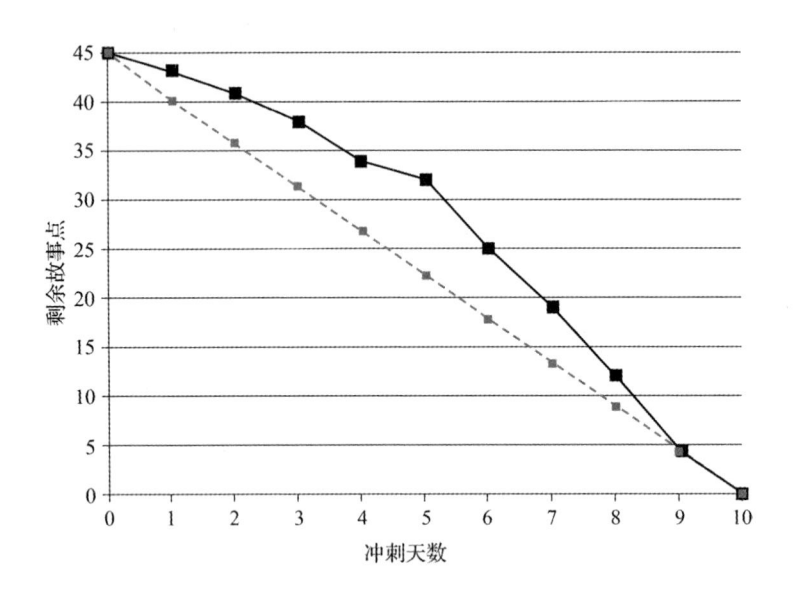

图 12-3　燃尽图

QA 测试会在整个冲刺期间持续进行。为了提高工作速度，测试人员应该在完成每个用户故事后就立即进行测试。如果故事符合验收标准，那么它就会被验收通过；否则，就会被驳回，重新开发。除此之外，团队还需要在冲刺结束前预留一定的时间，这样才能在开发完成后有足够的时间对整个产品进行全面测试，并修复他们发现的问题。我会在后面讨论测试相关的内容。

每个冲刺结束时应当能通过"增量"工作的方式为产品增加新的功能。Scrum 指南会引导团队定义"完成"的含义。对很多团队而言，"完成"是指产品可以交付了，这样的产品被称作"可交付产品"或"待发布产品"。很多团队发布新产品的频率与其迭代频率一致，在冲刺结束后不久就会向用户发布他们的冲刺成果。而有些团队则有一个周期较长的独立发布流程，多次冲刺的成果会一次性统一发布。无论你采用哪一种部署流程，目标都是为了确保产品在冲刺结束时处于可交付状态。在每个冲刺结束时，团队会召开冲刺评审会议

（Sprint Review Meeting），也叫冲刺演示会议（Sprint Demo Meeting），来展示最新开发成果，公开同步整体进度，确保产品如期推进。理想情况下，用户或其他利益相关者会参加冲刺演示会议，并提供反馈意见以便计划未来的冲刺任务。

和其他敏捷方法论一样，Scrum 也着重强调需要不断改进团队工作流程。为此，团队会安排回顾会议（Retrospectives）专门反思上次冲刺的情况。在会上，团队会讨论哪些做得好，哪些做得不好，以及希望为接下来的冲刺做出哪些改进。有些团队在每一轮冲刺后都会及时举行回顾会议，有些则等到两、三轮后再举行。

以上是一些 Scrum 的基础知识，如果你想了解更多，可以在这个网址查看最新版的 Scrum 指南：http：//scrumguides.org。

12.3 看板方法

另一个流行的敏捷开发框架是看板方法，这种框架改编自丰田汽车公司开发的用以改进其汽车制造方式的系统。丰田汽车生产系统强调的是及时生产，杜绝浪费。我在弗吉尼亚理工大学做毕业设计时就研究过早期的看板方法系统和精益生产，这也被认为是后来精益软件开发运动的雏形。

在制造业中，工人们会将纸质看板卡作为提示信号，提醒自己应该在什么时候把额外的工作加入系统当中。这些卡片在软件开发中被改编为虚拟卡片，每个卡片代表一个工作任务，但实际上，卡片本身并不产生拉动信号，相反，是由团队成员主动把下一个工作任务向前拉。

看板方法的核心原则是把工作可视化。每张卡片都是一个用户故事或支持用户故事的开发任务。卡片排列在看板上，看板由多列组成，每一列对应不同的工作状态。这些列按照工作流的顺序从左到右排列。看板的示例如图12-4所示。这个看板从左到右有："待办事项列表""就绪""开发中""开发完成""测试中""测试完成"和"已部署"几列。定义如下：

待办事项列表	4 就绪	3 开发		2 测试		已部署
		开发中	开发完成	测试中	测试完成	
	F	D	C	B	A	
		E				

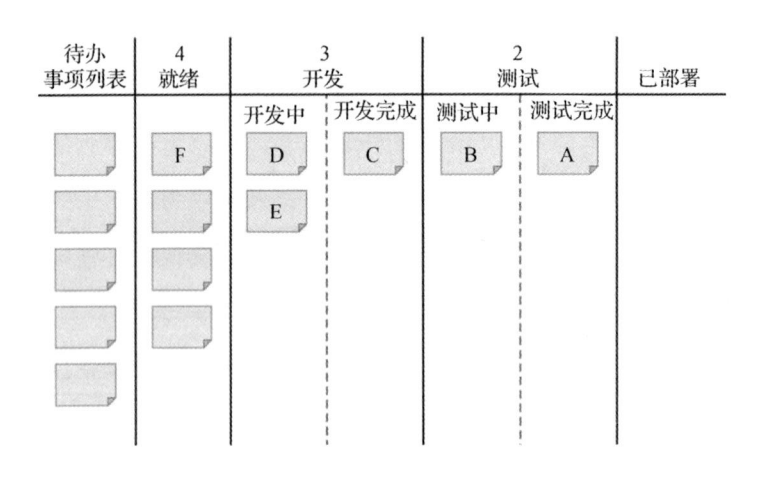

图12-4 看板

- 待办事项列表：待开展的工作任务，按优先级排序。
- 就绪：已从待办事项列表中选中并准备就绪，可以马上进行开发的工作任务。
- 开发中：已经在开发的工作任务。
- 开发完成：已经完成开发但尚未测试的工作任务。
- 测试中：正在测试的工作任务。
- 测试完成：已成功通过测试但尚未部署的工作任务。
- 已部署：已部署的工作任务。

有些列代表正在进行的工作任务（如开发中、测试中），有些列则代表等待处理的工作任务（如就绪、开发完成），后者就好比待办工作的等待队列。当团队成员完成一项工作，释放出人力时，他们就会从相应的队列中拉出顶部的工作任务并开始进行相应的工作。

当工作任务逐一经过每个阶段时，它的卡片就会从所在列移到下一列。只需查看看板，就可以随时看到团队正在处理的工作任务处于什么状态。通过查看哪些列积压了最多的卡片，也能轻易看出开发工作的瓶颈所在。

你可能已经注意到，图12-4不只有一个"测试"状态，而是有两个：一个状态用于正在测试的工作任务（"测试中"），另一个状态用于"测试完成"的工作任务。"开发"同样有两个状态。这有助于更加清楚地了解团队工作的状态，也有助于更轻松地识别瓶颈。

在看板方法中，处在流程当中的工作数量是通过限制"在制品"（Work In Progress，简称WIP）的数量来管理的。由团队来决定每列可以包含的最大卡片数量，这被称为WIP限额。团队成员会在每个工作状态中按优先顺序推进工作任务。但是，只有在下一列有空闲容量时，他们才能把工作任务移动到下一列。这条规则有助于使工作顺利进行并实现工作任务的稳定流动。团队应该随着时间的推移微调他们的WIP限额以优化工作流。WIP限额会显示在每一列的上方。如图12-4所示，团队通常会统一使用一个WIP来限制"开发中"和"开发完成"这两个相关状态列的卡片总数（而不是为每一列设置单独的WIP限额）。例如，处于"开发"列的卡片总数不能超过3。这有助于把卡片向右推动到"开发完成"状态。

让我们把目光转向图12-4中的工作任务卡片，在完成卡D时，开发人员会将它从"开发中"移到"开发完成"。但是，他无法把卡F从"就绪"状态向前移动到"开发"（含"开发中"和"开发完成"），这是因为"开发"已经达到了其WIP限额：3。同样的，当测试人员完成卡B的测试时，他会将其移至"测试完成"，却无法把卡C移动到"测试"（含"测试中"和"测试完成"），因为"测试"已经达到了其限额：2。为了继续推进工作，需要将位于"测试完成"的一张卡移至"已部署"中，此时，卡C就可以被移到"测试中"，这样就释放了"开发"，此时卡 F 就可以从"就绪"被拉到"开发中"。

你可以通过泳道（Swimlanes）来进一步管理你的看板，这种方法通过水平线把卡片分隔成行，使其更易于管理。这个技术衍生出不少卡片分类方法：你可以通过泳道来确定卡片的优先级（行越高，优先级越高），也可以为每个史诗或每个用户故事单独分配一行。泳道还可以把每个团队成员单独放在一行，这样就可以更清楚地显示出每个人的工作流。你还可以把每个项目单独排在一行来跟踪一个看板上的多个相关项目。

看板方法的重点在于工作任务的流动，它不像 Scrum 那样每一次迭代都要受时间限制。随着工作的进行，工作任务在看板上从左到右不断移动。用户故事的大小不一定需要估算，因此 Scrum 里速度的概念（每次迭代交付的故事点）在这里并不真正适用。但是你可以衡量团队的吞吐量（Throughput），即在给定时间范围内完成的工作任务数，如每周 10 个工作任务。跟踪一段时间后，你就会发现吞吐量会随着团队流程的改进和熟练度的提高而上升。

看板方法中有两个常用指标：周期时间（Cycle Time），即从工作任务开始到工作任务完成、交付给用户的平均时间以及前置时间（Lead Time），即从创建工作任务开始（如由用户提出要求）到交付给用户的平均时间。需要注意的是，周期时间和前置时间不一定与工作量相关。一个工作任务可能只需要 1 个小时就可以完成，但如果它在没有任何人处理的情况下闲置了一段时间，那么前置时间就会长得多。

你还可以通过累积流图（Cumulative Flow Diagram）（见图 12-5）将看板方法系统中的工作流可视化。这是一个堆积图，它会显示每天结束时每种工作状态下的卡片数量。简单起见，图 12-5 仅使用了三种工作状态："待办事项列表""已开始"和"已完成"。可以看到周期时间是"已开始"项的水平宽度，前置时间是"待办事项列表"和"已开始"项的组合水平宽度。在制品数量是"已开始"项的垂直高度。

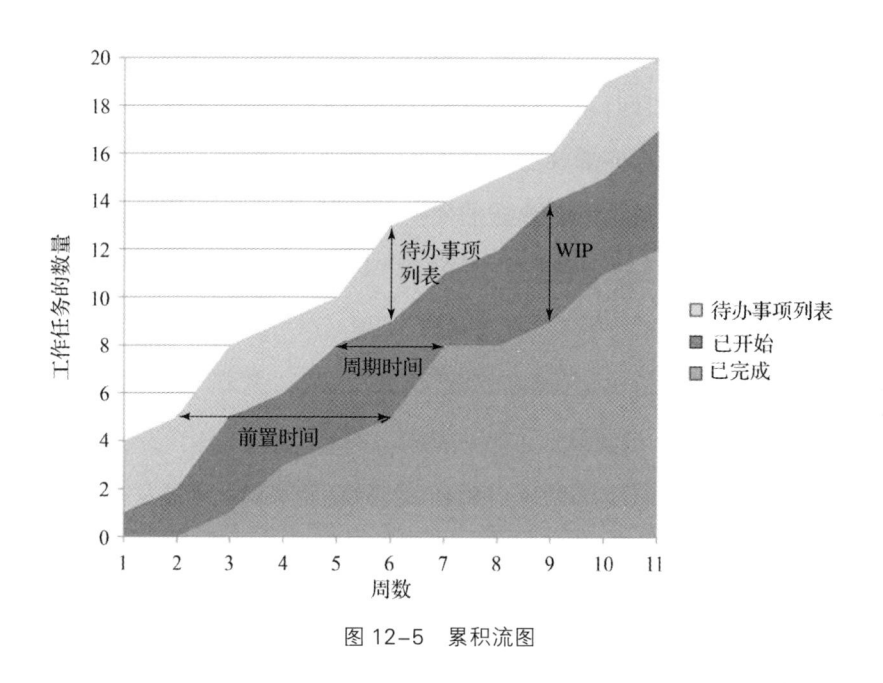

图 12-5 累积流图

看板方法的思维模式是持续改进，因此团队应该定期挖掘并讨论出更好更快的工作方法。随着团队流程的持续优化，周期时间和前置时间都会随着时间的推移而减少。

很多团队都有不断变化的待办事项列表，在某个时间点被认为很重要的工作任务会因为新的工作任务的加入而变得不那么重要。不像在 Scrum 里的冲刺待办事项列表通常会在一个迭代中锁定，在看板方法里，团队成员可以随时更改待办事项列表。在这种快速变化的情况下，周期时间可能是更好的衡量标准。但你仍应留意待办事项列表的任务从准备就绪到能够投入开发要花的时间，以确保不会降低开发团队的吞吐量。

如果工作任务的规模都不太一致的话，那么周期时间的波动性就会很大：较小的工作任务具有较短的周期时间，较大的工作任务则具有更长的周期时间。一些使用看板方法的团队会用前面提到的 T 恤尺码法（小、中、大等）来估算工作任务，以确保估算的周期时间更精确。在这种情况下，每种 T 恤尺寸都对应着不同的周期时间。

看板方法不像 Scrum 那样有着细致的流程要求，更谈不上有什么特定的工作仪式，但是很多采用看板方法的团队每天都会举行站会并定期举行回顾会议。

看板工具

很多小型的产品团队都会用白板作为他们的看板，他们为每个工作状态绘制一列，然后用便签来表示每个工作任务。这样一来，移动工作任务就变得简单起来，而且工作区中的任何人都可以通过查看看板来了解团队当前的工作状态。

现在还有很多管理看板的数字化工具。Trello 就是一款比较流行的可视化看板应用程序，常用于管理软件开发。事实上，很多人还会用 Trello 来管理开发之外的工作。很多产品经理和设计师都很喜欢用 Trello，他们会维护自己的工作看板，并将其引入开发看板中。很多团队还将 JIRA Agile 用于看板，其他常用的工具还有 SwiftKanban 和 LeanKit。

还有一个值得一试的应用程序是 Pivotal Tracker，虽然它并不是一个纯粹的看板工具。我和 Pivotal Labs 合作开发新产品时就用过 Pivotal Tracker，感觉效果还不错。Pivotal Tracker 用的是一个可视化的列板，每一列对应一个预定义的工作状态。该工具是看板方法和 Scrum 的有趣融合（事实上有一种被称为

"Scrumban"的敏捷方法，你可以看看这个想法对你而言是否有吸引力）。

Pivotal Tracker 可以帮你估算故事点并根据需要计算工作速度。如果你不需要计算，那它就更像看板方法。如果需要计算，那它就更像是 Scrum，只是当前冲刺的待办事项列表不是固定的，是动态确定的。用户故事会按优先级顺序列出，并根据将要完成的预估故事点（使用计算好的速度和冲刺中的剩余时间）自动移入和移出当前迭代。如果你想让 Pivotal Tracker 感觉更像 Scrum，就可以选择"手动计划"模式（也被称为"提交"模式），它可以让你锁定冲刺待办事项列表中的故事集。

12.4 挑选正确的敏捷方法

看到这里，你对 Scrum 和看板方法都已经有了大致的了解，那么你想为自己的团队选择哪一种方法呢？虽然每种方法的支持者都认为自己的方法别具一格，但其实这两种方法遵循的敏捷原则有着很大的共性。我发现敏捷框架就像鞋子，你要试穿一下才知道它是不是真的合适。我们通常会这样做，选一个听上去最适合你的方法，试用几个月。很多团队开始尝试 Scrum 或看板方法，如果这个方法的效果很好，就坚持使用它；如果效果不好，就改用其他敏捷方法。在试用这两种方法之后，你的团队就能够判断出哪一个方法更合适了。

话虽如此，我在这里还是会给出一些建议来帮助你挑到尽可能适合你们团队的方法。看板方法往往在小规模开发团队中效果最好。此时较低的流程开销和没有预先确定好的迭代长度可以让产品的交付速度更快。但随着一个项目发展出多个开发团队，看板方法就会面临一些挑战。由于缺乏明确的工作节奏，多个团队会需要更多的沟通来使每个人的信息同步。当然，协作能力强的团队同样能够在更大规模的团队当中把看板方法用好。如果你的组织有多个需要协调工作的开发团队，那么能够预判工作节奏的 Scrum 方法效果会更好。

不论你的团队使用的是哪一种敏捷方法，希望产品能完美按照预计日期上线的想法都是不现实的。大多数瀑布式组织都习惯于通过一个自上而下的路线图来展现每个月或每个季度应该推出什么功能，但是因为中间有各种交付延迟，上线日期往往一推再推，与最初设定的日期越来越远。当这些组织转而使用敏捷方法时，很多人还是对他们的产品待办事项列表保持着原来瀑布式的思维方式。我喜欢用"敏捷瀑布"（Agilefall）这个词来描述那些正在从瀑布向敏捷过渡的公司，它们往往同时混合使用两套方法。如果你的组织对上线日期有着硬性规定，那么 Scrum 就比看板方法更适合。因为至少在 Scrum 中，你会清楚地知道在每个迭代结束时都能完成一些工作，并且可以对一个特性需要多少个冲刺做出大致的估算。大多数使用看板方法的团队并不会特地花时间去估算工作量和完成日期。因为只要精细地追踪时间周期，再采用一些简单的统计技术，就可以通过看板方法做出较为准确的预测，但很多团队还没能做到这种程度的跟踪和精确度。

无论你最终选择了哪种敏捷方法，我都非常建议你用一个好的工具来管理工作任务——尽管每种敏捷方法都有很多可用的工具。但是有一个常见的问题，那就是有的产品团队会直接选择通用的工具，而不是选择最适用于团队开发的工具。我再次建议你去尝试一下你认为最有效的工具。如果在试用一两个月之后还是对它不满意，那就再换一个。

我知道很多开发团队就是不喜欢某个方法或工具，这是意料之中的。但我也见过有"这山望着那山高"症状的团队。他们才试用一种方法没多久，就开始贬低它，转而使用另一种方法，一个月后又开始抱怨，并重复这一循环。如果你的团队已经用过好几个方法或工具，但总是找不到一个足够好用的，那么你可能需要反思一下。上述情况可能表明，你的团队缺乏对一种方法持续投入的耐心，以及必要的培训，或两者兼而有之。

沿着这个思路展开，让你的团队一起参加敏捷培训会很有帮助。我见过很多团队在成员都没有充分了解新方法的情况下就贸然开始使用。不出意料，这让整个团队陷入了一片混乱。在你采用一种新的方法之前，需要先评估每个团队成员对它的了解程度。即使有些团队成员在之前的公司使用过 Scrum 或看板方法，这次也很可能与他们之前的实践有着很大区别。如果你不设定新的预期，团队成员很可能会认为你在用他们之前熟悉的那一套做法。此外，让每位团队成员在同时收到关于产品开发流程的同一版实施细则是非常重要的。这样可以确保每个人都有相同的期望，可以减少误解，并因此提高生产力。

12.5 使用敏捷方法获取成功

无论你最终选择了哪一种敏捷方法，下列建议都能帮助你更好地打造出一款成功的产品。

12.5.1 跨职能部门协作

敏捷在很大程度上依赖跨职能部门的深度协作。产品经理、设计师、开发人员、测试人员和任何其他团队成员之间应该能够毫无阻碍地、频繁地进行沟通，他们应该每天都进行一定的交流，以防止孤岛的产生，即每个部门把他们的工作成果"扔到墙外"，直接抛给工作流中的下一个部门。经常进行面对面的实时沟通，对于加深彼此的理解并提高团队速度至关重要。高效的团队也会通过一些沟通工具来进行有效合作，如聊天工具、开发跟踪工具（如 JIRA Agile）和知识协作工具（如 Wiki 或 Google Docs）。

尽管某个部门可能会比其他部门参与更多环节，并在某个阶段发挥主导作用，但是每一个部门都应该参与到整个过程中。按职责分工来说，产品经理负责编写用户故事，设计师要画出设计图，开发人员负责开发，最后测试人员再进行测试。但产品开发是一项团队活动。开发人员和测试人员应该在产品开发过程的早期就参与进来，这样他们才能够更好地理解产品决策、用户故事以及用户体验设计背后考量的因素。团队也应该鼓励他们多多提出问题，并参与到开发的整个过程中。同样地，由于总是会有不可预知的问题发生，产品经理和设计师也应该在开发和测试过程中参与进来。正如我们在 Intuit 公司时常说的：好的想法会从每一个角落迸发出来。你可以通过团队成员之间称呼"我们"而不是"他们"的频率来判断彼此间合作的程度。

有效的协作能够帮助团队实现共同的愿景，减少误解，并使团队能够更快行动起来。每一天，每个团队成员都要对产品做出许多决策。如果团队拥有共同的愿景，并且能够理解目标及背后的原因，团队成员就更有可能独立做出有利于实现该愿景的决策。

12.5.2 坚定地进行优先级排序

你应该确保待办事项列表时常处于最新的优先级排序状态。这样一来，每当获得可用的项目资源时，你已经清楚知道计划开发的下一组用户故事是什么，这样就能马上行动起来。位于科技领域的产品团队通常在一个动态的环境当中工作，他们的需求和优先级都变化得很快。仅仅将工作任务的优先级分为高、中、低三档是不够的。如果一个待办事项列表有 15 个高优先级的工作任务，那么当开发人员的时间空出来时，就不知道应该先做哪一个。诚然，优先级是非常有用的，但是这还不够，还需要在每个优先级中，对待办事项列表中的工作任务进行排序。我是一个坚定的优先级排序支持者（这与犹豫不决地进行优先级排序恰恰相反）。根据我的经验，对待办事项列表中的工作任务进行排序，就可以清楚地知道下一步应该做哪个工作任务。当新的需求出现时，就能更容易确定新需求应该放在待办事项列表中的哪个位置。

这里有一个诀窍，那就是在确定待办事项列表中工作任务的优先次序时，要做到既明确清晰又灵活。你必须在任何时候都清楚工作任务的优先次序，但也必须能够快速吸收新的需求或对有变化的需求进行调整。我在这里用水和冰来作比喻。大多数时候，待办事项列表就像冰一样，优先次序是冻结的、固定的。但是，当新的需求出现或者优先级发生变化时，你就会把冰短暂地融化成液态水，这样就可以重新安排工作。一旦完成了待办事项列表的重新排序，你就可以把它再次冻结。使用这种方法之后，无论什么时候，只要有人需要看你的待办事项列表，它就是最新的。而且你还可以毫不犹豫地把最前面的待办工作任务拉出来，不需要跟任何人讨论确认，就可以马上投入工作。

12.5.3 为开发人员充分定义你的产品

为开发人员提供打造理想产品所需的信息是很重要的。一组写得清晰明了的用户故事加上附带说明的线框图或视觉稿，通常能给开发人员传递充足的信息。如果团队已经有样式规范，而且没有引入任何新的用户体验组件，那么线框图就够用了。然而，如果需要传达视觉设计的细节，那么就应该使用视觉稿。对那些没有用户体验组件的纯后台特性，线框图或视觉稿都是没有必要的。团队应该确保他们定义的不仅仅是一条"快乐路径"，即用户行为的预期路径，还要考虑可能适用的不同条件和状态。这其实是一个需要平衡的行为。一方面，你要提供尽可能详细的产品定义，这样开发人员才能够放心地开始工作，因为他们觉得你考虑得比较周全。另一方面，你也不想被过度分析拖垮——在每个细节上花了太多的时间去纠结，以至于开发工作被大大拖延。

12.5.4 走在开发人员前面

在把用户体验设计整合到敏捷开发的过程中，很多团队都会遇到不小的困难。Scrum 指南里并没有明确告诉读者应该如何更好地处理这个问题。如果在设计师还在为用户故事创建线框图时，开发人员就已经迫不及待地敲代码开发了，那么最终效果都不会太好。

为了使敏捷团队能达到最高速度，需要让开发人员在准备开发一个新的用户故事时能够立即投入工作——这意味着团队必须事先敲定好用户故事和各种设计交付物。要想实现稳定的工作流，设计人员至少需要比当前的冲刺领先 1 到 2 个冲刺。换句话说，在第 N 个冲刺结束时，设计人员就应该已经敲定了第 N+1 或 N+2 个冲刺的设计交付物。当然，设计人员也需要确定的用户故事作为他们设计的基础，因此，产品经理需要比设计人员再领先 1 到 2 个冲刺。

我们的目标是永远都不要让开发人员等待工作，而且至少要有一个准备就绪的冲刺待办事项列表。但是，因为事情可能会随时发生变化，你也不希望提前准备好太多冲刺。因此，这里需要平衡一下。虽然我是从 Scrum 的角度进行阐述，但它也同样适用于看板方法。基于设计人员的周期时间，产品经理应该确保"准备设计"列中有足够多的卡片。同样地，基于开发人员的周期时间，设计人员应该确保"准备开发"的队列中有足够多的卡片。

无论是产品经理还是设计人员，都不应该闭门造车。团队需要在当前冲刺阶段抽出一定的时间来评审和讨论后续冲刺的用户故事及设计图。

12.5.5 拆解用户故事

敏捷需要在小步快跑中进行。我在前面提到，用户故事不应该超过某个合理范围内的最大规模（即故事点的点数）。除此之外，你应该把故事拆解成尽可能小的尺寸。如果有一个 5 个故事点的故事，那就想办法把它拆分成一个

3 个故事点的故事和一个 2 个故事点的故事。这里还有其他更好的做法，比如试着把它拆分成两个 2 个故事点的故事和一个 1 个故事点的故事。可能一开始你会觉得这很困难，但是就像其他绝大多数事情一样，实践越多，做得就会越好。如果故事无法被进一步拆解，那么开发团队就应该拆解实现故事需要做的工作。如果觉得这一步比较难，就可以从列举他们为完成工作而计划采取的步骤入手。

小规模的故事和任务的估算误差通常比较小。把用户故事分成更小的部分，通常需要对用户故事进行更详尽、深入的思考，这也能够减少不确定性及风险。在拆解一个故事时，你可能会意识到故事的某个部分比其他部分更重要，这样就可以帮助你细化优先级排序。即使看板方法没有采取故事点的方式，上述建议也适用于看板方法，试着把每个大规模的卡片拆分成几个小规模的卡片。

本章已经介绍了如何使用敏捷方法来打造一款产品。产品开发过程还有一个重要的部分：测试。在向用户发布之前，需要先检查产品的质量。测试是质量保证的一部分，而质量保证作为一个范围更广的领域，可以涵盖更多方面，让公司为用户带来更高质量的产品。

12.6 质量保证

软件产品在本质上是极其复杂的。只有在极少数情况下，它们能够按照预期 100% 正常运行，因此在向用户发布产品之前，你需要制定一些计划来尽可能保证产品的质量。如果不能很好地保证产品质量，可能就会产生诸如顾客闹事、收入损失以及团队资源遭到破坏性消耗等一系列令人头疼的问题。

尽早发现产品缺陷是精益产品的原则之一，这有助于减少资源浪费。因为在产品发布后才发现重大漏洞要比在开发过程中就发现的代价更高。首先，它对用户产生了负面影响。其次，因为这是团队很久之前就已经完成了的开发，因此通常需要团队花更长的时间来重新熟悉代码，以找出产生错误的根本原因并修复它们。再者，因为问题一直还在，用户就会一直体验不好，直到新版本发布上线，问题得到解决，用户的不悦才会消散。

QA 测试是相当重要的，但还有很多其他提高软件质量的方法。比如，开发标准能让开发人员的开发方式趋于一致，从而避免因开发人员的风格差异导致代码前后逻辑不一致，造成严重的质量问题。开发标准还能让开发人员更好地理解和修改其他开发人员的代码，这使得代码更容易被调试和维护，同时提高了开发人员的生产效率。

在代码评审（Code Review）过程中，一名开发人员会检查另一名开发人员的代码，一般来讲，这名开发人员能够发现原来的开发人员没有发现的问题。评审人员对于如何改进代码也常常会有很好的想法。代码评审有助于在产品测试之前就发现缺陷并及时修复，这也是开发人员互相学习的好方法。

比代码评审更进一步的是结对编程（Pair Programming），这是一种两名开发人员在同一时间一起编写代码的工作方法。他们会并排坐在一台计算机和键盘前，看着同一个屏幕。担任"驾驶员"角色的开发人员负责控制键盘并编写代码。第二个开发人员则扮演着"导航员"的角色，在他的同伴编写代码时检查代码。这两个开发人员常常会角色互换。结对编程可以让两个人都更好地学习，通过合作带来更好的产品设计和更高的产品质量。结对编程是另一种著名的敏捷方法——极限编程的核心原则。

QA 测试主要有两种类型：手动测试和自动化测试。在手动测试中，一个或多个测试人员对产品进行测试，以检测产品开发能否按预期运行。手动测试也被称为"黑盒"测试，因为测试人员不需要知道产品是如何构建的，也不需要知道产品背后的技术。很多公司都有专门的全职测试人员。在没有测试人员的公司中，测试任务就落在其他团队成员（如开发人员和产品经理）身上了。在这种情况下，开发人员通常自行测试自己的代码。拥有专门的测试人员有一个好处，就是他们更有可能发现那些开发人员自己发现不了的问题，因为他们会以全新的视角来进行测试。此外，使用专用的测试资源进行的测试通常会更加彻底。首先，这是测试人员的主要工作，所以他们可以有更多时间进行测试；其次，优秀的测试人员会系统地进行测试，从而检查更多场景；再者，有经验的测试人员能快速找到最合适的测试方法，并且对可能会出现的问题更为熟悉。

在自动化测试中，人们会用软件对产品进行测试并将实际结果与预测结果进行比较。（通常需要开发人员或测试人员）先定义好每个自动化测试用例，一旦指定，它们就可以在你需要的时候运行。每次运行一组测试时，都会生成一个报告，说明哪些测试通过了，哪些测试失败了。自动化测试的一个好处是，它可以节省大量的手动测试工作，特别是那些重复进行的测试。同时，它也存在着潜在风险，即软件只能在团队所写的测试用例范围内做到最好。如果团队不为某些功能编写测试用例，那么它就不会被测试。通过发挥智慧和创造力，手动测试人员能测试很多自动化测试用例中未明确指出的条件和组合。此外，在产品发布之前，手动测试发现的问题可以用来弥补自动化测试中缺失的用例。而且，当团队在进行功能或用户界面更改时，他们必须修改相关的测试用例。

团队在构建新功能或改进现有功能时，应该测试产品的两个方面。第一个称为验证测试（Validation Testing），检查新的或改进的功能能否按预期工作，即它与相关的用户故事和设计图是否一致。一些误解有时会导致产品的实现与其设计不同。开发人员也可能是故意这样做的，因为按照指定的方式实现产品不可行，又或者直接选择了一个省力的解决方案。即使在产品完全按照规定实现的情况下，团队也可能会意识到他们遗漏了或做错了什么。以上所说的任何一个问题都应该在验证测试期间被发现。

产品测试的第二个方面是，确保在构建新功能或改进功能的过程中不会无意中破坏其他现有功能。换句话说，你把特性 D 加入到你的产品当中，并希望确保特性 A、B 和 C 仍然像添加特性 D 之前那样工作，这被称为回归测试（Regression Testing）。在这种情况下，"回归"一词指的是"回到更糟糕的状态"，也就是说，在现有功能中引入一个以前不存在的问题。

很多公司会把手动测试和自动化测试结合起来使用，这样组合的效果相当不错。手动测试对第一次测试新功能（验证测试）很有价值，因为团队可能没办法想到所有相关的测试用例。手动测试人员可以尝试不同的组合和条件来帮助识别极端情况。当时间一天天过去，你会开发出更多功能，产品规模也在扩大，回归测试的负担也随之增加。虽然你可以在产品范围较小时就进行手动回归测试，但随着产品规模的增长而扩充测试团队通常是不可行的。这就是为什么自动化测试非常适合回归测试。随着团队加入了越来越多的新功能，他们只需要添加新的测试用例并根据需要更新以前的用例即可。

12.7　测试驱动开发

很多敏捷产品团队都在使用测试驱动开发（Test-Driven Development，TDD）技术，这是一种在开发人员编写代码之前就编写自动化测试用例的技术。在为所需新功能或旧功能的改进写代码之前，开发人员会考虑如何对其进行测试并编写新的测试用例。第一次运行测试用例时，它应该会失败，因为代码还没有进行修改。如果初始测试没有失败，则表明开发人员没有正确编写测试用例。这样一来，开发人员会继续编写代码，直到他认为编码足够好，可以再进行一次测试为止。如果测试未通过，开发人员将继续工作，直到测试通过。测试成功后，开发人员通常会重构代码以改进其结构、可读性和可维护性，而不会改变其原有功能（同时确保它仍然通过测试）。

测试驱动开发有以下几个优点：首先，它通常能够确保更高的测试覆盖率（Test Coverage），即自动化测试覆盖的产品功能的百分比。因此，它的存在将会减少回归误差，并增强团队修改现有代码时的信心（因为自动化测试可以较为简便地证明他们没有破坏任何功能）。因为产品会随时间而变化，TDD 确实也需要一些费用来维护测试。但是如果一个团队想要随着产品规模的增长扩展他们的自动回归测试，那么他们都需要在开发新功能时编写新的测试用例，无论他们是否决定采用 TDD。

12.8 持续集成

很多产品团队还会通过持续集成（Continuous Integration）来加快迭代他们的产品。接下来，我会从软件开发人员如何管理他们的代码开始解释什么是持续集成。开发团队会通过版本控制系统（Version Control System）来跟踪每一次代码的修改，这使得查看和管理代码的变更变得更简单。版本控制系统还简化了将代码库恢复到之前任一状态的过程，所以一旦有不想要的更改，也可以马上恢复到更改前的代码库。在撰写本文时，Git 可以说是在敏捷开发中最常用的版本控制系统了。

当开发人员对代码进行更改或添加时，他们会从当前稳定版本的代码库——主干代码库开始。版本控制系统允许开发人员在不影响主干的情况下，先从主干的独立副本（也称为分支）开始对其进行修改。当开发人员构建完新功能后，他们会把变更提交到版本控制系统。在此之前，每个开发人员应该编写相关的测试用例来对他们的代码进行单元测试（Unit Testing），并确保全部代码都能通过测试。一组开发人员同时工作，分别提交他们的更改。在将新代码与主干合并且发布之前，所有的更改都要被合并或"集成"，以构建整个产品的新版本。在这个时候就需要执行集成测试（Integration Testing），以确保新产品能按照预期工作。

过去，集成通常是由测试人员手动完成的。持续集成则是指根据最新提交的代码，使用自动构建的方法创建产品的新版本。新代码会被自动化测试，并通知团队哪些测试通过了，哪些测试失败了。团队会修复测试发现的任何问题，一旦新代码通过全部测试，就会把新代码合并到主干以便部署。不同的团队会选择以不同的频率进行持续集成，有的团队选择每天进行一次集成，有的团队喜欢每天进行多次集成，还有一些团队则是在每个单独的代码提交之后再进行集成。持续集成能帮助团队更快地识别并解决产品开发的问题，这提高了团队迭代产品的速度。这与精益产品的原则"尽早发现缺陷，减少浪费"是一致的。持续集成让团队在每个问题一出现时就能将其处理好，而不是让问题在一次又一次低频率的集成之间不知不觉堆积成大麻烦。另一个好处是，你的代码始终处于可交付状态，这让你可以选择在任何时候交付最新的产品。你的测试覆盖率会影响持续集成的效果：测试覆盖率越高，持续集成的效果就越好。

12.9 持续部署

很多采用持续集成的团队也会采用持续部署（Continuous Deployment），即成功通过所有测试的代码将被自动部署。有些公司会自动部署到预发布环境（用户无法访问的内部环境），而有些公司则直接部署到生产环境。这需要把部署流程自动化。正在兴起的DevOps领域推动了操作任务自动化的发展，该领域专注大批量地搭建并运行那些变化迅速、富有弹性的系统。成功打造一个持续部署系统的关键是，如果检测到任何问题，能够立马恢复到之前的代码版本，这被称为自动化回滚。跟踪产品运行状况的指标常被用于触发自动化回滚。

让我们来看一个例子。一名开发人员提交了新代码，想在网站上实现新特性，提交的更改经过持续集成通过了所有测试，并自动部署到了生产环境中。在新代码部署之后，如果网站上的页面加载时间长到让人无法接受，就会导致用户在使用产品时网页响应非常慢，这样长的页面加载时间会触发自动化回滚，将目前的产品版本恢复到之前的版本。

为了更好地工作，持续部署需要有一个强大的分析系统。跟踪服务器运行状况和性能的技术指标是确保系统能正常工作的必要条件，跟踪产品使用情况的指标也是如此。系统需要能够判断新的部署是否会阻碍用户登录或让用户无法使用其他关键功能。你也需要跟踪分析业务是否在正常运转。举个例子，假如你有一个电子商务网站，在部署了一些新代码之后，订单数量突然急剧下降，这个时候你就希望能触发自动化回滚。

这一章涵盖了很多与产品开发相关的内容。我已经分享了几个重要概念的建议和概述。这一章所讨论的许多话题在相关专业书籍中都有介绍。在敏捷开发、QA 和 DevOps 领域中的这些最佳实践提升了技术水平，并使产品团队工作更加高效。这些方法的共同点在于，它们都能够帮助你以更小的风险更快地构建一个伟大的产品。

一旦产品发布了，你就可以发挥数据分析的力量了。一个强大的分析平台可以帮助你了解你的业务是如何运作的，以及用户是如何使用你的产品的。随着时间的推移，当你做出改变时，只要分析你的指标，就会得到有价值的信息，帮助你改进产品及业务。接下来的两章将介绍如何使用数据分析来优化你的产品和业务。

第 13 章

衡量你的关键指标

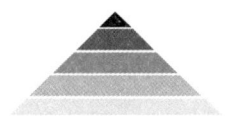

当你开发一款新产品的 V1.0 版本时，产品发布前后应该选用不同的用户研究方法。在产品发布前，由于你还没有用户群，所以只能根据对潜在客户的定性研究来获得对产品的直接反馈。当然，在产品发布之后，你仍然可以通过用户访谈来获得产品反馈，然而有了实际的产品和使用该产品的用户群后，你就能对产品进行进一步的深入了解了。此时，你就可以使用定量研究方法，如数据分析和 A/B 测试。本章将解释如何使用数据分析来建模并评估产品和业务。下一章将在本章的基础上，通过一个结构化过程来分析和改进产品，届时还会通过一个案例来说明清楚。

13.1 数据分析 vs 其他方法

在深入探讨数据分析之前,我想先和大家分享一个实用的用户研究方法框架。这个框架是我的同事克里斯蒂安·罗勒创建的,他是一位成功的用户体验研究与设计总监。这个框架对用户研究的各种方式进行了分类。图 13-1 是罗勒的用户研究方法框架的一个简化版本。纵轴表示收集的信息类型:态度信息或行为信息。态度信息指的是客户如何描述他们的态度和观点。例如,你给客户演示一个落地页的视觉稿,他会告诉你他喜欢绿色的方案,并且非常愿意点击超大的"购买"按钮。客户的这些陈述都传达了他们的态度信息。

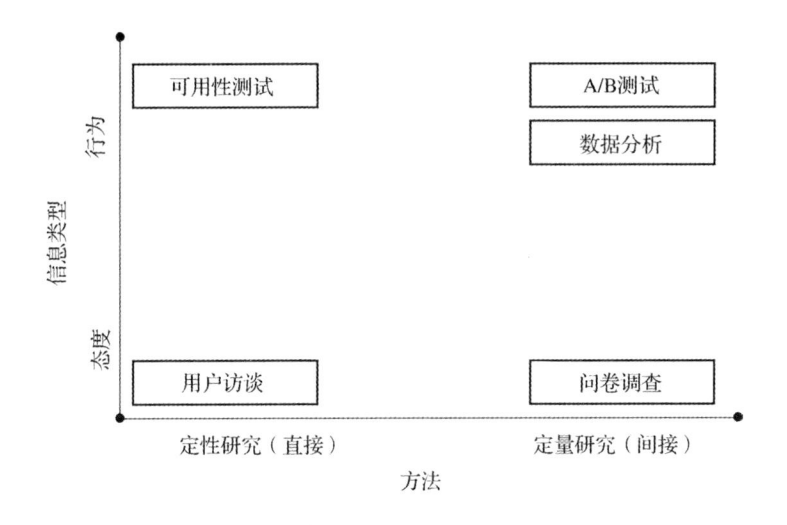

图 13-1 用户研究方法框架

相比之下,行为信息指的是客户实际上如何使用产品。例如,在发布落地页之后,你就可以进行一对一的用户测试,看看哪些客户点击了"购买"按钮。你还可以通过数据分析看看访问落地页的用户中有多大比例点击了"购买"按钮。这两种方式都提供了用户的行为信息。

图 13-1 的横轴是收集信息的方法，这些方法要么属于定性研究，要么属于定量研究。例如，为了了解客户的痛点和偏好，你会对 10 个潜在客户进行一对一访谈。或者，你会观察一个客户是如何使用你的网站的。这两种依靠对客户直接观察的方法都是定性研究。

相比之下，定量信息源自对很多客户统计结果的汇总，这种信息不是指观察某个特定客户，而是指关注一个大群体的统计结果。例如，跟踪"购买"按钮的转化率来看有多少百分比的客户点击了它，或者通过向数以千计的客户发送电子邮件问卷，来了解他们的态度和喜好。通过对这两个情况结果的分析，就可以产生定量的结论。

13.2　感性的 Oprah vs 理性的 Spock

定性研究和定量研究都非常重要，两者相辅相成。定量研究能够告诉你有多少客户在做（或不做）什么，但没办法告诉你客户为什么做（或不做）这件事。而定性研究则会帮助你了解客户为什么这样做，但没办法告诉你有多少人因为某个特定的原因这样做。在市场调研中，通常会从定性研究开始，以了解该提出哪些问题，以及客户可能会给出哪些相应答案（为什么）。有了这些信息，你就能够展开定量研究，找出每个答案分别有多少客户选择（多少人）。

我喜欢把定性方法和定量方法分别称为"Oprah 方法"和"Spock 方法"，以彰显两者之间的区别。广受欢迎的电视节目主持人 Oprah 代表了纯定性研究。她最擅长的就是通过和嘉宾进行长时间、深入的一对一访谈来深度了解嘉宾和他们的观点。而 Spock 则是《星际迷航》（*Star Trek*）中一个讲究逻辑、重视定量分析的角色。他的决策都严格基于客观数据和数字。当你要验证产品的

V1.0 版本的 PMF 时，Oprah 的方法是最为合适的。当产品发布后，你仍然可以使用 Oprah 式的定性研究，但你也可以开始使用 Spock 式的定量研究来优化你的产品。

13.3　用户访谈

图 13-1 框架中的四个象限分别代表一种不同的用户研究类型。用户访谈（User Interview）属于左下角的定性和态度象限。在访谈中，你会试图了解用户的需求和偏好，并确定他们如何看待某一特定问题和所处的背景环境。你无须直接观察用户行为，而是通过一些开放性问题来了解用户的想法和态度。请参阅第 9 章关于如何进行有效的用户访谈的建议。

13.4　可用性测试

可用性测试属于左上角的定性和行为象限。与用户访谈一样，可用性测试属于定性研究，你不仅要关注每个用户所说的内容，更要关注用户的行为。与其听用户说他是否愿意做（态度），不如看看他们实际上有没有做（行为）。可用性测试的主要目标是通过观察用户使用产品原型或最终产品的行为来获得关于用户行为的认知。使用竞争对手的产品进行可用性测试也可以获得有价值的洞察。

即使是以可用性为重点，大多数用户在测试时仍不可避免地会产生态度性和行为性的融合信息。我曾在第 9 章中讨论过，在很多用户测试中，你会直接问用户一些探索式问题。请务必牢记你想要从用户那获取的信息类型和用户提供给你的信息类型是否匹配，这一点非常重要。

13.5 问卷调查

问卷调查属于右下角的定量和态度象限。之所以界定问卷调查属于定量研究，是因为你的目标是从大量客户中获得结果以了解整体情况。问卷调查也是关于用户态度的，因为你只能了解用户是怎么想的，却无法获取用户使用产品的行为数据。

问卷调查特别容易被误用，因此我在这里一定要再强调一遍。一个精心设计的调查可以提供非常有价值的信息，但是你必须清楚其使用目的，以及其使用边界。比方说你对1000个人进行了问卷调查，想让他们对你计划开发的一个全新的、便捷的照片分享应用打分，来看看他们有多大的可能性会使用这个应用（在1~10分的区间），那这就要求太高了。为什么呢？首先，他们对你的产品几乎一无所知。你的产品描述"一个全新的、便捷的照片分享应用"，只传达了13个字的信息，太过笼统。而且，这也不是一个真实的应用，不是可点击的线框图，更不是视觉稿——客户没有太多的信息可以参考。在这样的情况下，人们怎么能够准确地预判他们是否愿意使用这个应用呢？我见过太多这样的情况了，受访者在被要求回答问题时，根本就没有得到足够的有效信息。

第二，由于问卷调查提供的是关于用户态度的主观信息，你必须对这些结果保持谨慎态度。对是否使用新产品，用户往往会给出积极或消极的回答，但他们的实际行为往往与所给的答案不符。相比之下，我宁愿用新产品的落地页做一个冒烟测试，添加一个"购买"按钮，或者让用户提供邮箱地址，把他们放进测试版等待列表里，以观察其转化率。这些行为数据远比问卷调查更可靠。

第三，不同的提问方式和备选答案会导致调查结果大相径庭。你可能会因为不同的提问方式得到截然不同的结果，如果你完全依赖这些结果来做重要的决策，后果将不堪设想。如果你没办法一下就分辨出问卷调查的质量，那你可以把自己当作被访者体验一下。只要确保问卷调查能够提供你需要获取的信息，并且你（或向专业人士咨询后）有能力设计好，就可以放心地使用问卷调查了。

如果说问卷调查不适合某些类型的问题，那都适合哪些问题呢？问卷调查主要适用于一些了解用户态度的简单问题。例如，第 4 章就讨论了如何使用问卷调查来衡量重要度和满意度。问卷调查可以帮助你了解人们对产品和品牌的感受，也可以了解客户是如何看待你的竞争对手与你的产品的。通过追踪问卷调查，在一段周期内定期向客户提出相同的问题，能有效了解该时间段内的变化趋势。

13.5.1 净推荐值

净推荐值（Net Promoter Score，简称 NPS）是一种使用最广泛的基于调查的指标。这个指标建立在"你有多大可能性向朋友或同事推荐产品 X"这一简单问题的结果之上。推荐的可能性范围从 0 到 10，其中，10 代表"极有可能"，0 代表"完全不可能"。给 9 分或 10 分的用户被称为推荐型用户，给 7 或 8 分的用户被称为消极推荐型用户；而那些回答 0 至 6 分的人被称为贬低型用户。净推荐值是将推荐型用户的百分比减去贬低型用户的百分比，其范围是 −100~100。

NPS 衡量的是客户对产品的满意度，它也可以作为 PMF 的替代指标。客户只会推荐他们非常满意的产品。尽管单次的 NPS 调查的平均数有一定的价值，但持续定期追踪 NPS 会更有意义，因为它会随着 PMF 的提高而增长。当然，在你的产品出现问题时，NPS 也会随之降低。因为 NPS 衡量的是客户的整体情绪，能提醒你关注产品以外更广泛的领域，包括客户服务或售后支持。这也是为什么你需要在调查中加入一个开放式问题，用以询问客户为什么给了这样的分数。你还能通过与竞品的 NPS 比较来了解自己的产品在市场中的位置。

13.5.2 肖恩·埃利斯的产品 - 市场匹配问题

肖恩·埃利斯（Sean Ellis）是一位才华横溢的营销人员和精益创业实践者。他提出了"增长黑客"的概念，并经营着社区型网站 http://growthhackers.com。埃利斯也是用户洞察力公司 Qualaroo（http://qualaroo.com）的首席执行官。他曾帮助很多公司实现了用户的高速增长。

和我一样，埃利斯也主张在实现 PMF 前，不应该为了扩大业务而盲目投资。因此，他开发了一个问卷来评估你的产品和市场的匹配程度。在调查中，你可以询问客户："如果你不能再使用产品 X，你会有什么感觉？"四个可选的答案是：

- 非常失望。
- 有点失望。
- 不太失望（它其实并没那么有用）。
- 无法回答（我不再使用产品 X 了）。

在对很多产品进行调查后，埃利斯得出了一个经验性结论：如果有 40% 或更多的用户对这个问题的回答是"非常失望"，则意味着该产品往往已经实现了 PMF。根据产品类别不同，该基准可能会发生变化，但这是一个很好的经验法则。为了更精准地解读产品与市场的关系，埃利斯建议向那些至少使用过你的产品两次以上，并在最近也使用过的用户随机发放问卷调查。正如我在 NPS

部分建议的一样,在调查最后提出一个开放性问题:"请告诉我们,你选择这个答案的原因。"

13.6 数据分析和 A/B 测试

图 13-1 右上象限中的数据分析和 A/B 测试属于定量研究和用户行为。数据分析能够分析真实的用户行为,所以你不必担心用户言行不一的情况。与对用户行为的定性研究不同,数据分析能够收集大量的用户行为数据,从而得出具有统计学意义的结论。

假设你有一个落地页,通过数据分析发现该界面的转化率只有 5%,远低于预期。经过一番改进之后,你设计了一个新的版本。接着进行了可用性测试,询问用户对新页面的反馈。

反馈普遍是积极的:10 个用户中有 9 个表示会点击"注册"按钮。于是,你决定把这个新页面发布出去。在发布之前,你并不能准确预测新设计的转化效果。在实际测试中,转化率不太可能达到 90%,这种在可用性测试中产生的虚高的测试结果是由引导式的用户测试造成的。虽然你期望转化率上升,但仅用可用性测试结果作为依据是很难得出合理的量化结果的。

通过 A/B 测试,你可以让一部分用户看到新版本,而另一部分用户看到的仍然是旧版本,同时追踪两个版本的结果。这样你就可以知道转化率的差异。如果你的用户量足够大,你就可以对两个版本的不同效果做出更有把握的量化预测。

对任何产品团队来说,数据分析都是充分了解用户如何使用产品的关键。虽然数据分析无法提供全部信息,你仍然需要通过定性研究来了解你的用户,但如果没有数据分析,你就完全是在盲目行动。用彼得·德鲁克的话说:"你无法管理你没法衡量的东西。"A/B测试建立在数据分析的基础之上，让你能够了解每次改变产生的影响。它提供了一个实验平台，也是一个可以使精益团队快速创新的强大工具。

值得一提的是，罗勒的研究方法框架的完整版本还包括了第三个维度，即"使用场景"维度。他区分了每种研究方法和对应的产品使用场景。自然使用产品的场景（如数据分析）、使用产品脚本的场景（如可用性测试）和不使用产品的场景（如探索式用户访谈）。我建议你去研究一下他的完整框架，它对二十种不同的用户体验研究方法进行了分类。你可以在尼尔森诺曼（Nielsen Norman）集团的网站上找到它：http://nngroup.com/articles/which-ux-research-methods，还可以在http://xdstrategy.com 上看到罗勒的其他出版物和博客文章。

了解了数据分析和A/B测试的作用后，我们再来看看使用了这些强大工具的框架。

13.7 分析框架

任何业务都有大量的指标可以跟踪，以便了解其运行情况。因为可优化的指标非常多，所以拥有一个涵盖完整业务的整体分析框架将大有裨益。它不仅能让你清楚地了解各种指标为何会组合在一起，还能帮助你确定应该关注的重点领域。

13.7.1 Intuit 的商业分析框架

在Intuit推出一个新的网络产品后，为了跟踪和改进我们的产品业务，我创建了一个分析框架，它涵盖了业务的四个主要元素：

- 获客：我们的营销方案为网站带来了多少潜在用户（新访客）？
- 转化：访问网站的用户中有多少比例会成为注册用户？
- 留存：随着时间的推移，活跃用户的比例是多少？
- 收入：我们的用户给我们带来多少收益？

产品发布后，用户开始注册使用，我们也开始获得收益，所以我们对 PMF 很满意。但是我们发现转化存在一定的问题，那就是注册用户的比例低于我们的预期。由于特殊的产品性质，我们的注册流程长达数页。通过分析，我们测算了注册过程的每个环节会有多少潜在用户流失。随后，针对流失最严重的环节，我们进行了可用性测试，发现了几个用户体验设计问题。基于这些问题，我们马上对用户体验设计进行改进。改进发布之后，转化率提高了 40%。值得一提的是，因为我们为不同的用例和可用性测试都构建了非常详细的模型，并且拥有准确的指标数据，所以我们才能够对改进效果做出精确预测。

这个例子很好地说明了定量研究和定性研究应该如何协同工作。定量研究能明确地告诉我们遇到的是转化问题，并且确定了用户流失最多的环节，但它无法告诉我们原因。定性研究给了我们理解和解决问题所需的洞察力。在我们进行修改后，定量分析又向我们展示了改进方案所带来的影响。

13.7.2 Friendster 的分析框架

两年后，我加入了社交网络先驱——Friendster 公司。我又想通过数据分析来跟踪和改进产品业务，于是我开发了一个分析框架。Friendster 公司同意将我们的用户数量作为最重要的指标，因为得益于网络效应，社交产品的产品价值会随着用户数量呈指数级增长。另外，我们当时还处于社交网络的早期发展阶段，所以市场空间仍然很大。用户数量增长的最佳方法就是让我们的现有用户邀请尽可能多的潜在用户加入其中。如果平均每个用户引入足够多的潜在用户，而且这些潜在用户还能转化出至少一个新的活跃用户，那就实现了病毒式增长。社交产品都具有很高的病毒式增长潜力（哪怕不是病毒式增长，也能做到快速增长）。通过现有用户产生新用户的详细步骤被称为病毒循环。

在 Friendster 公司，我构建了一个分析框架以便进一步优化病毒循环。这个框架包括：病毒式获客，不包括其他渠道增长的会员；转化，因为潜在用户必须通过我们的注册流程才能成为用户；由于只有活跃用户才能邀请他们的朋友加入，所以框架中还包括留存问题。但该框架不包括收入（我们会单独跟踪这一项）。我将在下一章进一步分享关于 Friendster 分析框架的案例研究。

以上两个分析框架的业务目标都并非这两个企业所独有。事实上，它们广泛应用于所有业务类型。总而言之，几乎每家公司都有以下五个共同目标：

- 希望让潜在用户了解其产品。
- 希望将这些潜在用户转化为实际用户。
- 随着时间的推移，希望尽可能多地留住用户。
- 希望从用户那里获得收入。
- 希望现有用户能传播产品的信息以产生潜在用户。

13.7.3　AARRR 指标

2007 年，我有幸见到了戴夫·麦克卢尔。你很可能已经听说过戴夫了，他把自己描述为"极客、营销人员、投资者、博主和麻烦制造者"。戴夫是创业种子基金和孵化器——500 Startups（http://500.co）的联合创始人。那一年，他发表了演讲，分享了他的"初创公司的海盗指标"（Startup Metrics For Pirates）框架。看到他的框架和我在 Intuit 和 Friendster 开发的框架那么相像，我感到由衷地高兴。戴夫的表达方式非常简单、有效、直接，因此，他的框架具有非常高的价值和广泛的适用性。

戴夫和我的框架只在术语上有两个细微的差别。首先，戴夫使用了术语"激活"而不是"转化"。对戴夫来说，"激活"是一个更为宽泛的术语，它包含了我定义的"转化"，还包含了潜在用户除了成为用户以外，还会与产品产生其他互动。例如，潜在用户可能不会注册你的服务，但可能会向你提供他的电子邮件地址，以便收到有关产品动态的通知。这样的行为不符合转化为正式用户的条件，但可以作为一个激活指标来衡量。其次，戴夫使用了"推荐"这个词（一个十分恰当的术语）来描述现有用户引导新的潜在用户了解产品的行为。戴夫将他的框架称为"初创公司的海盗指标"，这五个指标——获客、激活、留存、获利、推荐（Acquisition，Activation，Retention，Revenue，Referral）的首字母缩写就是"AARRR!"（再加一个感叹号，表示好指标）。

在他的演讲中，戴夫建议记录并跟踪这五项关键指标构成的框架中的两到三项。这是一个好主意，因为转化漏斗（Conversion Funnd）不只是一个整体指标，你还可以（并应该）跟踪到更详细的指标。因此，我们可以区分相关的宏观指标和微观指标。关于如何根据给定的宏观指标跟踪最佳微观指标，我将在后面通过自创的"剥洋葱分析法"做讨论。

互联网数据分析公司KISSmetrics创建了一个出色的图表来描述AARRR模型，我对其稍作修改（见图13-2）。KISSmetrics能创造出这个图表并不偶然，因为其首席执行官兼创始人席腾·沙阿（Hiten Shah）就是精益创业和数据分析的思想领袖之一。

第13章 衡量你的关键指标 253

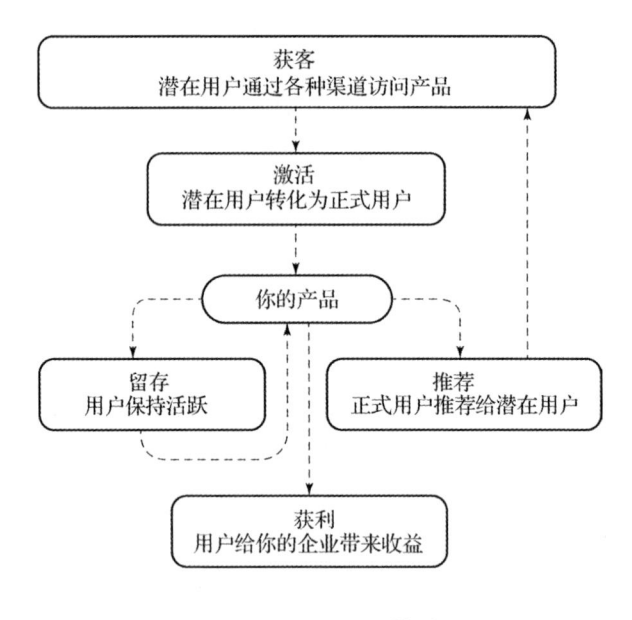

```
                    获客
              潜在用户通过各种渠道访问产品

                    激活
              潜在用户转化为正式用户

                    你的产品

         留存                    推荐
      用户保持活跃           正式用户推荐给潜在用户

                    获利
              用户给你的企业带来收益
```

图 13-2　AARRR 模型

13.8　明确北极星指标

在业务生命周期的各个阶段，AARRR 模型的五个宏观指标中往往会有一个是比其他指标更重要的。我称之为"北极星指标"，或简称 MTMM（Metric That Matters Most）。你可以通过改善其他指标来提升业务，但是 MTMM 是那个能够提供最高投入产出比的指标，它能立竿见影地提升业务质量，这种"马上奏效"是很重要的。在某种程度上，当你在这个 MTMM 上取得重大进展后，它就不再是 MTMM 了，因为这时候将会有另一个指标能提供更高的 ROI。举个例子，假设在推出产品后，你意识到进入注册流程的用户中只有 10% 会完成注册，因而决定把注册转化率设为业务的 MTMM。于是你对注册流程进行了用户测试并发现了几个可用性问题，还发现了表单在某一特定浏览器上不适配的问题。此外，你还检查了服务器日志并意识到有时会出现系统错误，导致表单无法顺利运作。因此你与团队一起努力解决了所有问题，并看到注册转化率提高到了 90%。这时，注册转化率就不再是你的 MTMM 了，其他可能提供更高 ROI 机会的指标就会成为新的 MTMM。

收益递减规律会导致 MTMM 不断发生变化。当你第一次专注于优化业务特定指标时，很快就会想到一些点子，即不费吹灰之力便可实现重大改进。在你完成这些改进后，下一轮的 ROI 会降低，并且会随着你取得的进展变多而继续降低。

对新产品来说，通常有一个自然顺序，其中，优化宏观指标是非常有意义的。一个常见的做法是：按照 MTMM 的方法论，往往先优化留存环节，然后换为转化，接着是获客。让我们来探究一下原因。

13.8.1 首先优化留存

在开发新产品时，首先需要实现 PMF。除非你明确知道用户认可产品的价值，否则花费大量资源来获取用户是没有意义的。优化转化也没有意义。在这些领域花费时间不仅对业务发展意义不大，还会占用你去做那些最重要事情的宝贵时间。如果用户在你的产品中发现了价值，他们就会继续使用它；否则，他们就会弃用。留存是与 PMF 最密切相关的宏观指标。因此，它通常是新产品的第一个 MTMM。

13.8.2 在获客前优化转化

当通过良好的客户留存验证了产品与市场的高度匹配度之后，你就可以确定潜在用户在使用产品后极有可能成为正式用户。而接下来最合理的做法是，确保潜在用户能以最高比例转化为正式用户。这是因为记录和跟踪转化的宏观指标已成为业务的 MTMM。为什么不专注于获客呢？那是因为即便将更多的潜在用户推到你的产品面前，如果用户的转化率低于应有的水平，很多潜在用户还是不会成为正式用户。在你全心专注于获客前应当先优化转化，由于更高比例的潜在用户会转变为用户，因此会有更高的回报。

13.8.3 优化获客

一旦优化完留存和转化，就应该专注于获客，即通过更新、更好的方式来吸引潜在用户。你可以探索全新的获客渠道、细分目标市场、优化信息触达、优化定价、开展促销等方式。在探索过程中，通常会使用比较小的样本量来测试每个新想法。一旦实验证明某个特定的新想法行之有效，就可以在更大的范围内进行推广。

简而言之，获取新客户的方式可以分为"付费获客"和"免费获客"。付费获客需要通过推广费用来吸引潜在用户，如在谷歌或脸书上宣传你的产品。而病毒循环则是免费的，用户的行为会促使其他人尝试你的产品，但你无须向他们支付任何费用。自然搜索是另一个免费获客渠道。

付费获客和免费获客之间的区别很重要，因为它会直接决定业务应该先获取用户还是先获得收入。如果获客成本为零或较低，那么可以先优化获客，因为你不需要借助营收来支持新客户的获取。反之，如果业务的发展依赖于昂贵的付费获客，你就需要在获客前专注于提升收入以降低风险。一旦知道了每个用户都会带来一定量的收入时，你就会有信心投入更多资金去获取更多用户。你还可以跟踪和优化许多业务指标。一个成功的新产品始于 PMF 的实现，因此找到最佳的衡量方法十分重要。在我的演讲和研讨会中，常常会问听众这样一个问题："如果只能通过一个指标来衡量你的 PMF，那会是什么指标？"我通常会得到各种各样的答案。有些人认为收入是最终的衡量标准。有些人认为用户增长才是最重要的。根据企业的具体情况，这两个指标都可能是业务的 MTMM。然而，经过深思熟虑后再回答"如何衡量你的 PMF"时，答案便是：留存率是衡量 PMF 的最佳指标。接下来我们将深入探讨留存率，以及如何对其进行评估。

13.9 留存率

留存率是衡量一款产品活跃用户比例的指标。计算方式为：活跃用户数量/总用户量。通过跟踪留存率，你能了解到在某一时间周期内，有多少用户一直在使用你的产品。相较于其他指标而言，留存率更为复杂。由于不同用户会在不同的日期开始使用你的产品，所以不能直接通过日历上的自然日期来统计留存率（尽管其他指标可以采取这种方法）。对留存率而言，最直观的做法是用"相对天数"来进行统计，即每个用户注册后的使用天数。

13.9.1 留存曲线

留存曲线（Retention Curves）是一种直观展示用户留存率的方法，图 13-3 就是留存曲线的一个示例。纵轴是老用户百分比，横轴是新用户注册后的天数。曲线上每个点的数值都是根据用户的注册天数和使用数据计算得来的。留存曲线总是从第 0 天（每个用户注册的那一天）的 100% 开始，之后随着时间的推移，越来越多的用户停止使用产品而递减。留存率在第 1 天（注册后的第二天）可能会大幅下降。因此，第 0 天的数据通常不显示在图表上，显示的第一个数据其实是第 1 天的留存（即次日留存），这样生成的图表也更容易理解。

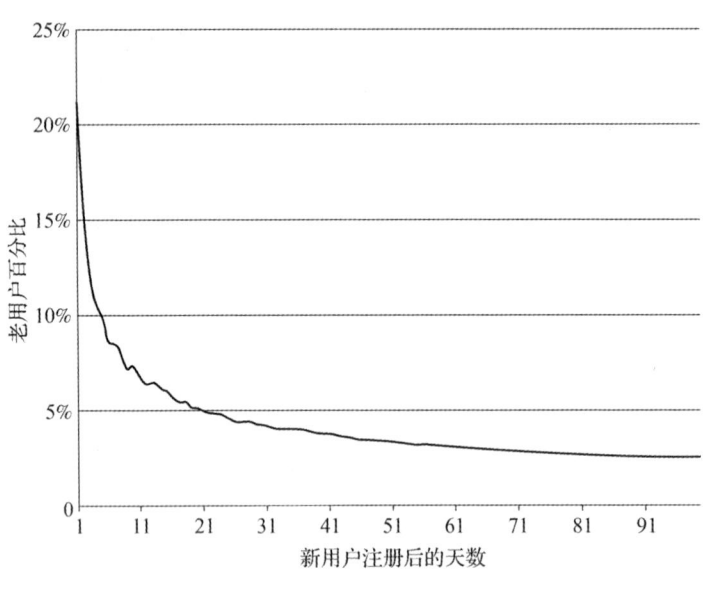

图 13-3 留存曲线

在图 13-3 所示的留存曲线中，第 1 天的数值在 20% 之上，这意味着使用该产品的老用户中近 80% 没有再次使用。这个"最初放弃率"（Initial Drop-off Rate）是留存曲线的关键参数之一。不同类型产品的最初放弃率不尽相同。图 13-3 所示的是一个移动应用程序的留存曲线，这一产品类别的最初放弃率非常高。试想一下：人们一直在安装和使用新的移动应用程序。一旦应用程序没有在人们第一次使用后让他们在脑海中留下深刻的印象，人们就不会再打开这个应用了，还会将其抛之脑后。除非通过推送去唤醒用户，提醒用户曾经使用过该应用程序，否则他们就会忘掉。这也是为什么推送功能对移动应用程序十分重要，目的就是解决"看不见就忘掉"的问题。

留存曲线的第二个关键参数是从初始值开始下降的速度。随着时间的推移，有些留存曲线下降得非常快，有些则下降得比较慢。留存曲线可能会一直下降直至趋近于零，或者最终会变成一条水平线（渐近线）。如果留存曲线趋近于零，就意味着你最终失去了这一批用户；如果留存曲线在某一数值上变得平稳，那就是用户留存的最终百分比。第三个关键参数是留存曲线的平稳终值（Terminal Value），一个产品留存曲线的平稳终值可能在5%，而另一个产品的平稳终值可能是20%。

以上提到的三个不同的留存曲线参数——最初放弃率、下降速度和终值，是PMF的直接衡量标准。PMF越强，最初放弃率越低，下降速度越慢，终值就越高；PMF越弱，最初放弃率越高，下降速度越快，终值就越低。终值是三个参数中最重要的一个参数，因为它回答了这样一个问题："长远来看，在使用过你产品的用户中，有多少比例的用户会继续使用它？"如果产品A的终值为1%，产品B的终值为50%，即使没有这两个产品的其他信息，我也可以肯定地判断PMF更高的产品是B。

PMF似乎是一个有点模糊和难以衡量的概念。然而通过留存曲线，能很好地衡量PMF。此外，还有其他原因也使得留存率成了衡量PMF的终极指标。留存率作为一个只衡量了PMF的指标，不会与其他宏观指标（如获客）相混淆。为什么这么说呢？假设使用活跃用户（Active User）数作为PMF的衡量标准，尽管活跃用户数在不断上升，但只有新用户也在同步增加（通过获客和转化）时才会发生。你所看到的活跃用户数的增长趋势可能是因为适量的新用户增长和高留存率导致的，也可能是因为高速的新用户增长和低留存率造成的。如果只跟踪活跃用户数，就无法分辨这两种情况。

这也是为什么在追踪用户数量时，首先要区分新用户和老用户，后者是留存率计算公式里的分子。新用户是指在某个时间段内第一次使用该产品的用户。老用户是指成为产品的用户后，在特定时间段内再次使用该产品的人群。追踪产品不同周期的老用户是有价值的，尽管我们都希望老用户的数据能不断、快速地上升。但与留存率不同的是，老用户数量并不只是衡量留存率的方法，它与获客和转化也是息息相关的。老用户的数量代表了在某个特定时间段内所吸引并保留下来的用户数量。

由于留存率回答了"在特定时间段内吸引的用户中，有多少比例的用户仍然处于活跃状态"，并能衡量产品与市场的匹配度，所以可以通过留存曲线衡量一段时间内 PMF 的改进情况。例如，每个月都可以生成一条新的留存曲线，进而生成一组不同的留存曲线，每条曲线都反映了每个月新注册用户的留存数据。

13.9.2 群组分析

一组具有共同特征的用户（如他们注册的月份一样）被称为一个群组。群组分析（Cohort Analysis，也常被叫作"同期群分析"）是指随时间变化对不同群组指标进行分析，这是一个强大的工具。图 13-4 展示了三个不同群组的留

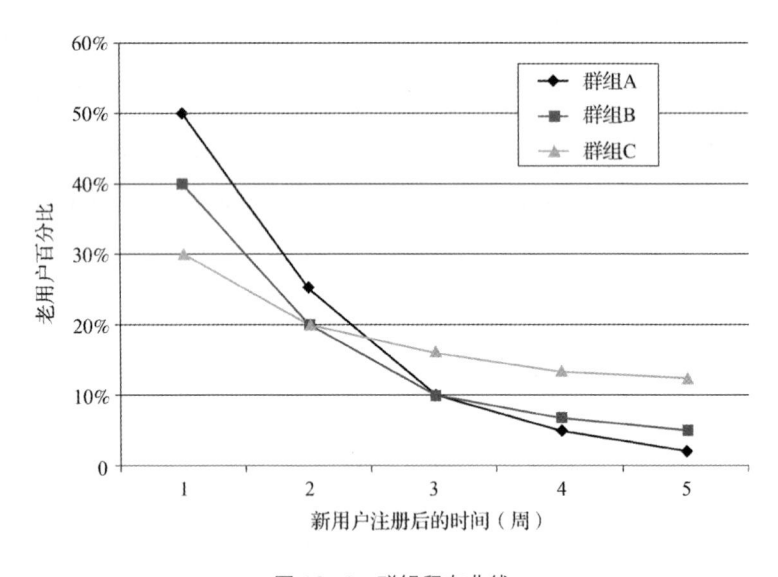

图 13-4 群组留存曲线

存曲线。横轴是注册后的周数。如图所示，群组 A 的最初放弃率最低，衰减速度最快，终值最低。群组 C 的最初放弃率最高，衰减速度最慢，终值最高。群组 B 的曲线参数介于群组 A 和群组 C 之间。那么，这三个群组的留存曲线，你更希望拥有哪一个？我会选择群组 C 的留存曲线。

群组 C 的终值最高，从第 3 周开始，群组 C 的活跃用户比例高于其他两组，因此可以转化为更多的收入。需要注意的是，如果一张坐标图上有超过五条群组的留存曲线，那么由于群组数据杂乱，曲线相互交错，图就会变得难以阅读。

表 13-1 展示了多个群组留存曲线数据的标准格式。从第一列可以看出，每一行都是一个群组。表格显示了 1~5 月每月的群组，这里可以看作是到 6 月之前用户情况的一个快照记录。第二列显示的是每个群组的初始用户数，之后的每一列中都是根据注册月份形成的群组的活跃用户数量。群组留存月份越长，其曲线上的数据点就越多。

表 13-1　群组原始数据

群组	新用户数量	活跃用户数量					
		第 1 个月	第 2 个月	第 3 个月	第 4 个月	第 5 个月
一月	10 000	3 000	2 000	1 000	500	300
二月	8 000	2 700	2 000	1 000	700	
三月	9 000	3 200	2 500	1 500		
四月	11 000	4 200	2 500			
五月	13 000	5 200				

表 13-1 中的数据被用来计算表 13-2 中的数值。表 13-2 单元格中的百分

比是各个群组在该时间段内的留存率。留存率的计算方法是该群组在特定时间范围内的活跃用户数除以初始用户数。表 13-2 中的每一行都对应着坐标图上一条独立的留存曲线。

表 13-2　群组留存率

群组	留存率					
	初始比率	第 1 个月	第 2 个月	第 3 个月	第 4 个月	第 5 个月
一月	100%	30%	20%	10%	5%	3%
二月	100%	34%	25%	13%	9%	
三月	100%	36%	28%	17%		
四月	100%	38%	23%			
五月	100%	40%				

13.9.3　观察 PMF 是否提升

如果 PMF 能随着时间不断提高，那么群组留存曲线也将不断提高，从而在更新后的群组中达到更高的终值。图 13-5 是一个理想案例，展示了使用同一产品的三个不同群组的留存曲线。群组 A 的用户是在 24 个月前我们刚推出 MVP 时注册的，群组 B 的用户是 18 个月前注册的，群组 C 的用户是 12 个月前注册的。随着时间的推移，由于我们一直不断改善 PMF，留存曲线也在上升。并且每一个后续的群组都比前一个群组有着更低的最初放弃率、更低的衰减速度和更高的终值。

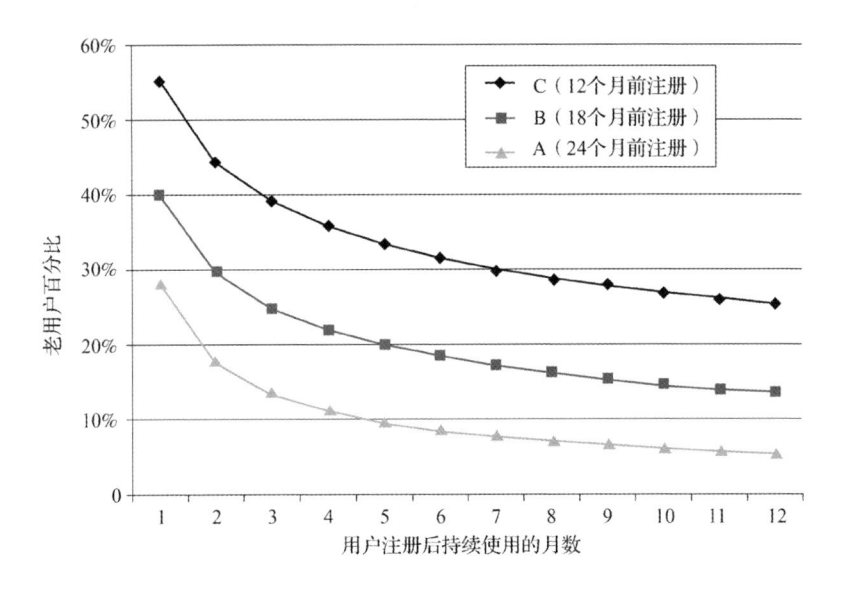

图 13-5　理想案例留存曲线图

13.10　业务公式

AARRR 模型能很好地适用于所有类型的业务，帮助你在正确的时间关注正确的指标。但在某些时候，你需要根据特定的商业模式，进一步优化业务。常见的商业模式包括电子商务、订阅和广告。在为客户提供咨询服务时，我会使用"业务公式"这个强大的工具分析和优化商业模式。

每当要优化某个项目时，我的工程学和数学背景都会让我本能地用公式来表达。在学校里经常会遇到这样的问题，变量 X 的变化会影响变量 Y 的数值，目的是找到一个最合适的 X 数值，让 Y 最大化。这种题目的高阶版本会涉及多个变量。但无论怎么变化，起点总是一个已知的公式：变量 Y 是如何被变量 X（或其他变量）影响的。虽说这是数学的理论推演，但是你可以将这种技巧应用到真实的商业世界。

每一项业务都可以用一个公式来表示。我们的目标是为你的业务找到一个定量描述方式，通过调整相关指标，优化你的业务结果。如果现在你还不太清楚应该如何做到这一点，那就让我们来看一个例子。

你可以从一个适用于所有业务的公式开始：

$$利润 = 收入 - 成本$$

从这个公式中，你会发现通过增加收入或降低成本可以增加利润。你可以将其应用于任何时段（如天、周或月）。虽然收入和成本作为指标过于抽象，但这是一个不错的起点。接着，可以把这些抽象的指标拆解为更具体的指标并纳入公式。这就是我之前所说的"剥洋葱分析法"。

大多数高科技公司，尤其是那些试图实现 PMF 的公司，更注重增加收入而不是降低成本。这是因为当大多数高科技公司的产品销量越高时，每增加一个单位的增量收入（称为边际收益），会超过生产该额外单位的增量成本（称为边际成本）。边际收益和边际成本之间的差距会随着销量的增加而增大。

脸书就是一个很好的例子。他们有超过 10 亿的用户，为了让众多用户及时体验脸书网站和移动应用程序，需要大量的服务器、存储、网络硬件和带宽来支持脸书的运行。脸书需要为每个新用户开发额外的软件吗？当新用户加入时，他们是否需要添加额外的服务器？不，答案是不需要。唯一需要增加的资源是保存用户数据所需的少量存储空间和额外的带宽。基于各方面的考量，通常认为脸书获取新用户的边际成本为零。

脸书的主要收入来源是旗下产品内的广告投放。新用户将产生少量的广告收入，因此，几乎为零的边际成本和较小的边际收益会产生较小的边际利润。

让我们把公式中的收入分解为可操作的指标。尽管有不同的拆解方式，但是以"每个用户"为基本单位的效果通常最好：

$$收入 = 用户数 \times 每个用户带来的平均收入$$

从这个公式可知，增加收入的方式有两种：增加用户数或增加每个用户带来的平均收入（Average Revenue Per User，ARPU）。也许你以前听过 ARPU 这个术语，这是很多企业都在跟踪的一个关键指标。

13.10.1 广告收入模式的业务公式

收入模型是将用户数和 ARPU 做进一步拆解的最佳方法。假设我们有一个通过页面曝光盈利的业务。对于许多靠广告获取收入的产品而言 [想想最受欢迎的内容网站，如 YouTube 或纽约时报（New York Times）网站] 看到广告的人不一定是注册用户。我们将这类用户称为"访客"（Visitors）。考虑到追踪网络轨迹时的细微差异，我们会用术语"独立访客"（Unique Visitors）来特指那些在特定时间段内尽管有多次访问记录，但只记录为一次的用户。因此，对广告业务而言：

$$收入 = 所有访客数量 \times 每位访客带来的平均收入$$

卖给广告公司的服务以广告曝光量（Impressions）为单位进行结算，这个术语指的是该广告仅仅只是出现在用户访问的页面，并不代表访客真正看到了该广告。比如，一个广告商购买了一个 10 万次的曝光，出售展示服务的媒体网站将广告上架后会追踪访问曝光量数据，一旦到达 10 万次访问量后就会将广告下架。广告的成本以 CPM 为单位，即千次曝光成本（Cost Per Thousand Impressions，这里 M 指的是 1000 次访问）。如果本次活动的 CPM 为 10 美元，那么 10 万次曝光的活动总成本为 1000 美元。CPM 是在同等情况下判断广告为网站产生收益的好方法。因此，你常常会听到"有效的 CPM"被作为一个通用术语。我们现在可以把每位访客带来的平均收入计算为：

$$每位访客带来的平均收入 = 每位访客的曝光量 \times 有效的 CPM \div 1000$$

我们很难对 CPM 做更进一步的拆解了。从公式中可以看出，这是一个对收入有成比例影响的具体指标。如果你能把有效的 CPM 翻一番，收入也就会翻一番。

我们如何进一步拆解每位访客的曝光量呢？请记住，这些公式都只适用于某个特定时期。那么，是哪些因素决定了特定时期内向访客曝光的数量呢？由于访客可能在同一时间段内多次访问我们的网站，因此我们可以对此进行建模。广告在网站的各个页面都有展示，因此访客平均访问的网页越多，广告的曝光量就越大。最后，我们会通过控制每个页面上的广告曝光量，把每位访客的曝光量计算为：

$$每位访客的曝光量 = \frac{访问次数}{访客数量} \times \frac{页面浏览量}{访问次数} \times \frac{曝光量}{页面浏览量}$$

公式中的这些指标都是我们试图控制的变量。这些指标值的变化将导致收入的比例变化。我们可以提高访客对网站的访问次数，例如，我们可以经常更新内容或发送电子邮件引导访客重访网站。通过将文章放在多个页面或附上相关的链接，我们也可以让访客每次访问更多的页面。我们甚至可以在每个页面上展示更多广告，尽管可能会对用户体验产生负面影响，但的确能提升用户的留存指标。

既然我们已经尽可能地提升了每位访客带来的平均收入，现在可以来了解如何增加访客数量了。正如我先前提到的，最好对新访客和老访客做区分。

$$访客总数 = 新访客数 + 老访客数$$

新访客是指在特定时间段内第一次访问你产品的人。新访客的总数可以通过多种方式进行细分，如通过他们的渠道或来源做分类。很多企业通过免费和付费渠道对新用户进行分类，如区分自然搜索来的用户和点击付费广告所获取的用户。如果你的产品能进行病毒循环，你就可以把新用户分成通过病毒式传播获得的用户和未通过病毒式传播获得的用户。你还可以进一步将通过病毒式传播获得的新用户数拆解为病毒循环的衡量指标。

老访客是指在特定时间段内访问你产品的人，他们在这个时间段之前已经访问过你的产品。我们可以用之前一段时间内的访客总数乘以留存率来表示老访客。此留存率与我们前面讨论的留存率略有不同，因为它的背景仅限于从一段时期到另一段时期（如从某个月到下个月），而不是贯穿访客的整个生命周期。因此，我们称之为"回访率"（Return Rate），以避免混淆。我们将老访客表示为：

$$老访客数_T = 老访客数_{T-1} \times 回访率$$

我用下标 T 表示当前时间段，$T-1$ 表示前一个时间段。老访客数和访客总数只是能测量的客观值，你的目的不是对其做任何影响。回访率将是我们需要提高的指标。例如，我们在每周或每月推送一次电子邮件，邮件中包含当下流行或推荐故事的链接吸引用户回访。我们采用以下两个数值计算回访率。

$$回访率 = \frac{老访客数_T}{访客数_{T-1}}$$

复盘一下就可以知道，我们从一个抽象的公式入手，通过不断的拆解，让其最终变成可操作的指标。这就是我所谓的"剥洋葱"。尽管我们用到的是广告业务的例子，但"剥洋葱"可以在任何业务上广泛使用。

13.10.2　订阅收入模式的业务公式

有了之前对广告业务的详细讲解，现在我们省略相同的步骤，直接对订阅业务做个拆解。

$$利润 = 收入 - 成本$$

我们将再次关注增加收入而非降低成本。

$$收入 = 付费用户数 \times 单个付费用户带来的平均收入$$

我之所以用付费用户（Paying Users）这一术语替代用户，是因为考虑到实际情境中并非所有用户都是付费订阅用户。举个例子：我们会为用户提供三十天的免费试用期。我们在提供免费增值商业模式的同时还提供付费订阅服务。在这个例子中，假设我们所有的服务都需要付费订阅，尽管我们实际上有免费试用服务。

$$付费用户数 = 新增付费用户数 + 重复付费用户数$$

和之前的例子相同，我们把付费用户的数量拆解为我们在这段时间内获得的新增付费用户数加上之前留存的付费用户数。

$$重复付费用户数_T = 付费用户数_{T-1} \times (1 - 退订率)$$

与前例相同，我们把用户分为：当前时段（用下标 T 表示）的重复付费用户、前一时段（用下标 $T-1$ 表示）付费并延续下来的用户。退订率是指从前一个时间段到目前退订付费用户的百分比。这是订阅业务有在被持续追踪并尝试改进的一个重要指标。由于我们已经多次在用户方向上对指标进行拆解，所以现在让我们回到新增付费用户数来进行指标细分。

$$新增付费用户数 = 免费试用用户数 \times 试用转化率 + 直接付费用户数$$

我们网站上的某些潜在用户会立即订阅我们的付费产品（直接注册付费）。而其他潜在用户则可能会先注册免费试用（免费试用用户）。试用之后，由于只有一定比例的免费试用用户会转化为付费订阅，所以可以通过试用转化率来衡量。

我不再列出详细公式，但是我们可以进一步拆解免费试用用户数，用以说明获得潜在用户的不同渠道来源。该公式的拆解还应该包括从潜在用户到免费试用用户的转化率指标。这将帮助我们很好地衡量营销工作（如加载落地页、电子邮件活动等）的有效性。

这个例子讲的是另一种完全不同的商业营收模式，从中可以看出业务公式的通用性。你应该和团队坐下来好好确定公司的业务公式。目的是确定你需要测量并改进的关键指标。业务公式将有助于你了解每个指标的变化会对总体业务结果产生的影响，从而确定改进指标的优先次序。

13.11 实现盈利

之前我解释了适用于特定时间段（如天、周或月）的业务公式。另一种业务公式则是忽略时间，以每个用户为基本单位。

利润 = 用户数 × 单客利润

如果你仍在追求 PMF，那么这种业务公式则毫无意义。但是，如果你已经实现了 PMF，并试图实现盈利，新的业务公式就非常有价值了。在上述公式中，单客利润是需要优化的指标。现在让我们像剥洋葱一样把指标做进一步的拆解。

单客利润 = 每位用户的营收 − 每位用户的成本

有一种非常有效的拆解方法，能帮助我们深入了解存在于业务中的"单客"经济学。与上一个只关注收入的例子不同，当你试图实现（或提高）盈利能力时，必须考虑成本。你应该关注一组特定的成本，即与能创造收入的用户相关的成本。根据这个思路，通过重新排列公式和引入新的指标可以实现。我将分享并解释这个公式。

单客利润 = 用户生命周期价值 − 获客成本

13.11.1 用户生命周期价值

该公式是单客利润的另一种表达方式。用户生命周期价值（Customer Lifetime Value，LTV）是在不考虑获客成本的情况下，用户为你创造的价值。

获客成本（Customer Acquisition Cost，CAC）是你为获得新用户而平均支付的金额。将此成本分解为另一个单独的指标可以让你更好地追踪并改进它。当你的 LTV 大于获客成本时，每个新用户都会为业务带来利润。为了获得可操作性指标以改善 LTV，需要像剥洋葱一样再剥一层。

$$用户生命周期价值 = ARPU \times 平均用户生命周期 \times 毛利率$$

ARPU 就是之前讨论的每个用户（每个时间段）带来的平均收入。例如，所有订阅用户每月向你支付 10 美元，则 ARPU 是每月 10 美元。平均用户生命周期是指平均每个用户在你的业务中所停留的时长。如果将 ARPU 乘以平均用户生命周期，则表明平均每个用户为你带来了多少收益（在他们作为创收用户的整个过程中）。假设你分析了用户数据，发现用户的平均寿命周期为 10 个月，那么平均生命周期的收入就是每月 10 美元收入乘以 10 个月，即 100 美元。

毛利率是指收入减去为用户提供产品或服务的成本后，占收入的百分比。很多高科技公司的毛利率很高（超过 80%），因此为了方便起见，我们忽略该术语。

还有更复杂的 LTV 模型，通过使用资本成本折现率对现金流进行折现，计算那些非一次性产生营收，而是随时间推移递增的用户收入。然而，你不需要考虑得过于复杂，毕竟我们的目标并非衡量最精确的 LTV，而是将其拆解为可操作、可追踪和能改进的指标。

从公式中我们知道了通过提高 ARPU 来增加 LTV。例如，通过提高产品价格、向现有用户出售更多产品或发布更高价格的新产品都可以提高 ARPU。

你也可以通过增加用户的平均生命周期来增加 LTV，还可以通过降低退订率来做到这一点，即降低每个时段内停止向你付费的用户百分比。我们通常将停止付费的用户百分比称为用户流失率（Churn Rate）。你也可以认为它是"1- 留存率"（从一个时期到下一个时期）。平均用户生命周期可以根据用户流失率计算得出：

$$平均用户生命周期 = \frac{1}{用户流失率}$$

例如，用户流失率为每月 5%，那么你的用户生命周期就是 20 个月。你可以通过提高产品质量和可靠性来确保产品能持续满足客户需求，以及提供更好的用户服务和用户支持，从而降低用户的流失率。由于用户流失率是一个需要监控并可以不断改进的指标，因此你可以根据它来重新定义 LTV。撇开毛利率不谈，通过这个公式能非常清楚地看到有两种方法可以增加 LTV：增加 ARPU 和降低用户流失率。

$$用户生命周期价值 = \frac{ARPU \times 毛利率}{用户流失率}$$

13.11.2 获客成本

如果你知道特定时段内新增用户数以及同时间段内的销售与营销成本，那么获客成本（CAC）为：

$$获客成本 = \frac{销售与营销成本}{新增客户数}$$

该公式只是 CAC 的一种简便计算方法，不具备可操作性。想要获得可操作性的指标，可将其拆分如下：

$$获客成本 = \frac{单次获客成本}{潜在用户转化率}$$

单次获客成本（Cost Per Acquisition，CPA）是获取每个潜在用户的平均成本。假设你在 Google AdWords 上做广告，需要为单次点击（CPC）支付 1 美元的成本，那么你的 CPA 就是 1 美元，因为任何人点击广告都会进入你的网站。为了增加单客利润，你要通过降低 CPA 来降低 CAC。你也可以寻找成本更低的营销活动和获客渠道，来实现更低的 CPA。或者你也可以找到其他 CPC 较低的关键词，或者购买一些更便宜的广告库。对那些以曝光量为主要营销指标的广告（如显示广告），你可以通过提高广告的有效性（即增加广告点击率）来降低 CPA。

当人们点击你的谷歌广告时，他们会到达你的落地页或主页，成为潜在用户。从此，他们可以更多地了解你的产品并成为用户。转化为用户的潜在用户百分比就是潜在用户的转化率。你可以通过优化用于转化的落地页来改进该指标，包括改进呈现信息的方式和优化用户体验设计。A/B 测试也是针对改进的一个很好的工具。

为了盈利，你希望 LTV 超过 CAC，两者的差额越大，你的盈利就越多。有些企业则不看差额，而是喜欢看 LTV 与 CAC 的比值。例如，对成功的 SaaS 业务而言，LTV 与 CAC 的比值应大于 3。

在本章中，我展示了如何利用数据分析来衡量业务，并建立了可以不断优化的分析框架。在你发布产品之前，更需要注重的是定性分析；一旦发布完产品，你就拥有了大量的可分析数据资源。你可以用群组分析和追踪留存率评估 PMF 方面的表现。此外，你还可以通过 AARRR 模型和业务公式来确定需要改进的关键指标。你可以通过 LTV 和 CAC 来实现和提高业务的盈利能力。在下一章中，我将以你在本章所学到的知识为基础，分享精益产品分析流程：用一个可复制的流程来优化业务指标。同时我还会分享一个案例研究。

第 14 章

利用数据分析优化产品与业务

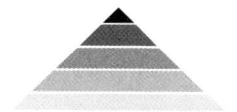

在第 13 章中,我们阐述了如何定义和衡量产品开发及业务运行的关键指标,在这个基础上,就可以运用数据分析来改进产品与业务了。如果产品已经上线,通过数据分析就能够清晰地看出你所做迭代产生的结果。一个好的 A/B 测试框架能够轻松地进行实验,并迅速做出改进。在这方面做得好的公司会比竞争对手取得更大优势。目前的业务规模已经变得不那么重要了,能以多快的速度向用户学习并迭代,才是竞争的基础。天下武功,唯快不破,速度是一种武器——在今天这个快节奏的世界里,大卫可以凭借极高的速度瞬间打败哥利亚[①]。本章将告诉你如何利用分析的力量来优化你的产品和业务。

---

① 大卫击败哥利亚的典故出自《圣经》,本文意指以弱胜强,以快制慢。——译者注

14.1 精益产品分析流程

我之前和很多公司进行过合作，共同定义并实施了对方的分析思路，以帮助其优化产品与业务。在这个过程中，我逐渐形成了一个精简的、可重复的流程——精益产品分析流程，这一流程阐述了如何使用数据分析来驱动改进，如图 14-1 所示。

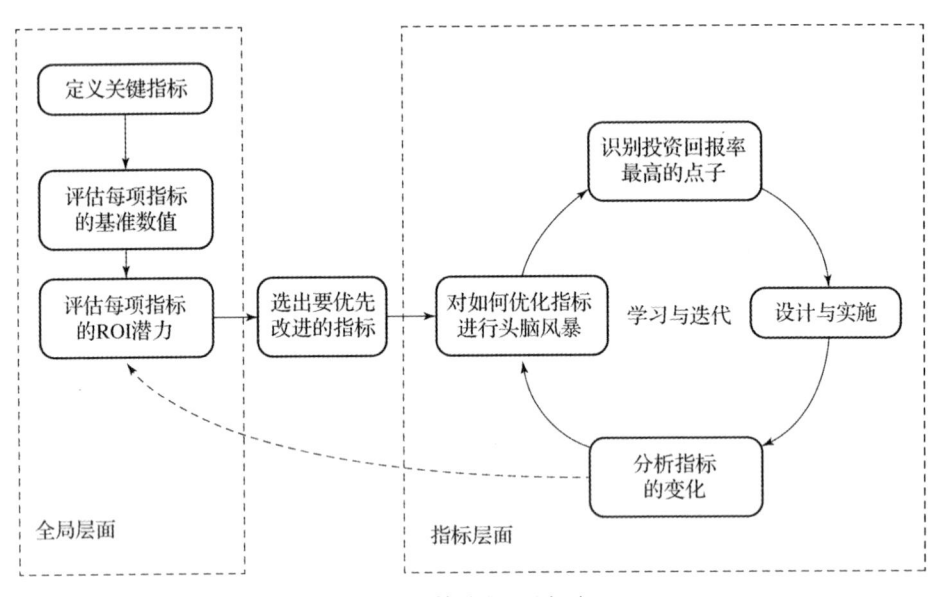

图 14-1 精益产品分析流程

精益产品分析流程的第一步，就是定义业务的关键指标——这一点我在前一章已经提及。接着就需要开始测量这些指标，通过为每个指标建立一个基准值，就能知道目前你所在的位置。这一步可能听起来微不足道，但很多公司都在这里栽了跟头。为产品设置指标跟踪或检测确实需要花费一番功夫。在完成初始设置后，通常还需要通过额外投入来确保所有收集的指标数据是准确的，并且与你想要追踪的内容相匹配。我们可以使用一些分析工具来使这项任务变得轻松一些，如 Google Analytics、KISSmetrics、Mixpanel 和 Flurry。很多关键指标的数据往往存储于你的产品数据库中，因此很多公司会结合使用自己的企业代码与第三方工具包进行分析。其最终目标是构建一套分析仪表盘（Analytics Dashboards），让我们能够更容易看清每项指标随时间推移的表现情况。

一旦你有了准确的指标基准值，就可以进入下一个步骤：评估每项指标的提升潜力——从 ROI 视角进行评估。我发现，把每项指标看作是仪表盘上的一个刻度很有帮助，就像你在汽车仪表盘或气泵上看到的那样。指针目前指向的刻度就是该指标的基准值。你要评估使得指针发生移动的难易程度，即优化每项指标的难易程度。你面对的会是一条收益递减曲线，你需要粗略估计你在这条曲线上的位置。

图 14-2 展示了三条不同指标的 ROI 曲线。在每张图中，纵轴代表 ROI 数值（越高越好）。从业务公式中，ROI 数值的提升能对你试图提升的更高层级指标（如收入）带来提升。而横轴代表所需投资水平。每条 ROI 曲线表示该项指标的优化机会。圆圈则显示了每项指标当前在曲线上的基准值。

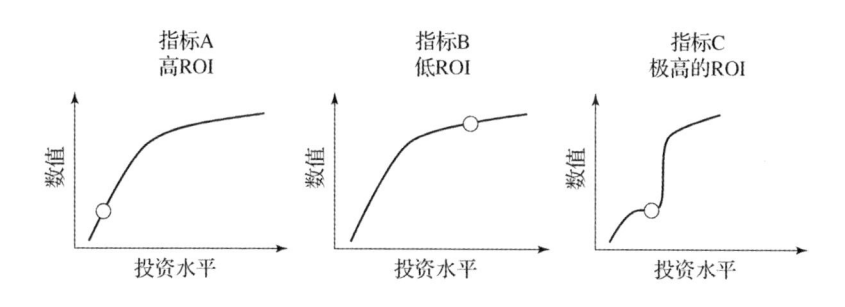

图 14-2　三项不同指标的 ROI 曲线

指标 A 接近 ROI 曲线的底部，斜率仍然很陡。因此，你应当能够通过相对少的努力使这项指标的数值得到明显优化。这种情况通常说明你尚未着手提升指标 A。相比之下，指标 B 接近其 ROI 曲线的顶端，斜率趋于平缓。如果你已经花了很多精力来优化指标 B，就会出现即使你付出了很多，也只能看到指标值的提升空间非常有限的这种情况。

大部分指标的收益曲线和指标 A、B 一样，是典型的收益递减曲线。然而，有时还会出现这种情况——只需少量努力就可以让指标价值得到大幅提升，我把它们称为"银弹"。图 14-2 中的指标 C 阐明了这样的场景。在这种特殊情况下，一个微小但深刻的改变可以使你的产品或业务在某些方面比以前做得好很多。通常我们可以通过细致的分析，发现这些"银弹"机会（Silver Bullet Opportunities）。

当完成每项指标提升潜力的评估后，就可以进行下一步：选择最具提升空间的指标，也就是上一章讨论的北极星指标（MTMM）。正如图 14-1 所示，从这一点开始，你将从关注所有指标的全局视角切换到只关注北极星指标的视角。

你需要针对这项北极星指标进行头脑风暴，提出尽可能多的优化意见。然后，你需要评估每个想法能在多大程度上改善指标。例如：创建一个移动优化版的注册页面，会让转化率从 20% 提高到 30%。你还需要评估每个想法的投入成本，以便你能评估 ROI（如第 6 章所述）。然后，你选择 ROI 最高的想法来实施。

接下来是开展设计并实施选定的想法。理想情况下，你可以先对一小部分用户推广改进版本，并且使用 A/B 测试框架来评估效果。这样就能同步得到指标结果。可以将其与现状的数据进行对比，评估优化效果。如果你没有 A/B 测试框架，而且要优化的指标已经有了一个相对稳定的数值，那么可以在所有用户面前正式推出这个新功能并进行前后对比。但 A/B 测试更好，因为它降低了其他未知因素导致结果出现差异的风险。

你当然希望目标指标能有所改善。但即使没有，你也已经取得了进步，因为你收获了宝贵的学习经验，可以在后续的迭代中基于这些经验提出更好的假设。接下来，就需要重新审视改进指标的想法清单，并选择次优想法，重复图 14-1 右侧的循环了。

最终，在尝试了几个想法后，目标指标会有所改进。你可以继续迭代和优化这一指标，并且应该会遇到收益递减的情况。有时，选择其他的指标会让你有更大的改进机会。如图 14-1 所示，你需要回归到全局指标视角，识别出下一项北极星指标，然后对该指标应用迭代改进的循环。

不断重复这一流程，可以让你系统性地推动业务不断优化。强大的数据分析框架和数据仪表盘能让你轻松地跟踪业务数据表现。A/B 测试平台可以让你不断地进行试验，看看新的想法能否优化现有的最佳方案。当有了分析框架、仪表盘、A/B 测试平台和持续优化流程这些关键因素后，制约因素就变成了：你能以多快的速度去识别和实施更好的、更有创造性的想法，并落地执行。

避免陷入局部最大值

这里需要提醒下，千万不要陷入局部最大值（Local Maximum）。在改进一项指标的过程中，你可能会遇到似乎无法继续改进的情况。有时候，这就是事实，我们已经最大程度地提升了指标，所以才会无法再做出任何改进。但有时就只是被困在一个局部最大值中，实际上可以通过一个完全不同的替代方案或方法来进一步提升指标。

例如，有一个登录页面，你可以把主要的操作按钮（Call-to-action Button）设置成不同的颜色来进行 A/B 测试，找到转化率最高的颜色。谷歌有一个著名的案例：它对同一工具条测试了四十一种不同深浅的蓝色，看看哪种颜色的点击率最高。但是，如果找到按钮的最佳颜色后就停止迭代，那么你就可能陷入了局部最大值。你还应该尝试信息、图像、页面布局等不同元素的调整，看看是否能提升转化率。优化的速度取决于你能多快识别并落地执行好的想法。A/B 测试使实验变得很容易，但是需要你来决定进行测试验证的假设条件。为了避免陷入局部最大值，你需要确保在提出潜在的改进意见时，心中已经有全局意识了。

14.2 一个精益产品分析案例：Friendster

为了加深对精益产品分析流程的理解，并与实际工作联系起来，我将对一个真实案例的分析流程进行从头到尾的讲解。这是一个来自 Friendster 的真实案例，通过应用这套流程，我在短短一周内将一项关键指标提升了一倍多。

当我加入社交网络初创企业 Friendster 担任产品主管时，很显然，采用病毒式传播的方法获得客户很重要。我们拥有庞大的用户群，也产生了一些广告收入，但平均每个用户带来的平均收入（ARPU）太低，没办法继续烧钱来获取客户（大规模消费企业通常如此）。幸运的是，我们没有必要这样做，病毒循环能够免费获得用户。由于网络效应，像 Friendster 这样的社交网络产品的价值会随着活跃用户数量的增长而呈指数增长。我们知道，用户基数的快速增长是成功的关键，而病毒循环则是实现这一目标的最佳途径。因此，我把提高病毒式传播增长效果作为首要目标之一。对这一点，公司里的每一个人都认同，但实际上没有人衡量过病毒式传播增长的效果怎么样。因此，我从精益产品分析流程的第一步开始：定义我们的关键指标。

14.2.1 定义关键指标

在跟踪新用户的使用情况时，我们能够找出哪些新用户是被邀请加入的，哪些不是。虽然"受邀新用户数"是一项我们关心的高级指标，但它太过笼统，并且不具备可操作性。因此，我将这个高级指标分解成多个具备可操作性的指标，便于尝试改进。

病毒循环，即通过一个现有客户获得新客户的步骤（见图 14-3）。该过程从左下方框中的用户开始。然而，不是所有的用户都能通过病毒循环带来新用户。虽然我们有大量的注册用户，但只有活跃用户才会邀请他们的朋友加入 Friendster（不活跃的用户则不会）。因此我将活跃用户单独挑出来。活跃用户使用我们的产品，并且向他们还没有使用 Friendster 的朋友（潜在用户）发送电子邀请邮件。当潜在用户收到电子邮件邀请时，要么点击邮件中的链接注册 Friendster，要么不点。在这些潜在用户中，有些人走完了完整的注册程序流程，有些人则中途退出。被邀请的人成功完成注册后成为注册用户，注册用户可以进一步成为活跃用户，并重复这个循环。

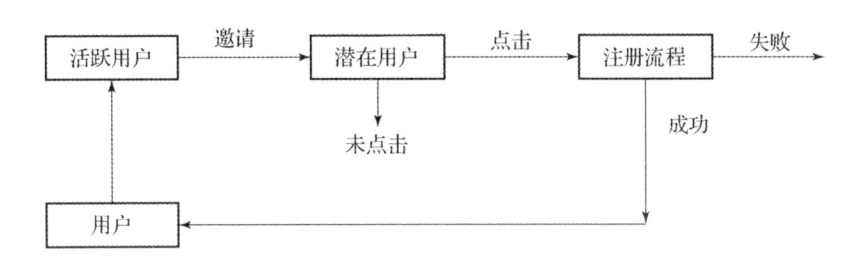

图 14-3 Friendster 病毒循环

在定义了病毒循环之后，接下来就需要确定跟踪指标。我不想跟踪太小的指标（如活跃用户数），因为这些数值会随着用户规模而波动。相反，我想找到"标准化"的比率指标，这样就可以长期进行相同维度的比较。我提出了符合这个标准的五项指标，它们放在一起，完全体现了病毒循环的方方面面，如图 14-4 所示。

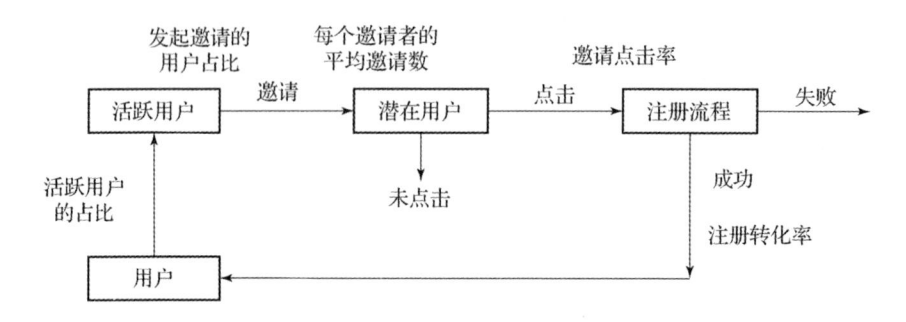

图 14-4　Friendster 病毒循环指标

（1）活跃用户的占比：这项指标等于活跃用户数除以注册用户总数。

（2）发送邀请的用户占比：并非所有的活跃用户都会发起邀请，所以这项指标让我们可以单独考虑这个要素。该项指标的计算方式为：发送邀请的用户数除以活跃用户数。

（3）每位邀请者的平均邀请数：当用户邀请朋友时，他们可以一次邀请一位或多位朋友。这项指标的计算方法是用发送出去的邀请总数除以发送邀请的用户数。

（4）邀请点击率：点击电子邮件中邀请链接的潜在用户的百分比，计算方法是点击链接的潜在用户数除以收到邀请的用户数。

（5）注册转化率：到达注册页面的潜在用户中，实际完成注册流程的百分比。这项指标的计算方法是用完成注册的潜在用户数除以访问注册页面的潜在用户数。

这些指标在任何给定的时间范围内都适用（如过去的三十天），并且可以持续计算。将这五个指标数值相乘，就得到了病毒循环的增长系数（Viral

Coefficient）。如果系数大于1，那么你的产品具备真正的"病毒性"。这意味着每个现有用户都会带来至少一个新用户，这足以带来指数型增长，如同一个超临界的核反应堆一样。通常，一个产品不会长期保持病毒性增长（如果真是这样，每个能上网的人都将成为用户）。当一个病毒式增长的产品取得很高的市场渗透率时，就没有那么多潜在的用户可以加入了，脸书就处于这种令人羡慕的位置。话虽如此，如果一个产品的病毒增长系数小于1，但比较高（如0.4），也同样不容小觑。这意味着通过病毒循环，你可以在给定时间内免费得到40%的用户增长。

14.2.2 测量指标的基准值

确定了以上五项指标后，下一步就是为每项指标建立基准值。我在Friendster工作时用的分析工具根本无法和今天的第三方分析工具相提并论。我们当时只能通过写代码来跟踪和计算这些指标。我们首先会记录每项最基础的指标的数据，如注册用户、活跃用户、电子邮件点击数等。然后根据这些指标计算得出五项比率指标。

简单起见，我只关注五项指标中的三项及其基准值。

- 发送邀请的用户占比 = 15%
- 每位邀请者的平均邀请数 = 2.3 个
- 注册转化率 = 85%

14.2.3 评估每项指标的潜在投入产出比

精益产品分析流程的下一步，是选出具备最大提升潜力的指标。想象一下，假如你是我，只知道上面列出的有限信息，你又会优先选择三项指标中的哪一个进行改进？你会如何进行决策呢？

要对每项指标采取怎样的改进措施，目前仍没有足够多的具体信息来支撑决策。采用评估 ROI 高低的方法很难评估每项指标实际可以带来的回报或价值提升。如果你掌握的信息不足，有一种方法可以为之一用，我称之为"指标的上行潜力"（The Upside Potential Of A Metric），也就是说，设想指标可能具备的提升空间。你可以通过指标的当前基准值和它的最大可能值来进行估算。图 14-5 所示的三项指标诠释了这一概念。

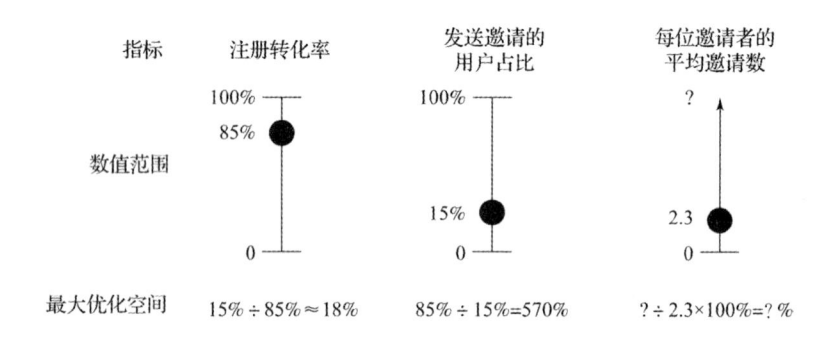

指标	注册转化率	发送邀请的用户占比	每位邀请者的平均邀请数
数值范围	100% 85% 0	100% 15% 0	? 2.3 0
最大优化空间	15% ÷ 85% ≈ 18%	85% ÷ 15% = 570%	? ÷ 2.3 × 100% = ? %

图 14-5　某项指标的上行潜力

我们先来看注册转化率。注册转化率是百分比指标，取值范围为 0%~100%。其中，当前值为 85%。所以无论做哪些优化，都最多只能增加 15 个百分点（到 100%）。如果用百分比来表示指标上行潜力，即用 15% 除以 85%，约等于 18%。那么注册转化率的最大上行潜力是 18%。

第二项指标是发送邀请的用户占比，取值范围同样为 0%~100%，指标当前值为 15%。理论上我们可以将该项指标提高 85 个百分点。如果用百分比来表示指标上行潜力，即 85% 除以 15%，也就是 570%。那么发送邀请的用户占比这一指标比注册转化率的指标有更大的上行潜力。

现在让我们来看看第三项指标，即每位邀请者的平均邀请数。这项指标不是百分比。它的最小值是 0，当前值是 2.3。它的最大可能值是多少？现在似乎很难讲清楚。但是我们需要估算一个最大值来评估这项指标的上行潜力。它会是无穷大吗？不，因为人数是有限的。每个用户最多邀请他所有的朋友加入 Friendster。因此，指标最大值将是 Friendster 用户拥有的所有朋友的平均数。这个数字是多少？我不知道，但我认为一个合理的估计是在 100 到 200 之间。20 世纪 90 年代，心理学家罗宾·邓巴（Robin Dunbar）对一个人可以与之保持稳定社会关系的最大人数进行了研究。他得出结论，这个最大值——被称为邓巴数（Dunbar's number）——是 150 人。这是我预估范围的中间值。如果我们使用 150，可以看到每位邀请者平均邀请数量的上行潜力是 6520%（150÷2.3×100%）。即使使用更保守的值 100 来计算，该项指标的上行潜力也远远超过了其他两项指标。

当你看到图 14-5 时，你可能有似曾相识的感觉。再回头看图 14-2 中 3 条指标的 ROI 曲线，感觉相似吗？发送邀请用户占比就像指标 A，ROI 高。注册转化率就像指标 B，ROI 低。每位邀请者的平均邀请数像指标 C。只有在我们能准确获知指标最大值以及为达到最大值所需花费的努力之后才能评估其 ROI。

14.2.4 选出要优先改进的指标

我决定专注于努力提高"每位邀请者的平均邀请数"这项指标，主要是因为它有更大的上行潜力。选择这项指标还有一个原因，那就是改善它不一定需要改变用户行为。目前已有 15% 的用户在发送邀请了，我们只是想让他们发送更多的邀请邮件。相比之下，试图增加邀请朋友的用户比例，则需要改变他们的行为。尽管我们尽了最大努力，但剩余 85% 的用户仍未选择邀请他们的朋友。很难想象如果要改变这部分用户的行为，我们要付出多大的努力。我也知道目前在产品中，如果邀请好友流程的用户体验不好，用户会很费劲，但我相信流程可以优化，用户体验将得到提升。

14.2.5　指标优化循环

既然已经选择了将每位邀请者的平均邀请数作为优先改进指标，我们接着进行精益产品分析流程的下一步。此时，我们进入了图 14-1 右侧所示的指标优化循环（Metric Optimization Loop）。我和团队进行了头脑风暴，提出了一些不错的改进想法，然后讨论了每个想法会在多大程度上改进指标，以及需要付出多大的努力。于是，我们得出结论——ROI 最高的方案是通讯录导入。当时，通讯录导入并不常见。我们许多用户将他们朋友的电子邮箱地址存储在 Gmail 或 Yahoo！（雅虎）等邮箱供应商提供的通讯录中，与用户自己的电子邮件账户相关联。通讯录导入程序会让用户输入他们的电子邮箱账户，然后将他们朋友的联系信息导入 Friendster。我们设计的通讯录导入功能显示了导入的联系人列表，并让用户选择他们想要邀请的联系人。我们假设，开发这样一个导入功能将有助于大幅提高每个邀请者发送的邀请数。

在技术实现上，我们可以利用各电子邮件服务商的一些初期开发成果，但是对接每个服务商都有一些量身定制的开发工作。对定制化特性，我认为应该对产品特性进行拆分（如第 6 章所述），一个特性模块对应一个供应商的定制化需求。为了用最低的成本验证假设，我决定先开发一个 MVP，仅支持一个电子邮件服务商。通过用户分析，我发现 Yahoo！是我们用户使用最多的电子邮件服务商。因此，选择 Yahoo! 开发特性模块的投入产出比最高。这个流程的下一步是设计与实施解决方案。接下来，我们请一位产品经理和一位研发人员花了大约一周的时间，完成了该 MVP 的设计和开发。

14.2.6 这会是个"银弹"吗

我们发布了MVP，然后进入到精益产品分析流程的下一步，也是最激动人心的一步：观察指标的变化情况。图14-6显示了上线优化版本后指标数据的前后对比。纵轴显示了每位邀请者的平均邀请数，横轴显示了日期。与许多网站一样，用户使用模式呈现周期性变化，许多指标在工作日和周末差异很大。因此，我们跟踪了大多数指标的七天平均值，以更容易地看到趋势。图14-6中每一天的数据点实际代表了后面七天指标值的平均数。

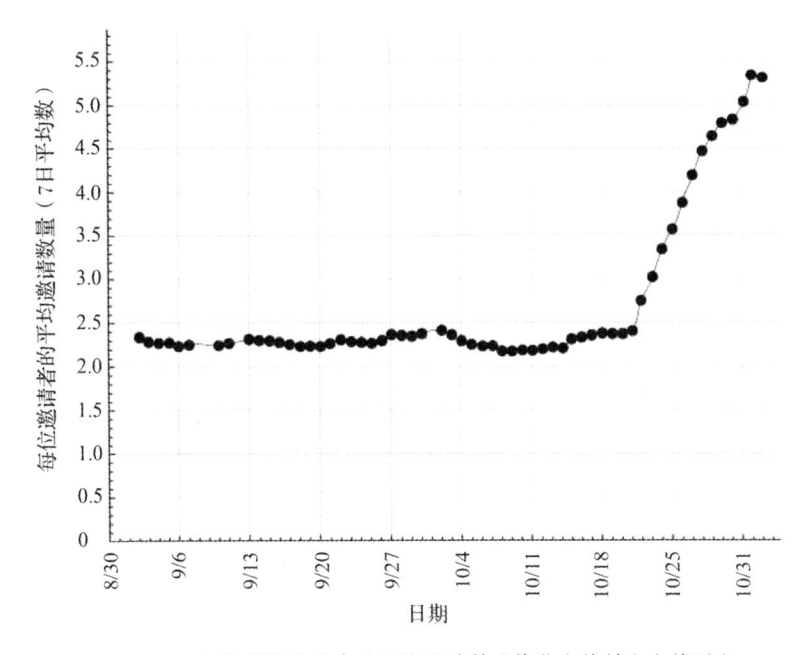

图14-6 每位邀请者发出的平均邀请数（优化上线前和上线后）

从图14-6中可以看出，1个多月以来，基准值都相当稳定，始终保持在2.2到2.4之间。图中，从平滑的水平线变化转到开始上升的地方，与我们优化上线的日期相对应。因为我们绘制了7天的平均值，所以在启用通讯录导入功能后，花了几天时间才赶上新的平均值。每位邀请者发出的平均邀请数每天都在增长，之后一直保持在 5.3 左右。我为此感到欣喜若狂！

这是一颗"银弹"，仅仅一周的工作就使这个关键指标翻了一番多（5.3/2.3 ≈ 2.3）！回到业务公式，这个指标的 2.3 倍的改进直接带来了 2.3 倍的新用户数。而我们只是针对一家电子邮件服务商提供了通讯录导入。有了这个明确而量化的证据验证了我们的假设，我们加快接入其他电子邮件服务商的开发工作，该关键指标随后不断增加。

之后，我们继续用各种可能的方式来优化每位邀请者的平均邀请数这一指标，直到达到该指标的 ROI 最大值。接下来，我们停止对该指标的优化，并将我们的重点转向了 ROI 更高的病毒循环指标。

这个案例表明，通过数据分析可以多么轻松地优化你的业务。通过使用精益产品分析流程，你也可以获得类似的结果。就如同第 11 章对 MarketingReport.com 进行的案例研究一样，我没有做任何特别的事情。我只是遵循了本书中描述的过程及原则。

14.3 通过 A/B 测试进行优化

正如第 7 章所述，A/B 测试（也称为分割测试）是一种定量分析技术。你可以同时测试两种或两种以上的方案，用来比较它们的表现。我在 Friendster 工作的时候，并没有现成的 A/B 测试工具可以直接使用，而创建公司内部的测试工具则需要动用大量宝贵的研发资源。基于这一实际情况，我对优化中的指标进行了"前后"比较，结果也不错。如今，在理想情况下，应该为实施的每一个优化想法都进行 A/B 测试。同时运行新版本和旧版本，有助于避免其他可能性带来的干扰。

A/B 测试中的一个重要概念是统计显著性，由结果之间的差异和样本量决定。有一些在线工具可以帮助你计算测试的置信度。因此，你不一定需要知道计算公式，但你要知道随着结果之间差异的增大以及样本量的增加，统计显著性也会随之提升。如果样本量太小，你将无法获得统计学意义上有效的结果。如果你有两个性能非常相似的方案，就可能需要非常大的样本量才能辨别出统计学上的显著差异。

现在有大量的第三方 A/B 测试工具可用，包括 Optimizely、Unbounce、KISSmetrics、Visual Website Optimizer 和 Google Content Experiments（Google Analytics 的一部分）。许多公司也会选择创建企业内部的 A/B 测试平台。这些工具允许你创建一个或多个实验组，然后给这些实验组随机分配流量。这些工具会持续跟踪你关心的指标，并展示每个实验组的结果及其基于样本量大小的统计置信度。

许多公司已经把 A/B 测试纳入其产品发布流程，尤其是在进行重大改版的时候。发布新版本时，他们不是立即从旧版本切换到新版本，而是让几乎所有用户都继续运行旧版本，只将新版本"发布"给一小部分用户。然后，他们比较新旧版本的关键指标。在推广新版本之前，产品团队需要确保新版本提升了需要优化的指标，而其他核心指标至少没有实质性的降低。这个被称为"节流"（Throttling）的过程，是产品上线后采用精益原则来降低风险的好方法。最终，如果指标看起来不错，100% 的用户会切换到新版本，而旧版本就会下线。

奈飞公司以其在营销和产品方面强大的 A/B 测试而闻名。在问答网站 Quora 上，对于提出的问题"除了会员注册之外，奈飞还会对哪些事项进行 A/B 测试"，奈飞首席产品官尼尔·亨特（Neil Hunt）回答说："简单来讲，几乎所有的内容。"亨特解释了奈飞公司如何测试不同的用户界面、推荐算法、按钮位置和大小、页面加载时间及视频流编码的质量水平。他总结道：

> 我们为重视实际经验而自豪，因为这让我们变得谦逊——大多数时候，我们并不能预测客户想要什么。由 A/B 测试得到的反馈确保我们不走弯路，让我们专注在能提升用户体验的事项上。

仅有 A/B 测试就够了吗

A/B 测试是一种基于证据的终极产品决策工具。因为生成的数据来源于很多用户的真实行为，所以不存在用户言行不一的风险。当他们经历测试时，你不在他们身边，因此也不存在你干扰结果的风险。当然，产品团队不能只满足于定量测试——不要忘记 Oprah（定性测试）。有时你需要结合定性测试和定量测试来理解行为数据背后的原因。

产品团队在 MVP 出现前，仅有少量的数据用以决策。要想实现快速迭代的 A/B 测试的状态，还需要走很长一段路。有些人可能会想跳过所有的定性测试和学习，只推出一个候选 MVP，然后想通过 A/B 测试来实现 PMF。基本可以肯定的是，这种方法是一种资源的浪费，并且难逃失败的结局。在这种情况下，A/B 测试很可能会让你陷入一个局部最优解的困境中，从而离 PMF 越来越远。

让我们再来看一下图 14-7 所示的 PMF 金字塔。你在某一层所做的假设会影响其上的所有层。用户体验是最容易被改变的一层。你也可以更改你的特性集，但这需要付出更多的努力。然而，一旦你打造产品之后，PMF 的基本要素——目标客户、未被满足的需求及价值主张——就很难改变。一旦你确定了对这些层的假设，它们就像一组相互连接的构造板块。如果你在产品建立后移动其中任意一块，你所打造产品的大部分模块将像遭受地震的建筑物一样轰然倒塌。当这种情况发生时，人的本能会使你想要尽量抢救自己的劳动成果。但这样做会给你的方案空间增加繁琐的约束。而改变问题空间的假设也不是最好的选择。我认为，你最好能在新的基础上重头再来。

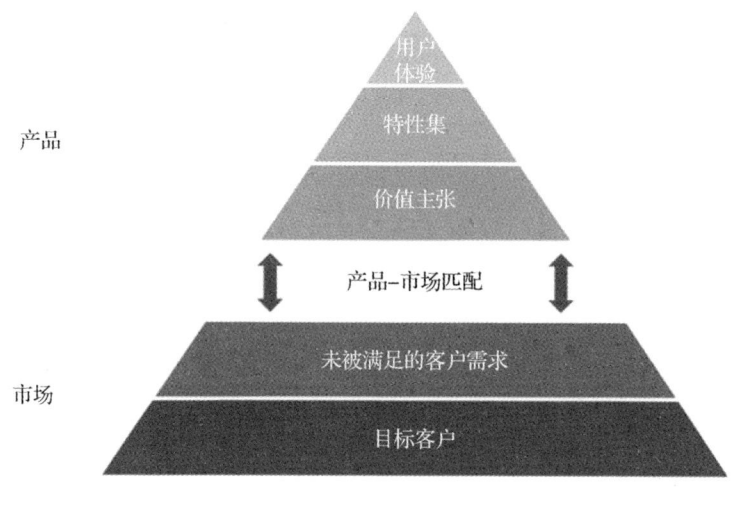

图 14-7　PMF 金字塔

精益产品开发流程能够让你以最低的风险去验证关键假设，以及增加你的 PMF 概率。问题空间不像方案空间那样可以进行 A/B 测试。PMF 金字塔的三个底层模块需要定性研究，以便创建、测试和改进你的假设。在推出产品后，定性研究会自然过渡成定量研究。简而言之，定性研究帮助定义你的产品，定量研究帮助优化你的产品。你需要同时拥有感性和理性才能创造出一个成功的产品。

第 15 章

总　结

我写作本书的目的是帮助你打造客户喜爱的产品。本书从 PMF 金字塔展开论述，这个可落地执行的模型定义了 PMF 中的各个要素及其之间的关系。市场由目标客户及其需求组合而成，而产品则融合了价值主张、特性集及用户体验。在努力达成 PMF 的过程中，你需要针对五个层级做出各自的关键假设。

精益产品开发流程的六个步骤可以帮助你提出并验证假设：

- 确定你的目标客户。
- 识别未被满足的客户需求。
- 定义产品价值主张。
- 明确最小可行产品（MVP）特性集。

- 创建 MVP 原型。
- 与用户一起测试 MVP。

精益产品开发流程从问题空间出发,继而扩展到方案空间。首先是确定目标客户,目标客户可以用用户画像来概括。你可以使用重要度与满意度框架,识别出对客户重要却未被满足的需求,为其创造最大价值。KANO 模型可以帮你定义差异化的价值主张,更好地满足目标客户的需求。然后你可以使用 MVP 方法,定义提供价值主张的关键部分所需的 MVP 特性集。最后,根据用户体验设计原理,你可以设计出可用性高、用户体验友好的产品原型,让产品问世。

你需要与目标客户一起测试候选 MVP,以评估 PMF。目标客户在方案空间的反馈比在问题空间的反馈更有价值。在实际开发产品之前,最好用可点击的视觉稿进行测试,这样更节省资源,迭代速度更快。你可以根据得到的反馈调整假设和候选 MVP,并不断通过"假设—设计—测试—学习"循环来迭代产品,这样下去,PMF 就可能会越来越高。在测试过程中,你的各种基础假设可能会有所改变。因此,你也可能转而去探索其他更有前景的机会。

验证完 PMF,就可以开发 MVP 了。使用敏捷开发的方法,并以增量、持续迭代的方式打造产品,这样可以降低风险,快速交付客户价值。质量保证和测试驱动开发可以保证产品的高质量;而持续集成和持续部署有助于提高产品的研发速度。

产品发布后,就需要从数据中分析用户如何使用产品了。留存率可以定量衡量 PMF,群组分析则可以展示留存率随时间变化的趋势。如果留存率很好,就可以专注提升戴夫·麦克卢尔的 AARRR 模型(获客、激活、留存、收入、推荐)中的其他宏观指标。定义业务公式可以帮助你找到特定业务的关键指标,而精益产品分析流程可以系统地优化关键指标,为你带来更高的收入和利润。

希望精益产品开发流程和本书中其他建议对你有所帮助。除此之外，我还想送给你十条打造成功产品的最佳实践。

（1）**立场坚定，但心态开放**。你可能也意识到了，打造产品需要一颗强大的心脏。你需要在充满不确定的环境中持续做出决策。因此，立场坚定，行事果断非常重要。同时，你需要找到方法，来测试不确定性最高和风险最大的问题。在测试过程中，应避免固守最初的观点，要做到客观和实事求是。用开放的心态去倾听，才能学到更多，从而修正和提升认知。

（2）**阐明假设**。打造产品需要做出非常多的决策和假设。有趣的是，你可以从这个角度理解产品：产品是一个所有假设的集合，而这些假设是打造产品的源泉。你需要尽可能清晰地阐明你的假设。把假设写下来非常有用。就像海军上将海曼·乔治·里科弗（Hyman G. Rickover）说的："把观点写下来是打磨思维过程的最佳方式。"团队成员也需要这么做，而且你要让团队的假设清晰易懂。把团队的假设公布出来，每位团队成员都可以坦率地对其进行评论和讨论。这样，假设的质量会变得更高。

（3）**冷静地确定优先级**。打造产品时往往想法太多而资源有限，因此做出取舍在所难免。如果优先级不清晰，往往会让团队效率低下，表现得优柔寡断。所以我建议排好产品需求和其他所有待办事项的优先级。只有清晰地识别最重要的事，才能更理智地分配宝贵的资源和时间。正如彼得·德鲁克所说："时间是最稀缺的资源，如果不能有效管理时间，一切将无从谈起。"

（4）**缩小范围，保持专注**。和优先级排序的意识类似，你要刻意缩小范围。正如第6章提到的，迭代的范围越精简，团队就越能保持专注，开发也能快速完成，更早地获得用户反馈。小心"贪多嚼不烂"，这句话不是说要完全放弃复杂的大规模迭代，而是建议把复杂功能拆分成小模块，这样可以降低风险，并且迭代的速度更快。

（5）和客户保持沟通。客户最终决定产品能否符合PMF，并能帮你获得相关知识。和客户沟通的节点越早越好，频次越高越好。花精力建立一套系统是值得的，它可以让用户测试的规划和执行更轻松，这样可以接触到更多的客户。两次用户测试的时间不要间隔太久，客户总会让你有意外的收获。

（6）先测试，后开发。很多团队会在没有测试任何假设的时候，就急匆匆地开发产品。这样在没有验证PMF之前就开发产品的情况，极有可能会浪费资源。比起实际开发产品，迭代设计原型的速度更快，成本更低。而且，一旦团队开始开发一个产品，就会自然地对这个产品产生感情，心态会变得不那么开放，从而不愿意做出重大的改变。

（7）避免局部最大值。回忆一下第14章的内容，局部最大值指的是，你在考虑过的方案里选择了最优结果。但是更好的方案——那些你没有考虑过的方案——不在你之前的备选方案里。如果你发现无法让PMF达到更好或无法提升关键指标，那么说明你困在局部最大值里了。这时，只有换一个全新的视角，才能获得进一步的突破，从而将现有的思维模式提高一个层次，并利用发散性思维找到值得尝试的新想法。

（8）尝试有潜力的工具和技术。团队成员经常会使用熟悉的工具和技术。有些产品团队在这方面比较封闭，会拘泥于已知的工具和技术，不去探索更好的方案。而有的产品团队，只要有足够多的成员认为新工具和新技术具备优势，就会积极地去尝试。你倒也不用一直跟着最新的趋势做出改变，但是和外界交流想法，适当了解最新动态，总是有好处的。勇于尝试新的工具和技术，可能会显著提升团队效率。

（9）确保团队没有技能短板。本书论述的范围很广，可以看出，打造成功产品需要具备多方面的技能。以软件产品团队为例，需要具备的技能涵盖产品管理、用户研究、交互设计、视觉设计、文案写作、敏捷开发、前端开发、后端开发、测试、运维和数据分析。不同的产品团队在不同方面的技能也不同。你需要评估团队的强项和短板，找出最需要提升的短板，有针对性地补强团队（如招新人、找外包合作、聘请顾问或展开培训）。

（10）**培养团队协作能力**。在我看来，打造产品是一项团队运动。试想一支有五名球员的篮球队，后卫、前锋、中锋都各司其职。要想上篮得分，五个人就必须紧密配合，相互协同。产品团队在打造产品新特性时，正如一支想要进球得分的球队。产品经理就是球场上推动和运筹帷幄的后卫，负责撰写用户故事传递给交互设计师，并制定和调整需求优先级。交互设计师设计出流程和线框图，并传递给视觉设计师。视觉设计师设计出高保真视觉稿，最后交给开发工程师。开发工程师根据用户故事和视觉稿开发产品，完成最终产品的交付。独木不成林，团队成员需要了解自己和他人在项目中的角色和职责，以及相互之间如何协同配合达成目标。另外，还需要做不定期的复盘，讨论团队过往的表现，以及未来如何才能做得更好。在一个配合默契的团队里，工作将会非常有趣，并且这种紧密的协作会大大增加你产品成功的可能性。

我推荐你访问本书的配套网站 http://leanproductplaybook.com。网站里会发布和本书相关的最新资讯，你也可以同更多热爱产品的人分享观点，并进行讨论。

我非常愿意看到读者在读完本书后的实践感受、提问和反馈。我的电子邮箱是 dan@leanproductplaybook.com。希望这本书能对你有所帮助，助你打造出伟大的产品。

译者后记

苏杰 @七印部落

让我们先把时间推回到 2010 年秋，因为《人人都是产品经理》的出版，编辑徐定翔找到我，说想引进一本海外的产品图书，即后来的《启示录：打造用户喜爱的产品》。但我认为如果自己翻译，时间和精力都不允许，于是创立了七印部落，一个松散的去中心化网络协作团队。

后来的十多年间，我们翻译了十几本书，其中包含广受好评的《四步创业法》《有的放矢：NISI 创业指南》等，也翻译了诸如史蒂夫·乔布斯、埃隆·马斯克等人的早期访谈视频。

时间很快到了本世纪的第三个十年，我和身边的从业者们碰到了前所未有的挑战，互联网、移动互联网增长放缓，新冠疫情，大国博弈……对我们来说，这些都是全新的局面。

很多人说过，在变化中，更值得关注的是"不变"。于是，在疫情期间，我在书房里又一次试图从经典图书里寻找启发。2021 年 9 月，我搜寻了一遍产品领域的英文图书，发现了广受好评的《精益产品开发手册》。

另一边，北京颉腾文化传媒有限公司也拿到了本书的版权，于是，七印部落又一次重新集结。

整个协作过程其实已经很熟练了，但每一次合作都能被大家的热情感染，借用一个比较新的说法，这也许就是 DAO（一种去中心化的组织协同方式，Decentralized Autonomous Organization）吧。

挑一些有意思的事聊聊。

1. 招募的环节，我提出的要求是"懂领域、懂英文、懂中文"，有将近一百人报名，其中不乏高手，比如有专业笔译证书的，有在海外做产品的，有本身就翻译过图书的。经过简单的筛选，形成了最初的几十人团队，整个过程我一直在践行去中心化的模式。大家一起商量接下来的事，包括软件工具的选择、是否要用 AI 辅助翻译，等等。

2. 我们的翻译质量不只靠个人，更靠流程。

- 先根据个人介绍信息筛选一轮。
- 然后每个人做一小段试译，大家一起投票选优。
  - 被筛掉的朋友也可以考虑作为首批试读者继续参与。
- 通过的人组成团队，一起商量协作模式。
- 然后分章节认领。
  - 需要有人承担项目管理的职责。
  - 需要有人整理专业词汇表。
- 在翻译过程中，会用到协作工具、在线文档、AI 翻译来辅助。
- 初稿完成后，团队成员交叉审读，使风格对齐。
- 牛人试读邀约，营销动作。
- ……

3. 在飞书的加持下，我们迅速完成了团队的自组织，按照全书的章节，大家自发分组，成为组长和组员，然后每个组内再分工推进。这里提一句，飞书在线可交互的文档、任务分配与简单的项目管理，体验真的很棒。

		任务分配 / 目 任务总表 ▾	+ 添加记录	⚙ 字段配置	▽ 筛选	目 分组	↕ 排
□	🔒 Aᴇ	任务描述	👤 负责人		👤 组员		📅 开始日期
	1	团队组建与分工	苏杰				
	2	项目管理组	蒋珈钰	玖	Hollie范一帆		
	3	全文统筹组	Yoga 俞佳	Yoga 俞佳	扣子...		2021/10/11
	4	翻译00组—目录等	张洁	张洁			
	5	翻译01组—市场适配	夏垠	李杰步	黄梦兰		2021/10/12
	6	翻译02组—问题与方案	孙媛媛	李乐	关瀑	...	2021/10/10
	7	翻译03组—目标客户	杜玉雄	孙启宽	阿雯		2021/10/14
	8	翻译04组—潜在需求识别	sis9 鲁颖	林子豪	周慧明		2021/10/10
	9	翻译05组—产品价值定位	Felix元隽	莫异琴	巧玲		2021/10/11
	10	翻译06组—产品组合	李晶新	杨涵	杨京琼		2021/10/10
	11	翻译07组—可行产品原型	宋雨柔	杨京琼	梁美英		2021/10/10
	12	翻译08组—体验设计	丁朋Eddy	文涛	十二		2021/10/10
	13	翻译09组—可行性测试	Zadie张...	朱媛媛	phyllis		2021/10/11
	14	翻译10组—产品迭代	李春秋	马孟亚	赵子豪		2021/10/09
	15	翻译11组—案例分析	扣子-张...	Hollie范一帆	...		2021/10/11
	16	翻译12组—敏捷开发	蒋珈钰	张露露	姜澎		
	17	翻译13组—关键指标和A/B TEST	玖	陈文琦	张露露		2021/10/10
	18	翻译14组—产品分析	顾昕	冯思佳	温博		2021/10/10
	19	翻译15组—总结等	马孟亚	白长生	卿小明		

精益产品手册译文（进行中）
目录
引言 @苏杰
第一章 @夏垠
第二章 @孙媛媛
第三章 @杜玉雄
第四章 @sis9 鲁颖
第五章 @Felix元隽
第六章 @李晶新
第七章 @宋雨柔
第八章 @丁朋Eddy
第九章 @Zadie张嘉婵
第十章 @李春秋
第十一章 @扣子（张梦紫）
第十二章 @蒋珈钰
第十三章 @玖
第十四章 @顾昕
第十五章 @马孟亚
请各位组长本周末前（1107）检查并完...

第二章 @孙媛媛

📄 第二章 问题空间与解空间

单选 动动小手，请问本章译文质量打个分~

A	1分-糟糕😭	0 票	♡
B	2分-一般😐	3 票	♡
♥ ♥ ♥			
C	3分-普通😊	3 票	♡
♥ ♥ ♥			
D	4分-较好😃	5 票	♥
♥ ♥ ♥ ♥ ♥			
E	5分-很好😍	2 票	♡
♥ ♥			

4. 初稿和交叉审读完成后，我们又成立了捉虫小队，再次招募了数百人的试读团队，通过这样的方式来保证内容的质量。

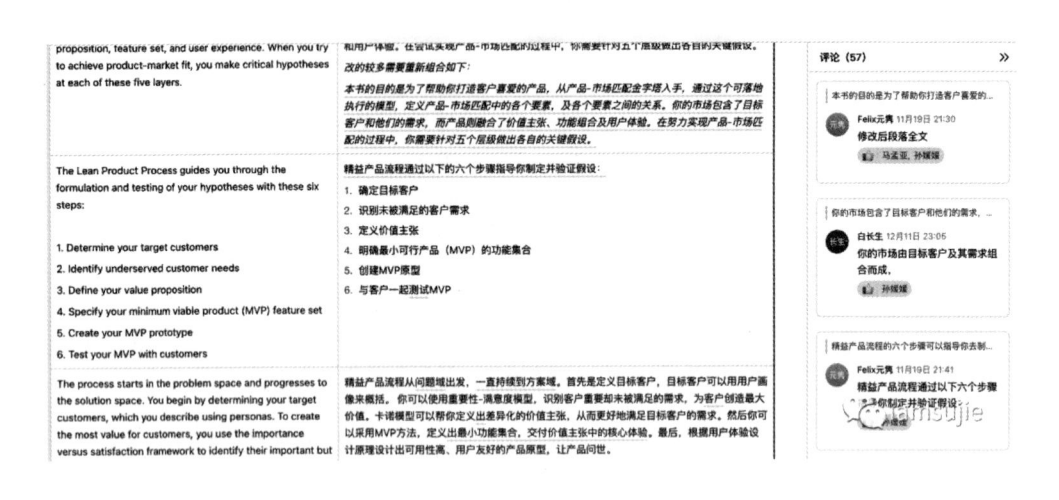

这本书的内容本身这里不再多言，你可以去看本书的引言和目录。其背后的理念与我在《人人都是产品经理 3：低成本的产品创新方法》中提到的"低成本"概念如出一辙。

其实，七印部落这个时有时无、若有若无的团队还可以做很多事情，比如我很期望的"中文内容对外输出"，希望以后能有机缘和你一起实现这个小小的理想。

哦！对了，在翻译完成的几个月后，我们还收获了一个小惊喜，有一位翻译团队的成员找到了海外工作，每次看这样的对话，都很开心。

最后，特别感谢这一届的七印部落，以下是部分贡献较大的朋友对本书内容、翻译过程等的感想。

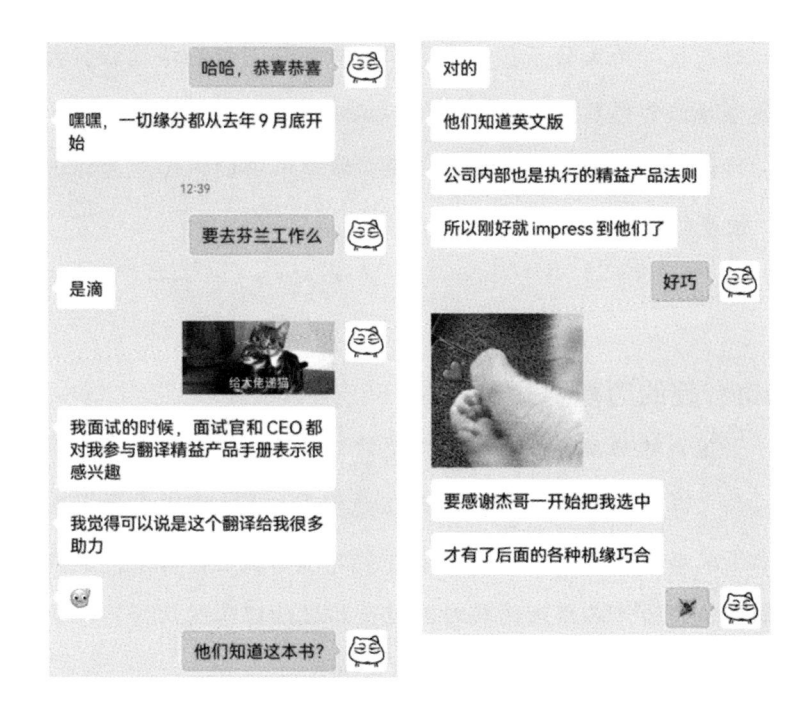

#产品经理们的去中心化协作实践#

入行看的第一本产品书是《人人都是产品经理》，第一次参与产品书籍的翻译就是这次参与苏杰组织的《精益产品开发手册》，好像还真的是形成"闭环"了。想象一下，一群产品经理在一起协同工作的场面，各种灵感的碰撞，各种协作模式的尝试，各种对译文的探讨，甚至似乎在这次翻译过程中，大家对产品的理解都得到了提高。和其他领域相比，产品缺少指南类的书籍，我非常有幸能和大家一起为行业添砖加瓦。产品经理们，冲呀！

—— 西湖大学　俞佳

#昨天还在想这书什么时候出版#

太棒了！终于出版了！就在一个工作日的下午，我收到了此书即将出版的消息。此时的我心情太好了！非常有幸参与到此书的翻译过程，大家精益求精、逐词逐句推敲的态度和对产品领域知识的深刻理解，相信一定会反映到书的质量上。所谓手册，就是拿来就可以用。希望本书的内容能为你送去实实在在的收获。没事的时候多看看！

—— 产品经理　姜澎

一次新奇有趣的历程

这是一个庞大的项目，在互联网力量的加持下，把来自五湖四海的朋友集结起来。虽然大家素未谋面，但在不断迭代的DAO协作模式下，我们达成了目标，迎来了此书出版的喜讯。我非常有幸加入苏杰老师团队，参加了本书的翻译，也刷新了作为产品经理的我对精益产品设计理念的认知，希望再多拜读几遍，仔细品味精益产品设计带来的"理念迭代"。

—— 产品经理　丁朋

集体翻译的智慧

借用《集体编程的智慧》的书名，来分享一下本次最大的收获。在初稿之后的交叉阅读环节，每个人都开启了捉虫模式。一个人无论负责哪个模块，都要全篇阅读，然后通过飞书的评论功能，针对不合理的翻译结果进行沟通、碰撞和投票。

我认为这种协作虽然成本低，但是质量非常高，这里面有"集体翻译的智慧"。我相信参与其中的同学收获也应该很大，期待这种方式可以被更多的在线协作项目采用甚至发扬光大。

—— 产品经理　周慧明

#一家人不说两家话#

  这本书给我最大的震撼是征集了一群都专注在该领域的人。我们拒绝直译，我们对每一句的情景、每一个字的筛选都研究到极致。不但保证行话，而且浅显易懂，绝对不说没有温度或者难以理解的语言，更加贴近现实。我认为这才是区别于其他译本的最大亮点，也是本书最难能可贵的地方。最后，感谢苏杰老师给了我们这么好的参与机会，预祝大卖！！！

—— 产品经理 李杰步

#产品经理们的奇妙历险记#

  与一群素未谋面的同行共同翻译一本书确实充满 DAO 的意味。互联网行业依旧充满变革，在产品经理这个岗位变得越来越具有"工具"属性的当下，期待这本书能让各位产品人重拾那些充满创造力和新奇体验的 Aha Moment，回归平静、回归初心、回归创新力，让用户依旧是上帝。

—— Qbit 产品经理 宋雨柔

#知易行难，行胜于言#

  《人人都是产品经理》是我们这一代人的工作"圣经"，没想到现在有缘能参与到苏杰的这次协同翻译工作中，十分荣幸。我在美国硅谷的科技公司工作多年，工作中读了很多遍英文版的《精益产品开发手册》，以为翻译这本书可以驾轻就熟，没想到还是困难重重。平时读书，遇到一知半解的地方可能就忽略了，但在翻译的时候，要确保每一句话都完全理解，并琢磨着把句子翻译得既准确又通顺，谨慎选择每一个词，润色每一句话，保证句子没有歧义。这些都很不容易。幸亏有多元强大的翻译团，完备的翻译流程和制度，让大家发挥各自所长，通过初译、润色、校对、审读、捉虫等流程，把最好的翻译呈献给读者。相信这本书能给大家的工作带来帮助！

—— 产品人　曲连浩

一场奇妙的旅程

历时几个月，和一群素不相识但靠谱、专业的伙伴们完成了一场旅行——一场纯线上合作的翻译之旅。旅途中，每一次的译文推敲和打磨都只为呈现更专业的内容。终于，这场旅行的成果——一个集结了业内专业人士智慧的译本即将面世，感谢给予机会的苏杰老师，也感动于大家这一路的并肩同行，惟愿不负期待！

—— 海外ASO&用户运营　孙媛媛

让价值流动起来

有幸参与本书完整的捉虫校验工作，在得知本书即将出版后又重温了一遍，在不经意间又发现它的新意。本书的核心优势在于不仅提供了精益产品设计的理论基础，还提供了六步精益开发实践方法论，其实本书从0到1（招募—分工—翻译—捉虫—合稿—出版）的实践就很好地论证了本书方案较好的可学习性和可迁移性，每个步骤都是提高价值流动效率的过程。

—— 产品经理　黄乐平

不再飘在空中的产品思维

很幸运十年前因苏杰老师那本《人人都是产品经理》的机缘转行成为了产品经理，虽然后来职业角色有了转变也有了自己的企业，但早年培养的产品思维一直帮助我向着"让世界变得更好"这样一个有点宽泛却真实坚定的目标前进。你可能会问产品思维到底是什么？这本产品工具书就能帮到你，它将抽象的产品思维落地成切实的方法、步骤甚至动作,实实在在,值得一读!

——产品人、品牌咨询、职业教练 杨京琼

#Together！共同迈进的远大征途！#

人生当中的很多旅途,我们无法预知未来会与谁同行,何时相遇。但是,只要我们的目的地一致,总会有在奔赴大道的路上相遇的一天。这本书的背后,就是这样一个追道者携手并进的故事。

"哗啦啦",窗外的风吹拂着树叶,太阳高挂,夏日的阳光撕扯开窗户那薄弱的防护,直冲进胸膛。世界上的一切都在静默地流动着,一切如常地运转着。

"哗啦啦",一小丝茶叶顺着碧绿的茶水穿过略狭窄阴长的壶嘴,到了某个中转站,转而又进入到另一张嘴巴里。"也许,这趟旅途,还未终止。"这张嘴巴说道,"那么,这趟旅途,又会去向何方呢？"他顿了顿放下茶杯的手,抬眼看向窗外,穿过地平线,一颗蔚蓝色的星球正悄然升起,直指宇宙中央……

——自媒体人 蒋珈钰 AKA 赵道

#终于也算对外输出价值了（非工作那种）#

一直以来都是野路子的我,接受过很多前辈的指导。能借此机会为产品这个行业做点事情真是太棒了,当然它也让我深入了解了精益产品设计的思想,以及DAO协作模式,一举多得！在针对一些句子或特定术语,如收益、利益、监督测试、问题域、问题空间等的选择和讨论中,结合各自不同行业背景,思维碰撞产生的各种论述更是异彩纷呈。总而言之,最终成品包含了大家对精益产品设计的理解。有兴趣的同学还可以试着和英文版的《精益产品开发手册》一起看,能更好地体会原版精益产品设计的感觉的同时,还能经过一群本土产品人润色后的版本，略窥当时讨论的情景。

——G端产品　林子豪

让技能闭环的一场意外体验

　　曾经备战产品面试读的第一本书就是《人人都是产品经理》，多年来也常会浏览《人人都是产品经理》网站，因而看到苏杰老师发起翻译招募时非常激动。再者，翻译《精益产品开发手册》正好整合了大学一专学习的精益理念、二专学习的翻译技能和在互联网行业几年的经验，很荣幸能有机会认识这么多深耕该领域的朋友，也很开心体验到DAO这种高效、便捷的协作模式。本书虽然直接对标产品人，但其中的精益理念是走向精细化生产的有力武器，对职场人提升工作效率亦有莫大的启发。

——商业分析　扣子-张梦紫